AS FINANÇAS PÚBLICAS E O SEU CONTROLO

AS FINANÇAS PÚBLICAS E O SEU CONTROLO

António Ribeiro Gameiro
Professor Convidado do ISCTE e Professor da Universidade Lusófona de Humanidades e Tecnologias – ULHT

Nuno Moita
Professor Convidado do ISCAC – Instituto Superior de Contabilidade e Administração de Coimbra

Liliana Pimentel
Professora Auxiliar da Faculdade de Economia da Universidade de Coimbra

ALMEDINA

AS FINANÇAS PÚBLICAS E O SEU CONTROLO

AUTORES
António Ribeiro Gameiro
Nuno Moita da Costa
Liliana Marques Pimentel

EDITOR
EDIÇÕES ALMEDINA, S.A.
Rua Fernandes Tomás, nºs 76, 78 e 79
3000-167 Coimbra
Tel.: 239 851 904 · Fax: 239 851 901
www.almedina.net · editora@almedina.net

PAGINAÇÃO
EDIÇÕES ALMEDINA, S.A.

DESIGN DE CAPA
FBA./Ana Simões

IMPRESSÃO E ACABAMENTO
Artipol – www.artipol.net
Fevereiro, 2021 (Fevereiro, 2020)
DEPÓSITO LEGAL
467295/20

ALMEDINA | GRUPOALMEDINA

BIBLIOTECA NACIONAL DE PORTUGAL – CATALOGAÇÃO NA PUBLICAÇÃO

GAMEIRO, António Ribeiro, 1970- , e outros

As finanças públicas e o seu controlo / António Ribeiro Gameiro, Nuno Moita, Liliana Pimentel
ISBN 978-972-40-8061-1

I – MOITA, Nuno
II – PIMENTEL, Liliana Marques

CDU 336

ÍNDICE

NOTA DOS AUTORES

Queremos, sublinhar a colaboração nesta edição, dos alunos do Curso de Mestrado em Administração Pública do ISCTE-UL (2017-2018), através da disponibilização de partes de textos académicos seus, que aqui foram utilizados e relativos à Unidade Curricular "Controlo Financeiro dos Dinheiros Públicos", ministrada pelo Prof. Doutor António Gameiro, nomeadamente, agradecendo por tal facto, à Dra. Maria Rosa Tobias de Sá, à Dra. Maria Rosa Plicas, ao Dr. Bruno Freitas, ao Dr. Aylson da Costa, à Dra. Leonor Cardoso, à Dra. Rute Isabel Santos, à Dra. Carolina Menino, ao Dr. Bruno Mota, ao Dr. Adilson Quintas e à Dra. Claudia Nogueira.

PREFÁCIO
Tempos de mudança nas Finanças Públicas

Vivemos, hoje, tempos de mudança nas Finanças Públicas, na economia e noutros domínios da vida social. A interdependência é cada vez maior, nomeadamente, em termos económicos, financeiros, ambientais e de segurança, exigindo união e comunhão de esforços. Por outro lado, à medida que a globalização vai evoluindo, igualmente se verificam os movimentos de integração, de desintegração, de união e de desunião...

As Finanças Públicas continuam no centro da mudança, devendo acompanhar as alterações sociais e dar resposta aos seus impactos, como é o caso, por exemplo, da economia digital, das migrações, das alterações climáticas e da demografia (natalidade e esperança média de vida, com os seus reflexos na educação, na saúde e na segurança social).

Não esquecemos também o grande desafio que representa a consecução dos objetivos de desenvolvimento sustentável constantes da Agenda 2030 das Nações Unidas.

É, pois, absolutamente essencial que, no campo das Finanças Públicas, tenhamos de ter em atenção, nos planos legislativo e da administração e gestão, a conjugação da globalidade com integração, da plurianualidade, da consolidação financeira, orçamental e de contas, da subsidiariedade, da sustentabilidade, da equidade intergeracional e da responsabilidade.

Tudo isto, tendo em vista a justiça, como primeira virtude das instituições sociais (John Rawls), em particular, a justiça fiscal que também tem de ser aferida em função da qualidade da gestão pública e da boa afetação dos recursos públicos provenientes dos contribuintes.

É nesta sede que os novos sistemas de orçamentação e de contabilidade fazem todo o sentido, correspondendo às novas exigências da gestão pública.

No mundo globalizado e complexo em que vivemos é natural que os sistemas contabilísticos evoluam no sentido do acréscimo (*accrual basis*); que se tenda para a uniformização dos sistemas contabilísticos (v.g. IPSAS...); que a consolidação orçamental e de contas seja uma realidade permanente para a boa governação; e que, no plano da auditoria, haja princípios e procedimentos internacionalmente aceites.

É neste quadro que o controlo desempenha a sua função insubstituível. Não há boa gestão sem um bom controlo, o qual, nas palavras de ANTÓNIO DE SOUSA FRANCO também «é um ato de cultura ou então não é nada que o valha».

Como sustentámos recentemente em "Atos políticos e atos de administração – Reflexões sobre os critérios de distinção das funções do Estado e demais entidades púbicas", in *Estudos em Homenagem a Rui Pena*, Almedina, Coimbra, 2019, afigura-se-nos que, no quadro das funções do Estado e demais entidades públicas, a função financeira e a função de controlo devem ser autonomizadas e devidamente compreendidas nos critérios que as distinguem das demais funções.

A função ou atividade financeira pública é envolvente das demais funções, da mesma forma que a legalidade financeira é envolvente da legalidade administrativa, sem prejuízo de a legalidade dever formar um todo unido e coerente. É como se a legalidade fosse constituída por várias camadas, em que a última é a legalidade financeira.

A sociedade de risco em que vivemos, de algum modo pautada pela insegurança, incerteza e imprevisibilidade, numa encruzilhada em que muitos dos seus elementos tradicionais são postos em causa, tem também incorporada a necessidade da sua reformulação.

Como refere CARL SCHMITT, quando se discutem conceitos e realidades é porque há problemas para resolver e clarificar. As crises ou encruzilhadas, diz-nos FERNANDO BELO, são as sociedades a tornarem-se laboratórios, com vista à sua reconstrução...

A presente obra incide sobre todos estes aspetos, constituindo, sem dúvida, um contributo inestimável para ajudar à contínua reflexão sobre as Finanças Públicas e o seu controlo, nos tempos de mudança em que vivemos.

Felicito, pois, vivamente os seus Autores, ANTÓNIO RIBEIRO GAMEIRO, NUNO MOITA DA COSTA e LILIANA MARQUES PIMENTAL, agradecendo o convite que me dirigiram para prefaciar a sua obra, o qual aceitámos com o maior agrado e interesse. Creio ser justo referir que são merecedores do nosso agradecimento coletivo!

Janeiro de 2020

JOSÉ F.F. TAVARES

GLOSSÁRIO

CNC	Comissão de Normalização Contabilística
CNCAP	Comissão de Normalização Contabilística da Administração Pública
DLEO	Decreto-Lei de Execução Orçamental
ECE	Entidade Contabilística do Estado
IAS	International Accounting Standard
IFRS	*International Financial Reporting Standard*
IIRC	International Integrated Reporting Council
IPSAS	*International Public Sector Accounting Standard*
IPSASB	International Public Sector Accounting Standards Board
IPSS	Instituições Particulares de Solidariedade Social
IR	Integrated Reporting
IRC	Imposto sobre o Rendimento de Pessoas Coletivas
IVA	Imposto sobre o Valor Acrescentado
iXBRL	Inline eXtensible Business Reporting Language
LEO	Lei do Enquadramento Orçamental
LGT	Lei Geral Tributária
NCP	Normas de Contabilidade Pública
NCP-PE	Norma de Contabilidade Pública para Pequenas Entidades
NCRF	Normas de Contabilidade e Relato Financeiro
NCRF-PE	Normas de Contabilidade e Relato Financeira para as Pequenas Entidades
NCROF	Normas Contabilísticas e de Relato Orçamental e Financeiro
NFM	Necessidades de Fundo de Maneio
NIC	Normas Internacionais de Contabilidade
NICSP	Normas Internacionais de Contabilidade do Setor público
OE	Orçamento do Estado
PCM	Plano de Contas Multidimensional
PMP	Prazo Médio de Pagamentos
PMR	Prazo Médio de Recebimentos
PMRI	Prazo Médio de Rotação dos Inventários
POC	Plano Oficial de Contabilidade
POC-Educação	Plano Oficial de Contabilidade para o Setor da Educação

POCISSS	Plano Oficial de Contabilidade das Instituições do Sistema de Solidariedade e de Segurança Social
POC-MS	Plano Oficial de Contabilidade do Ministério da Saúde
POCP	Plano Oficial de Contabilidade Pública
PPP	Parcerias Público-Privadas
RITI	Regime do IVA nas Transações Intracomunitárias
ROA	Return On Assets
ROE	Return On Equity
RPG	Recommended Practice Guideline
SEO	Secretaria de Estado do Orçamento
SGPS	Sociedades Gestoras de Participações Sociais
SNC	Sistema de Normalização Contabilística
SNC-AP	Sistema de Normalização Contabilística para a Administração Pública
UniLEO	Unidade de Implementação da Lei de Enquadramento Orçamental
VAB	Valor Acrescentado Bruto
WB	World Bank
XBRL	eXtensible Business Reporting Language
XML	eXtensible Mark-up Language
LOPTC	Lei Orgânica e de Processo do Tribunal de Contas
INTOSAI	International Organisation of Supreme Audit Institutions
LEO	Lei de Enquadramento Orçamental
IGF	Inspeção Geral de Finanças
TC	Tribunal de Contas
SNC-AP	Sistema de Normalização Contabilística para as Administrações Públicas
ISC	Organização das Instituições Superiores de Controle
CPLP	Comunidade dos Países de Língua Portuguesa
OLAF	Organismo Europeu de Luta Antifraude
SCI	Sistema de Controlo Interno

CAPÍTULO I

—

OS FUNDAMENTOS PARA A INTERVENÇÃO DO ESTADO NA ECONOMIA DE MERCADO

1. Introdução

De acordo com Musgrave (1959), um teórico Keynesiano, as funções económicas do Estado podem ser divididas em três categorias:

- A primeira é evitar as ineficiências do mercado na afetação dos recursos económicos;
- A segunda é a redistribuição da riqueza e do rendimento, a fim de atingir uma distribuição que a sociedade considere justa ou de equidade;
- A terceira diz respeito a políticas que o Estado deve levar a cabo, a fim de atenuar o desemprego, o défice externo e a instabilidade económica.

Porém, uma pergunta se coloca: Quais as razões que levam o Estado a exercer as referidas funções?

A razão fundamental do Estado aparecer como uma entidade que exerce funções supletivas ou complementares em relação aos cidadãos, resulta do livre funcionamento do mercado, assente na iniciativa dos indivíduos, ser incapaz de, por si próprio, prover adequadamente a satisfação de certas necessidades.

Estamos, por isso, perante as designadas falhas/fracassos do mercado.

2. As Falhas do Mercado

Como se sabe, sob determinadas condições, o mecanismo do mercado permite afetar os recursos do modo ótimo, maximizando a produção económica

Contudo, para que o mercado seja eficiente tem, pelo menos, que funcionar seguindo as seguintes condições:

- Os indivíduos são excluídos do consumo dos bens se não os pagarem;
- Não há externalidades (positivas ou negativas);
- O mercado funciona em concorrência perfeita.

Assim, quando o mercado não funciona sob as condições referidas, então diz-se que ele é ineficiente.

Também se infere facilmente que quando uma das condições não se verifica, então é porque há falhas de mercado, entre as quais referimos:

- A existência de certo tipo de bens que, pelas suas características, não são produzidas no mercado. São os designados bens públicos;

- A existência de situações geradoras de distorções no mercado de concorrência;
- A verificação de situações de desigualdade na distribuição do rendimento e da riqueza;
- A existência de desemprego, inflação e desequilíbrio na economia.

2.1 Os Bens Públicos

Estes bens têm duas relevantes características. A primeira diz-nos que os indivíduos não podem ser excluídos de os consumir, ainda que não os paguem. Isto significa que as entidades teriam grandes dificuldades em exigir aos indivíduos qualquer prestação pelos bens produzidos. O mercado, entregue a ele próprio, tenderia, por isso, a não os produzir.

A segunda característica é a não rivalidade no consumo, o que significa que o consumo desse bem por mais um indivíduo não afeta o consumo que outros estão tendo ou podem ter desse bem. Isto é, o consumo realizado por mais um indivíduo não diminui rigorosamente nada as quantidades disponíveis do bem para serem consumidas por outros.

Formalmente, esta propriedade escreve-se do seguinte modo:

$Q_1 = Q_2 = \dots Q_n = Q$, em que Q_1 e $Q_2 \dots Q_n$ são as quantidades do bem público consumidas e Q a sua oferta em determinados momentos. Ou seja, a quantidade que cada indivíduo consome, por exemplo de defesa nacional ou de iluminação pública, é igual à quantidade produzida, o que é bastante diferente de um bem privado, que quando é consumido por uma pessoa não o pode ser por outra e que não pode ser excluída quando tem poder de compra.

Assim, pelos seus atributos, os bens públicos são aqueles que o mercado não tem interesse em produzir (fracassa na afetação ótima dos fatores de produção), mas que a comunidade não pode passar sem eles, pelo que é necessário a intervenção do Estado na produção desses bens, que, como é evidente, acabam por ser distribuídos de forma tão ampla, que nenhum indivíduo tem incentivo em comprá-lo.

Refira-se que não devem confundir-se os bens públicos com os bens de mérito, que podem ser produzidos pelo mercado, mas que o Estado, ao adotar uma atitude paternalista – partindo do princípio de que sabe melhor do que os cidadãos aquilo que melhor lhes convém –, estimula ou força o consumo de determinadas quantidades de leite, a escolaridade obrigatória, as refeições escolares, a vacinação, etc.

Contudo, apesar do valor ético da igualdade de oportunidades, ter em atenção que a provisão pública (gratuita) dos bens de mérito acarreta, por norma, um conflito entre os objetivos de eficiência e equidade, pois as razões de equidade levam necessariamente a que haja um sobreconsumo/desperdício do bem e, portanto, a uma ineficiência se a procura não for completamente rígida, como se pode ver na figura abaixo:

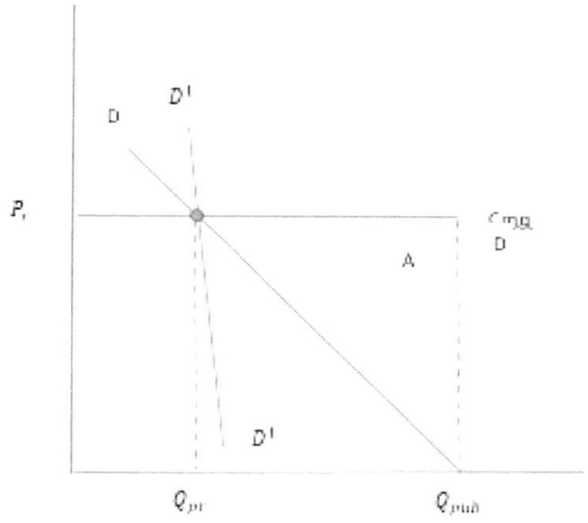

Se o preço para o utilizador for nulo, a quantidade procurada será $Q = Q_{pub}$ e o bem será financiado por impostos, correspondentes a $Cmq.\ Q_{pub}$.

A ineficiência corresponde à área do triângulo A.

2.2 Distorções no Mercado

Quando há concorrência imperfeita, isto é, mercados não competitivos, a teoria económica sugere que podem ocorrer situações de monopólio, que acarretam uma oferta de produtos em menor quantidade e a um preço mais elevado, pelo que há uma alocação ineficiente dos recursos.

Esta situação pode ser resolvida, por exemplo, através do financiamento do Estado, o que acarretará distorções no sistema económico. Outra solução é a atividade dos monopólios ser assumida pelo Estado, o que acontece nos monopólios naturais (por exemplo, os caminhos de ferro) ou então, ainda que entregue a entes privados, ficar sujeito à autoridade de uma entidade regulamentadora que tenha como função principal garantir a adequação da entidade aos objetivos sociais que a mesma deve satisfazer.

2.3 Externalidades

Há uma externalidade sempre que um ato de produção ou de consumo, realizado por um agente, origine benefícios (externalidades positivas) ou prejuízos (externalidades negativas) para outras pessoas – que não as que adquiram o bem –, não sendo esses efeitos internalizados pelo sistema de preços, antes lhes sendo exteriores. Isto é, as entidades responsáveis pela produção das externalidades não efetuam quaisquer pagamentos a favor de terceiros por si lesados ou deles recebem remunerações quando as suas ações os beneficiam.

Tendo por base o referido, facilmente se pode intuir que a produção de externalidades traduz uma situação de subótimo na perspetiva paretiana.

As externalidades contribuem, assim, para mais um tipo de situações em que os mecanismos do mercado fracassam na afetação ótima dos fatores de produção, pelo que é necessária a intervenção do Estado. Intervenção que pode ser através da regulamentação da atividade económica, da atribuição de direitos de propriedade, como refere Coase, ou a concessão de subsídios ou o lançamento de impostos. Estes e aqueles, como refere Pigou, servem para internalizar as externalidades negativas ou positivas, o que implica que elas se incorporem nos preços dos bens em causa, aumentado assim a eficiência associada à produção ou consumo de certos bens.

Refira-se, porém, que quando não corrigem a ineficiência de alocação de recursos, os impostos, em geral, têm efeitos distorcedores no comportamento dos indivíduos (por exemplo outras preferências em virtude do peso do investimento no bem – efeito de substituição dos impostos), o que implica a ineficiência ou carga excedentária (*excess burden*) de um imposto, conforme figura seguinte:

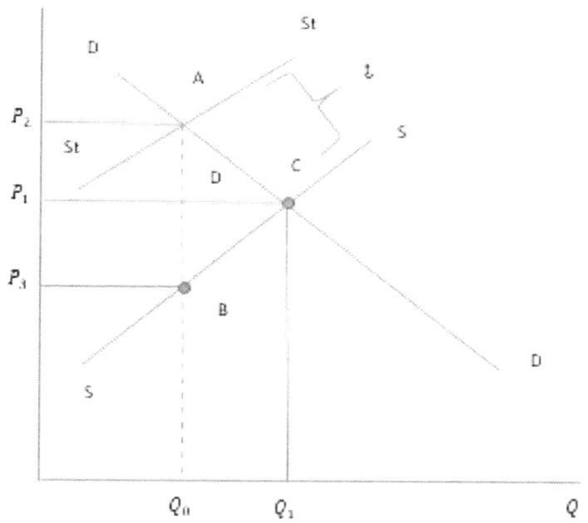

, onde t é o imposto unitário sobre um bem e lançado sobre o produtor.

Da análise do gráfico verifica-se:

- que devido ao aumento do preço de P_1 para P_2, o nível de equilíbrio passa a ser Q_0;
- que o valor recebido pelo Estado é a área $P_3 . P_2\ AB$;
- que devido ao aumento do preço do bem, os consumidores perdem *A D C*;
- que os produtores perdem *D C B*, pelo que a carga excedentária do imposto é a correspondente à área *A B C*.

Acrescente-se que num artigo designado por "A Contribution to the Teory of Taxation", in Economic Journal (1927), Frank Ramsey" demonstrou que existe uma relação de proporcionalidade direta entre a elasticidade da procura e a carga excedentária, como se pode verificar na figura abaixo:

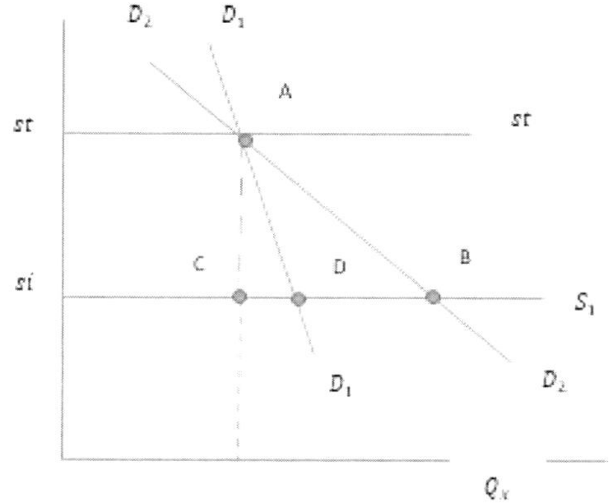

Facilmente se verifica que o excess burden é maior quando a curva de procura (D_2D_2) é mais elástica (*ABC*) do que quando é menos (*ACD*). Isto é, para qualquer nível de imposto, o *excess burden* é minimizado se o imposto indireto incidir sobre bens com a mais baixa elasticidade da procura. Será nulo se a curva da procura do bem for perfeitamente inelástica com a curva de oferta normal. Ou seja, o aumento do preço do bem lançado sobre o produtor é repercutido na totalidade sobre os consumidores.

2.4 Redistribuição do Rendimento

Com a produção de bens e serviços geram-se rendimentos que são distribuídos, a título de salários, juros, rendas, mais-valias e lucros, aos que participam direta ou indiretamente nessa produção. Mas, como escreve o Professor Teixeira Ribeiro, pode suceder que os titulares dos rendimentos distribuídos os cedam voluntária ou coercivamente a outrem sem quaisquer contrapartidas ou sem contrapartida igual. Neste domínio, as finanças públicas contribuem como o principal processo de redistribuição, e de redistribuição coativa através do Estado, que exige aos contribuintes parcela dos seus rendimentos – impostos sobre o rendimento.

Contudo, ao falarmos em impostos, levanta-se de imediato uma questão: Como devem ser estruturados os sistemas fiscais de modo a repartir de forma justa os encargos com os gastos públicos? Tal repartição justa, com base no princípio da capacidade contributiva e da progressividade (que Adam Smith aceitava mas que J. Stuart Mill considerava "a mild form of robbery", embora defendesse a isenção de um mínimo de existência) do imposto designa-se por equidade inter-individual ou justiça fiscal. Equidade, que tem duas dimensões: a equidade horizontal e a equidade vertical.

A horizontal exige o tratamento igual dos iguais, ou seja, indivíduos nas mesmas condições devem pagar idênticos impostos. Mas ao tratar igualmente os iguais, tem subjacente a ideia de que deve ser diferente o imposto a pagar por pessoas em diferentes condições. Esta é a questão da igualdade vertical.

Assim, ao contrário da eficiência, onde a intervenção do Estado tem, essencialmente, a ver com a correção de fracassos do mercado, na equidade a preocupação está centrada sobre a redução das desigualdades de distribuição dos rendimentos, a fim de promover a igualdade de oportunidades entre os cidadãos e assegurar o acesso a bens primários essenciais.

Porém, a procura de mais equidade (nomeadamente a vertical) acarreta, como já vimos, perdas líquidas de bem-estar/carga excedentária, como refere F. Ramsey, o que dá origem a *trade-offs* entre a eficiência e a equidade (por exemplo nas taxas moderadoras há uma clara ilustração do conflito entre eficiência e equidade).

Refira-se, para concluir esta questão, que os defensores do Estado mínimo e do liberalismo consideram, principalmente nos últimos tempos, a eficiência mais importante do que a equidade. Ao contrário, os defensores da justiça na repartição dos encargos dão mais relevância ao Estado do bem-estar (ou Estado Providência), defendendo mesmo alguns que se a equidade não fosse importante, então não seriam necessários impostos.

2.5 A Função Estabilização do Estado

Sabe-se que de acordo com a escola Keynesiana as economias de mercado, se entregues a si próprias, são bastante instáveis, pelo que o Estado deve levar a cabo políticas de estabilização que atenuem o desemprego, a inflação, o défice externo, o défice orçamental e a instabilidade económica. Ou seja, o Estado através de recursos orçamentais – aumento de despesas, aumento de impostos, ou diminuições – deve contrariar as falhas macro-económicas do mercado, que se traduzem em instabilidade no que respeita ao equilíbrio do comércio externo, no emprego, na estabilidade dos preços e no crescimento económico.

3. Conclusões

Tendo presente o que foi exposto, pode concluir-se que a maioria dos Estados prossegue hoje não só funções estritamente financeiras, mas também de carácter económico, de segurança social e de mérito.

Estas funções dos Estados, iniciadas essencialmente na segunda metade do século XX, levaram a um forte aumento da despesa pública, porque esta não serve, apenas para a satisfação de necessidades públicas clássicas – perspetiva dos liberais –, mas também como um instrumento de intervenção dos poderes públicos na economia, como o defendem os seguidores de Keynes. Assim, se iniciou "uma economia de despesa", segundo Sousa França.

Porém, Friedman e outros economistas defendem a existência de um Estado mínimo (julgar, combater e manter a ordem) e negam qualquer intervenção no domínio da redistribuição do rendimento e da riqueza, porque o mercado gera não só um estado de equilíbrio estável, mas também garante a melhor combinação possível de preços, levando à afetação ótima de recursos.

Esta é a lógica da escola do laissez-faire, que, como se sabe, exige a minimização de todas as formas de interferência junto dos processos de funcionamento dos mercados.

Estranhamente, na crise de 2008, quando os preços ativos começaram a cair acentuadamente, houve necessidade de uma correção por parte das autoridades monetárias e dos governos.

Do exposto, ressalta que no sistema capitalista há perspetivas diferentes no que respeita à intervenção do Estado na economia. Existem teóricos que a defendem, bem como a provisão de bens de mérito. Outros só defendem a intervenção do Estado quando o mercado é ineficiente na afetação de recursos, sem esquecer os teóricos da Public Choice, que afirmam que os principais objetivos dos governos são o alcançar e manter o poder, bem como serem corrompíveis e suscetíveis de tráfico de influências.

Há, assim, pontos de conflito entre critérios normativos (domínio de juízos de valor) de eficiência e de equidade, como determinantes de uma decisão, não esquecendo a utilização do imposto como instrumento de políticas económicas e sociais.

Porém, apesar dos conflitos referidos, há que ter presente que a Constituição fiscal Portuguesa regula o modo como o sistema fiscal deve estruturar-se para conseguir uma repartição justa do rendimento e da riqueza, conforme artigos 103.º e 104.º, onde se verifica que há uma imposição de um modelo do sistema fiscal que comporte uma distribuição progressiva (equidade vertical) dos encargos com a despesa pública, apesar de se ter verificado um recuo do valor da redistribuição na revisão de 1989. Tendência que se tem verificado em todos os países evoluídos, onde as Finanças Intervencionistas (ou Funcionais) se vão tornando cada vez mais Finanças Neutrais.

Apesar do que foi afirmado acerca das razões que justificam a intervenção do Estado na Economia, pensamos que a análise deste tema será adequadamente concluída com o professor João Ruiz de Almeida Garret, que, em Lições de Economia e Finanças Públicas ao 3.º Ano Jurídico (1989) da Universidade Portucalense, escreveu:

> "A atuação pública foi largamente tratada pelos clássicos como um elemento exógeno ao sistema global e coerente dos mecanismos económicos fundamentais, baseados nos princípios do interesse pessoal e da liberdade dos consequentes comportamentos. Assim se explicaria que esses fenómenos e os mecanismos do mercado ficassem a constituir o tema fulcral da análise económica, enquanto aqueles outros fenómenos relativos às receitas e despesas do Estado, unificados pela sua referência básica ao seu orçamento, formariam o objeto da análise financeira. O grande interesse que esta análise mereceu dos clássicos nada tem a ver

com essa cisão, em dois, dos temas de estudo do âmbito económico: como repetidamente se tem dito [...], a cobrança de receitas públicas (sobretudo impostos) representava a introdução de um elemento – o financeiro – perturbador do funcionamento normal (espontâneo, automático) da economia, nomeadamente, dos seus sistemas de preços, de afetação de recursos e de distribuição dos rendimentos. Os temas referidos constituíram a análise da economia de mercado, auto-regulado por mecanismos naturais (espontâneos, automático). Os fenómenos perturbadores, resultantes das aferições de outra lógica, que não a do mercado, estavam fora dessa economia auto-regulada, e deveriam ser objeto de um estudo específico – o das Finanças Públicas".

CAPÍTULO II

—

IMPOSTOS PROPORCIONAIS OU PROGRESSIVOS SOBRE O RENDIMENTO DAS PESSOAS SINGULARES?

1. Introdução

Os impostos são classificados segundo diversos critérios, quer económicos quer jurídicos, que os distinguem, entre outras classificações, em impostos proporcionais, progressivos e regressivos; em impostos diretos e indirectos; em impostos *"ad valorem"* e específicos; em impostos estaduais, regionais e locais, e em impostos sobre o rendimento, o património e o consumo.

Apesar de cada uma das classificações possuir diversas características relevantes, só vamos analisar os impostos proporcionais e progressivos. Classificação que tem sido palco de interessantes discussões e acesos debates, principalmente por Adam Smith ter admitido como razoável a tributação progressiva e Stuart Mill defender a tributação proporcional e ter advogado a isenção de uma parte do rendimento.

2. Os Impostos Proporcionais e Progressivos

2.1 Enquadramento

Apesar dos "pais fundadores" da Economia Política terem defendido, em geral, os impostos proporcionais, a maioria dos atuais sistemas fiscais têm também impostos progressivos, essencialmente para o rendimento de pessoas singulares, e muitíssimo residualmente, embora continuem a existir em termos efectivos, impostos regressivos – aqueles em que a coleta ($\overline{C}$) é uma constante pré-definida e constantemente de proporcionalidade inversa entre a taxa (t) e a matéria colectável (m_c), ou seja, quando mc aumenta, então t é constantemente decrescente ($\overline{C} = tm_c$) –, pelo que a questão da tributação proporcional ou da tributação progressiva deve ser analisada no âmbito das características desejáveis de um sistema fiscal. E para que a questão da progressividade seja uma realidade, um sistema fiscal deve ter como características os critérios da eficiência e da equidade, além de outros, que analisaremos de seguida.

2.2 Eficiência

Os impostos devem minimizar (embora haja sempre um efeito rendimento e um efeito substituição – exceto para os impostos *"lump sum"*, que são lançados sobre bases tributárias que os contribuintes não conseguem alterar, como, por exemplo, o sexo ou a idade, os impostos pigouvianos e aqueles cuja oferta e a procura sejam rígidas) a interferência em decisões dos agentes económicos e devem promover a eficiência, corrigindo externalidades negativas.

Assim, a intervenção do Estado tem, principalmente, a ver com a correção de fracassos do mercado (externalidades, bens públicos, regulação dos mercados e correção de informações assimétricas), por forma a assegurar, na perspetiva paretiana, a eficiência na afetação de recursos.

2.3 Equidade

A distribuição da carga fiscal deve ser equitativa, ou seja, não arbitrária e de acordo com as dimensões da igualdade horizontal e da igualdade vertical.

A primeira, a igualdade horizontal (incontroversa e universalmente aceite), exige o tratamento igual dos iguais: pessoas nas mesmas condições devem suportar o mesmo ónus da carga fiscal. Trata-se de uma igualdade que é uma consequência do princípio da igualdade dos cidadãos perante a lei.

Todavia, se a igualdade horizontal obriga a tratar igualmente os iguais, então deve ser diferente o imposto a pagar por pessoas em diferentes condições. Mas quanto diferente? Esta é a questão da igualdade vertical (para Musgrave, a igualdade vertical é uma questão de gosto social e de debate político), isto é, se uma pessoa está em melhor situação económica do que outra deve suportar um ónus de tributação superior. Esta é a chamada tributação progressiva, entendida como um instrumento de correcção de desigualdades dos rendimentos e da riqueza, mas que as correntes liberais asseguram que não é necessária a intervenção do Estado, pois este só acarreta ineficiências no mercado.

Refira-se, porém, que a igualdade horizontal e a igualdade vertical têm subjacente dois princípios orientadores: o princípio do benefício e o princípio da capacidade de pagar.

Segundo o princípio do benefício, que remonta a Adam Smith, os indivíduos devem pagar mais ou menos impostos conforme recebem mais ou menos benefícios dos bens públicos.

Neste princípio estão nas mesmas condições os que apreciam igualmente as utilidades dos bens públicos e que, por isso, estão dispostos a pagar o mesmo preço, pelo que se compreende que se lhes exija o mesmo imposto, ou seja, estamos perante a igualdade horizontal.

Porém, apesar da sua simplicidade e de ter algumas vantagens, o princípio do benefício apresenta algumas limitações, como por exemplo:

- não constitui uma base geral de tributação, pois há indivíduos que recebem benefícios de bens públicos e que, no entanto, não devem ser chamados a contribuir para as despesas com a produção desses bens, devido à sua pobreza;
- não permite a prossecução de políticas redistributivas devido à neutralização, pelo menos parcial, que naturalmente se operaria entre benefícios recebidos e montante de imposto a pagar;
- não conhecer o benefício que cada indivíduo recebe de cada bem público e, portanto, o preço que esta disposto a pagar (ou que lhe há de ser cobrado) pela unidade de cada um desses bens.

Pelas limitações referidas, e outras que podiam ser analisadas, são poucas as aplicações do princípio do benefício, no que respeita aos impostos. No caso das taxas ele é mais e melhor aplicado.

Quanto ao outro princípio, o da capacidade de pagar (que é, por norma, medida pelo rendimento, embora o consumo e a riqueza também seriam medidas alternativas dignas de consideração), os indivíduos que têm capacidades diferentes de pagar, devem pagar diferentes impostos, na medida da diferença. Esta é a questão da igualdade vertical, que tem como consequência a alternativa tributação proporcional versus tributação progressiva. Há ainda a referir que a equidade vertical tem, entre outros, como alvo primordial a eliminação ou redução da pobreza, o que infelizmente não tem acontecido. Como eliminá-la ou reduzi-la? Somente através do fornecimento aos mais desfavorecidos dos bens que lhes faltam ou a concessão de subsídios que lhes permitam comprar bens. É nesta atitude que se situa o chamado "imposto negativo de rendimento". Este, claro está, é o contrário do imposto positivo (o pago ao Estado pelos que têm rendimentos superiores aos mínimos de existência).

No "imposto negativo" é o Estado que paga aos que têm rendimentos inferiores ao mínimo de existência, consistindo numa prestação pecuniária que aumenta com a descida do rendimento.

Em face do referido, pode dizer-se que o princípio do benefício conduz a distribuir os encargos conforme a medida em que cada um utiliza os serviços públicos, enquanto o princípio da capacidade de pagar, que é promotor da equidade, leva a ignorar a utilização dos serviços públicos e distribui os encargos conforme a capacidade de os pagar que cada um revele, ou seja, o Estado pode produzir um bem público independentemente de saber se os contribuintes estão ou não dispostos a arcar com as responsabilidades de tal produção ou provisão, bastando-lhe saber que eles têm capacidade para isso.

Refira-se, porém, que o princípio da equidade vertical segundo a capacidade de pagar, foi durante muito tempo baseado na teoria do igual sacrifício (igual sacrifício absoluto ou proporcional ou marginal), ou seja, o entendimento de que os impostos respeitam a regra da equidade se resultarem para todos, sem exceção, num igual sacrifício traduzido numa mesma perda de utilidade, e não necessariamente numa igual perda de rendimento. Assim, porque a teoria do igual sacrifício perdeu relevância, só desenvolveremos a tributação progressiva como instrumento de redistribuição do rendimento.

Tendo presente o que foi dito acerca da eficiência e da igualdade, facilmente se conclui que em algumas medidas de política social é possível encontrar pontos de conflito entre os referidos princípios normativos, como determinantes de decisões tais como:

- Existência de subsídios de desemprego;
- Existência de um salário mínimo nacional.

Para economistas como Hayek e Friedman a prioridade é a ineficiência dos mercados. Mas para Stiglitz e Rawls, por exemplo, a equidade "deve ter prioridade sobre a eficiência, embora Hall (2007) afirme: "A noção da equidade vertical, ao contrário da horizontal, não passa de uma construção artificiosa do século XX. Assim, porque destituída de quaisquer valores de referência objetivos, não é, por isso, capaz de definir quais sejam os valores corretos da progressividade e, do mesmo modo, de resistir às investidas de diferentes grupos de pessoas.

Acrescenta ainda que os dados empíricos disponíveis revelam que a forma de os mais ricos pagarem mais imposto é baixando-se as taxas marginais de impostos e não o contrário, defendendo a progressividade por dedução com taxa proporcional".

Mas, Xavier de Basto (2006) escreve: "Se a justiça na repartição dos encargos não fosse importante, então não seriam necessários impostos. O Estado poderia, exercendo o seu *jus imperii*, requisitar os bens de que necessitasse, para fornecer os serviços públicos, incluindo requisitar o tempo de trabalho dos cidadãos, transformando-os em funcionários. Este sistema de requisição universal resolveria o problema da cobertura das despesas públicas, mas distribuiria os encargos de forma arbitrária, intoleravelmente injusta, não respeitando os padrões mínimos de igualdade de tratamento. Um sistema de impostos, assente em princípio de igualdade, permite uma distribuição controlada e não arbitrária dos encargos públicos e essa é a sua radical razão de ser..." Perspetiva com a qual concordamos plenamente.

2.4 Os Impostos Proporcionais

São impostos proporcionais aqueles em que a taxa nominal é fixa e igual à taxa média, qualquer que seja o montante da matéria coletável, apesar de aumentar em valor. É o que sucede com o imposto sobre o rendimento das pessoas coletivas (IRC) ou com o imposto sobre o valor acrescentado (IVA).

Em termos formais pode dizer-se que um imposto é proporcional se:

$t = c/m_{(1)}$, onde c representa a coleta do imposto; m_c a matéria coletável e $\bar{t}$ a taxa do imposto, que é uma constante.

De (1) resulta:

$c = m_c \bar{t}$, pelo que, $m_c - c = (1 - \bar{t})m_c$, onde $(m_c - c)$ representa o rendimento disponível.

Demonstra-se que um acréscimo da matéria coletável implica uma alteração do rendimento disponível igual a $(1 - \bar{t})$, ou seja, a derivada de $\frac{d(mc-c)}{dm_c} = (1 - \bar{t})$, pelo que todos os contribuintes pagarão a mesma proporção de impostos $(\bar{t})$ – igualdade de cidadãos perante a lei – e deixando a todos a mesma percentagem $(1 - \bar{t})$.

Podemos também afirmar que a elasticidade do imposto a pagar (T) em relação ao rendimento (Y) é superior à unidade, ou seja, $\in_Y^T = \frac{dT}{dY} \cdot \frac{Y}{T} > 1$, então o sistema é progressivo. Se, $\in_Y^T = 1$, então o sistema é proporcional, isto é, o imposto varia na mesma proporção que o rédito.

Sabe-se, porém, que o consumo de um bem diminui como percentagem do rendimento à medida que este aumenta, o que implica que um imposto de taxa proporcional sobre o consumo (IVA) tenderá a ser regressivo em relação ao rendimento, cujo efeito não é, por norma, invertido quando se tributam de forma diferenciada os diversos tipos de bens.

Contudo, uma taxa proporcional sobre o rendimento pode acarretar alguma progressividade, caso se admita a dedução de um mínimo de existência, como advogava J. S. Mill no século XIX e o admite o *flat rate income tax*, conforme se demonstra no quadro abaixo (a chamada progressão por dedução):

Rendimento (em euros)	Deduções (em euros)	Impostos (taxa=10%)	Taxa efetiva (em%)
700	100	60	8,57
1000	100	90	9
1500	100	140	9,33
2000	100	250	9,6
3000	100	290	9,66

Facilmente se verifica que a taxa efetiva é crescente, embora não atinja 10%, com o montante da matéria coletável, o que implica que estamos perante um imposto decrescentemente progressivo. É assim possível, com base numa taxa proporcional, transformar o imposto em progressivo, ou seja, um sistema progressivo, de facto, não necessita de ser construído numa base formal. Podemos produzi-lo com taxas proporcionais de impostos, atribuindo-se, cumulativamente, uma isenção fiscal inicial de rendimento ou ainda, por outras palavras, pode haver progressividade sem existirem diferentes taxas nominais.

2.5 Os Impostos Progressivos

Se a igualdade horizontal obriga a tratar de modo igual os iguais, então deve ser diferente o imposto a pagar por indivíduos em diferentes condições. É esta a questão da igualdade vertical, que coloca em relevância a tributação proporcional *versus* tributação progressiva. Tributação que, como já referimos, deve ter por base principal de tributação a capacidade de pagar (the-ability-to-pay), cuja melhor medida é o rendimento. Assim, um imposto progressivo sobre o rendimento é aquele que a taxa normal é superior à taxa média do imposto, como é o caso do nosso IRS.

Acrescente-se que a taxa normal tem, por norma, um valor máximo muito inferior a 100%, pelo que acima dessa taxa o imposto se torna proporcional. Caso não fosse assim, a taxa do imposto subia constantemente com o aumento da matéria coletável e a certa altura a taxa seria superior a 100%, absorvendo a totalidade da matéria coletável. Porém, além desta questão outras se levantam, como, por exemplo: que grau de progressão? que espécies de progressão?

Quanto às espécies de progressão, são normais as seguintes:

- Progressão contínua;

- Progressão por dedução;
- Progressão por classes; e
- Progressão por escalões.

2.5.1 Progressão Contínua

Nesta espécie de progressão a taxa, até atingir o máximo definido, vai aumentando com o mínimo de crescimento da matéria coletável.

É um sistema bastante trabalhoso e complicado em virtude de se tornar necessário um número elevadíssimo de taxas. Quase tantas quantos os contribuintes, o que dificulta e demora o cálculo do imposto.

Apresentando a progressão contínua através da seguinte expressão:

$c = 10^{-n} . m_c^2$, donde $\frac{c}{mc} = 10^{-n} . m_c$, pelo que $t = 10^{-n} . m_c$, onde c representa a coleta do imposto, m_c a matéria coletável e t a taxa de imposto.

Como $\frac{d(10-n)\, m_c}{dmc}$ e $d^2t/dm_c^2 = 0$, ou seja, a taxa "móvel" t altera-se na proporção de 10^{-n} em relação ao aumento da matéria coletável m_c, e como a segunda derivada é igual a zero, então o imposto é constantemente progressivo. Assim, para evitar que a taxa atinja 100%, há que estabelecer um montante $\overline{X} \leq m_c$, a partir do qual a taxa passa a ser proporcional e o imposto decrescentemente progressivo.

2.5.2 Progressão por Dedução

Nesta progressão aplica-se uma taxa proporcional à matéria coletável, deduzida de uma importância fixa, como já vimos anteriormente.

Assim, fixando-se uma taxa $\bar{t}$ e uma dedução fixa $\overline{f}(x)$ ($\overline{f}x > 0$ e $< m_c$), tem-se $c = \bar{t}(m_c - \overline{f}_x) = te\ m_c$ (1), onde te representa a taxa efetiva, que é tanto maior quanto mais elevada é a matéria colectável.

De (1) resulta:

$te = t\,(1 - \overline{f}_x m_c^{-1})$ (2), o que implica:

$dte/dmc = \bar{t}\ \overline{f}_x\ .\ m_c^{-2}$ e $dte/dmc^2 = -2\ \bar{t}\ \overline{f}_x\ m_c^{-3}$

De (2) resulta:

$m_c \rightarrow \cdot => te = \bar{t}\,(1- \bar{f}_x .\ m_c^{-1}) \rightarrow \bar{t}$, donde graficamente, para t = 0, 1, se tem:

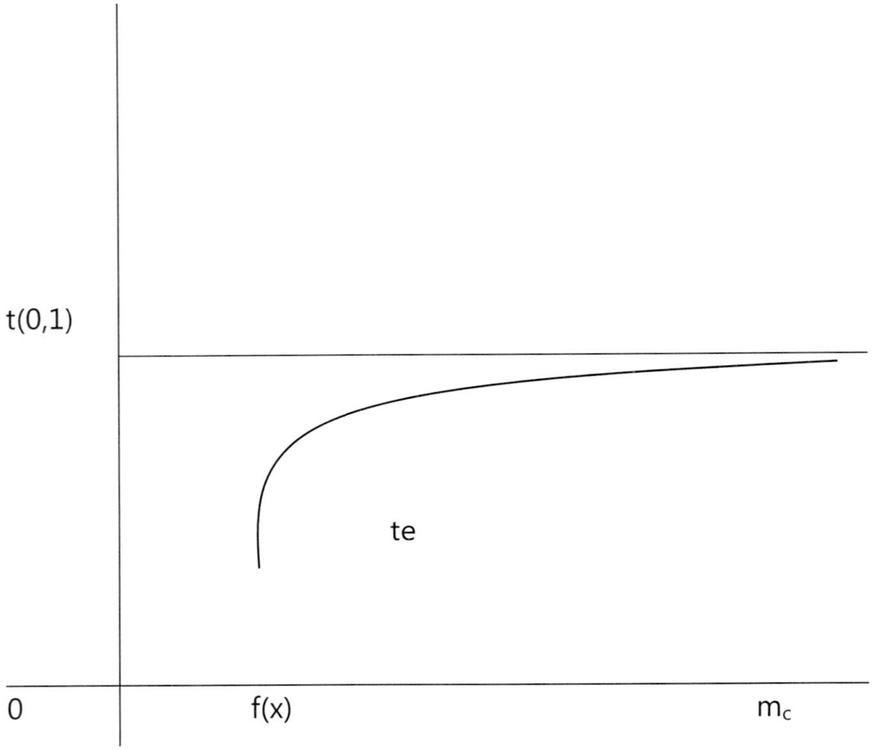

Da análise do gráfico verifica-se que a taxa efetiva (te) não pode atingir 100% e nem sequer o nível $\bar{t}$, porque por mais elevada que seja m_c, $\bar{f}_x$, mesmo que pouco significativo, será sempre rendimento pessoal sobre o qual não incide a taxa formal fixa $\bar{t}$.

Para concluirmos a análise desta espécie de progressividade, pode afirmar-se que nem o seu rendimento disponível se pode tornar decrescente ou constante, pois ele aumenta com o crescimento de m_c, isto é:

Como $m_c - c = \bar{t}\ .\ \bar{f}_x\ .\ (1 - t)\ m_c$, então

$d\,(m_c^{-c})\ /\ dm_c = 1 - \bar{t} > 0$

2.5.3 Progressão por Classes

Nesta modalidade estabelecem-se classes de matéria coletável crescente, aplicando-se-lhes taxas de imposto, também crescentes, em cada classe, e, no caso abaixo, com isenção na base (com o primeiro escalão de taxa zero).

Exemplo

Classes de rendimento (em euros)	Taxa %
De 0-8,000	0
De + 8,000-20,000	10
De +20,000-40,000	20
De +40,000-70,000	30
De +70,000	40

Assim, quem tem um rendimento de 10.000 euros pagará 1.000 euros; quem tem uma matéria coletável de 50.000 euros paga 15.000 euros.

Todavia, se A tiver um rendimento de 20.000 euros, a coleta será de 2.000 euros, pelo que ficará com um rendimento disponível de 18.000 euros. Se, porém, o rendimento for de 22.000 euros, pagará 4.400 euros e o seu rendimento disponível será de 17.600 euros, pelo que fica com um rendimento disponível inferior a quem tem um rendimento antes de impostos inferior, isto é, na passagem de classe para classe, o aumento de imposto excede o aumento de matéria coletável.

Há, assim, que, neste sistema, corrigir o referido defeito. Como? De acordo com a maioria dos teóricos há, pelo menos, dois processos:

1 – estabelecer que o contribuinte não poderá ficar com rendimento disponível menor do que aquele que ficaria se a sua matéria coletável correspondesse ao limite máximo da classe imediatamente anterior;

2 – corrigir o referido defeito utilizando progressão por escalões, que analisaremos no ponto seguinte.

Como analisar formalmente a progressão por classes?

Partindo da regra que nenhum contribuinte poderá ficar com um rendimento disponível inferior ao que ficaria se a matéria coletável correspondesse ao valor superior da classe imediatamente anterior, pode apresentar-se através da expressão abaixo:

$m_{ci} - c_i = (1-t_i)\ m_{ci} \geq (1-t_{i-1})\ L_{si-1}$, onde t_i é a taxa própria da classe i; L_{si-1} o valor superior da classe i-1 e m_{ci} a matéria coletável compreendida na classe i, com $L_{si} \geq m_{ci} > L_{si-1}$ (sendo L_{si} o limite superior e L_{si-1} o limite superior da classe i-1).

Tendo, contudo, em atenção a exceção à regra, resulta formalmente:

$(1-t_i)\ m_{ci} < (1-t_{i-1})\ L_{si-1} \Rightarrow t_i$ $\quad l_i = 1-(1-t_{i-1})\ L_{si-1}/\ m_{ci}$, ou seja, l_i é a taxa que aplicada à matéria coletável da classe i produz o mesmo rendimento disponível que o correspondente a $(1-t_{i-1})\ L_{si-1}$.

Há, contudo, um valor na classe i acima do qual aplicar a taxa dessa classe proporciona um rendimento disponível maior do que o da classe imediatamente anterior (i-1). E quando aplicada a valores abaixo dessa referência, o rendimento disponível menor do que o correspondente ao da classe anterior.

Aquele valor de referência designa-se por montante de indiferença, e que é dado por:

$1-t_{i-1}\ /\ 1-t_i\ .\ L_{si-1}$

Para cada classe do nosso exemplo, temos os seguintes valores:

Classe 2 $\frac{1-0}{1-0.1}$ * 8.000 = 8.800 euros

Classe 3 $\frac{1-0.1}{1-0.2}$ * 20.000 = 22.500 euros

Classe 4 $\frac{1-0.3}{1-0.3}$ * 40.000 = 45.680 euros

Classe 5 $\frac{1-0.3}{1-0.4}$ * 70.000 = 81620 euros

Refira-se que a indiferença em relação ao uso de L_{si-1} não é perfeita, porque se não definem L_{si-1} para i=1 e Lsi+1 e L_{si} para i=n.

Do ponto de vista gráfico, temos, para a progressão por classes, a figura seguinte:

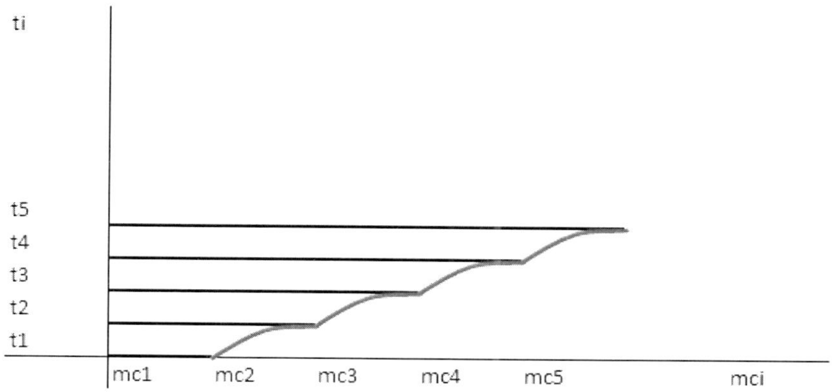

2.5.4 Progressão por escalões

É uma modalidade admitida quase de modo universal pelos diferentes sistemas fiscais, e onde a matéria coletável se divide em tantas parcelas quanto os grupos que nela cabem, aplicando-se às várias parcelas as taxas próprias dos sucessivos grupos de 1 a i-1, só se aplicando a taxa própria do último escalão à diferença entre matéria coletável e o limite do último escalão (L_i) que coincide com o limite do escalão anterior (i – 1), ou seja, $(m_{ci} - L_i)\ t_i = (m_{ci} - L_{si-1})\ t_i$ (onde $L_i = L_{si-1}$), pelo que a coleta é dada por uma soma de produtos.

Tendo presente o que se referiu, pode, por exemplo, calcular-se a taxa efetiva do imposto.

Assim, designando:

t_i – taxa própria por escalão de i (que no nosso IRS é designada por taxa nominal e, para outros teóricos, como taxa marginal);

L_i – base do escalão i>1 ($L_i = L_{si-1}$, na progressão por escalões);

L_{si} – limite superior do escalão;

m_{ci} – matéria coletável do escalão i, com $L_{si} \geq m_{ci} \geq L_i$, então a taxa efetiva (t) será: $t = \frac{c}{m_{ci}} = \sum_{i=1}^{i-1} \frac{(\text{Lsi}-\text{Li})\text{ti}}{\text{mci}} + \left(1 - \frac{\text{Li}}{\text{mci}}\right) ti$, pelo que para o escalão mais elevado para o máximo de i = n, t tende para t_n, sem no entanto jamais a alcançar, ou seja, substituindo i por n vem:

$t = \frac{c}{m_{ci}} = \sum_{n=1}^{n-1} \frac{(\text{Lsn}-\text{Ln})\text{tn}}{\text{mcn}} + \left(1 - \frac{\text{Ln}}{\text{mcn}}\right) tn$, então se $m_{cn} \to \infty$, tem-se: $t \to t_n$

Mas se em vez da taxa efetiva desejarmos calcular a coleta, então tem-se:

$c = t \cdot m_{ci} = \sum_{n=1}^{i-1}(\text{Lsn} - \text{Lin})\,\text{tn} + (\text{mci} - \text{Li})ti$

$= L_i \cdot t_{m-1} + (\text{mci} - \text{Li})\ \text{ti} = \text{mci} \cdot \text{ti} - \text{pi}$ (2), onde t_{m-1} é a taxa média do escalão i -1 e pi a parcela a abater.

De (2), e tendo presente que $c = t_{mci}$, resulta, por um lado: $t = ti - pi/m_{ci}$ e, por outro lado, $t_{m-1} = t_i - p_i/L_i$.

Do exposto, pode concluir-se que no sistema progressivo por escalões, há à partida três modos equivalentes de apurar a matéria coletável:

1 - o apuramento dito escalão a escalão;

2 - o referido no n.º 2 do artigo 68.º do CIRS;

3 - apuramento baseado na parcela a abater.

Suponhamos que para um dado ano fiscal as taxas normais (marginais) e médias, para cada escalão, são as referidas no quadro abaixo:

Matéria Coletável (euros)	Taxas (%)	
	Normal (A)	Média (B)
Até 7091	14,50	14,50
De mais de 7091 até 20.261	28,50	23,60
De mais de 20.261 até 40.522	37,00	30,30
De mais de 40.522 até 80.640	45,00	37,61
Superior a 80.640	48,00	

Sabendo que o rendimento coletável do sujeito passivo X é de 41.617 euros, pretende-se o cálculo da coleta de acordo com os métodos anteriormente referidos.

Pelo modo 1:

$c = t \cdot m_{ci} = \sum_{n=1}^{i-1}(\text{Lsn} - \text{Lin})\text{tn} + (\text{mci} - \text{Li})ti$

$= \sum_{n=1}^{3}[(\text{Ls1} - \text{Li1})\text{t1} + (\text{Ls2} - \text{L2})\text{t2} + (\text{Ls3} - \text{Li3})\text{t3}] + (mc4 - L4)\ t4$

= €7091 × 0,1450 + (€20261-€7091)0,285 + (€40522-€20261) × 0,37 + (€41617-40522) × 0,45) = €12.770,8

Pelo modo 2:

$c = t \cdot m_{ci} = Litm_{-1} + (\text{mci} - \text{Li}) \cdot ti$

= €40.522 × 0,303 + (€41.617 – €40.522) × 0,45

= €12.278 + € 492,8

= €12770,8

Pelo método 3:

$c = t \,.\, m_{ci} = tm - 1 = ti - \frac{pi}{li}$

= 0,303 = 0,45 – pi/€40.522, donde pi = €5956,3, pelo que a coleta será:

€41617 × 0,45 – €5.956,8

= €12.770,8

Verificou-se, assim, que qualquer dos processos analisados conduz ao mesmo valor do rendimento coletável, sendo o modo 3 o utilizado pela AT (Autoridade Tributária e Aduaneira).

Refira-se, porém, que para valores superiores a 80.640 euros, para os quais já não há escalões, a parcela a abater é de € 5956,8, em virtude da taxa normal se tornar proporcional (48%) a partir do valor referido, o que implica uma zona de pura tributação progressiva por dedução, pelo que a taxa efetiva do imposto progressivo por escalões tende para a taxa própria do último escalão. É o que acontece no nosso IRS.

2.6 Comparação entre um Imposto Proporcional e um Imposto Progressivo

Tendo em atenção os dados respeitantes ao exemplo anterior – que constitui um exemplo, hoje praticamente universal, de imposto progressivo por escalões, como é o caso do IRS nacional –, vamos supor que a taxa proporcional é de 30,30%. Então, para um rendimento coletável de 41.614 euros, podemos apresentar a seguinte representação gráfica:

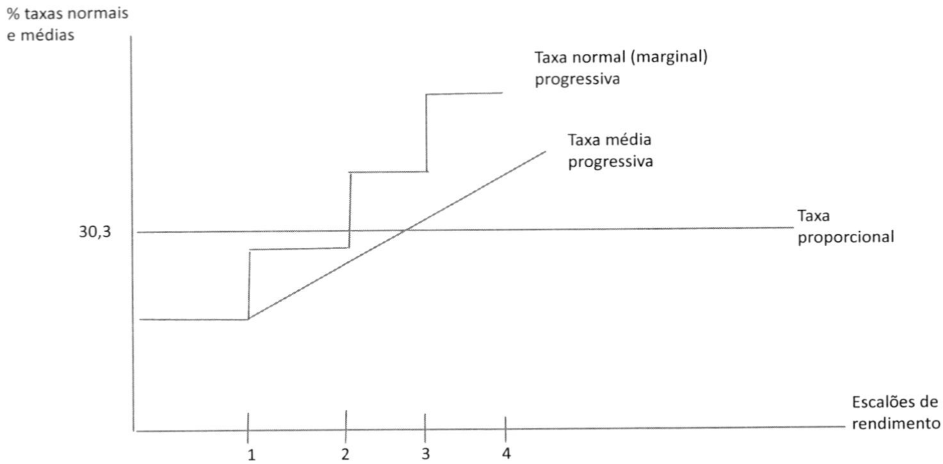

Da análise do gráfico, verifica-se que o imposto proporcional tem uma taxa superior à taxa normal (marginal) do imposto progressivo no primeiro e segundo escalão, pelo que este proporciona poupanças fiscais a favor dos que possuem mais baixos rendimentos, ao contrário do imposto proporcional, que nos dois referidos escalões se converte num verdadeiro confisco para os titulares de rendimentos mais baixos, o que só pode ser corrigido através de uma redução fixa correspondente ao mínimo de subsistência.

Quanto ao terceiro escalão, a situação começa a inverter-se, embora com a taxa média inferior à taxa normal (marginal). Situação que se inverte no quarto escalão, o que acarreta um maior efeito sobre o rendimento e, provavelmente, a um maior efeito de substituição do trabalho por lazer. Há, por isso, nesta situação um conflito entre equidade e eficiência, o que leva alguns estudiosos a afirmarem que a forma dos mais ricos pagarem mais impostos é baixar as taxas marginais do IRS e não o contrário, em virtude dos ganhos esperados com a evasão fiscal e a fraude fiscal se tornarem menos atrativos.

Porém, há ainda quem defenda que se a progressividade é indispensável à execução do objetivo da equidade, ela não tem de ser concretizada por meio de taxas marginais (normais) crescentes, mas sim através de um imposto proporcional, com uma dedução fixa de, por exemplo, 10261 euros por família, o que passa a ter a natureza de um imposto progressivo, com a taxa efetiva para cada matéria coletável a tender para a taxa proporcional (ver progressão por dedução e o Flat Tax).

3. Impostos Proporcionais ou Impostos Progressivos: Que Opção?

Num livro editado em 2002 (*Equity and The Case for Progressive Taxation*), Richard Musgrave referiu o pressuposto da tributação progressiva como um caso de "boas maneiras" numa sociedade democrática, pelo que, como consequência, pode afirmar-se que Portugal é um caso de boas maneiras, pois o atual n.º 1 do artigo 104.º da Constituição Portuguesa estabelece o seguinte: "O imposto sobre o rendimento pessoal visa a diminuição das desigualdades e será único e progressivo, tendo em conta as necessidades e os rendimentos do agregado familiar".

Assim, apesar de diversas revisões constitucionais, a progressividade da tributação não tem sido posta em causa em Portugal, no que respeita aos princípios, embora se tenha atenuado em relação às taxas marginais e à base do imposto sobre o rendimento das pessoas singulares, devido ao peso das taxas liberatórias (rendimentos de capital, por exemplo), e de certos benefícios (mais-valias, por exemplo) o que põe em causa a justiça fiscal e a neutralidade na tributação.

Porém, a progressividade continua a ser contestada por alguns, porque provoca distorções nas escolhas individuais e ser um freio ao investimento, ao consumo e à atividade económica em geral, o que agrava o objetivo da justiça social. Por isso, continua a ser defendido o imposto proporcional sobre o rendimento, o designado Flat Rate Income Tax, embora aplicado em poucos países.

Contudo, refira-se que apesar do referido imposto transmitir a ideia de ser um imposto proporcional, demonstra-se que tecnicamente é um imposto progressivo quando se deduz na base um determinado montante (ver análise da progressão por dedução).

Do exposto, e tendo em consideração a globalização da economia, a evolução tecnológica, a liberdade de circulação de capitais e a existência de paraísos fiscais, a capacidade de tributação dos rendimentos mais elevados não é fácil, pelo que, na nossa opinião, os Estados devem procurar sistemas fiscais que envolvam a neutralidade na tributação dos rendimentos de várias fontes, conjugada com o quociente conjugal e uma progressividade moderada (caso do flat tax), a fim de manter a equidade horizontal e alguma progressividade, ou seja, manter "as boas maneiras" na questão tributária.

CAPÍTULO III

—

AS RESTRIÇÕES ORÇAMENTAL E INTERTEMPORAL E SUSTENTABILIDADE DAS FINANÇAS PÚBLICAS

1. A Restrição Orçamental

A evolução da dívida pública, também designada de dívida de Maastricht[1] – que engloba as responsabilidades das administrações públicas nas categorias de munerário e depósitos, títulos de dívida e empréstimos –, é dada pela expressão abaixo, sem ter em consideração as receitas de emissão de moeda nem o resultado dos ajustamentos défice-dívida[2], e que se designa por restrição orçamental:
$D_t - D_{t-1} = it\ D_{t-1} + G_t - T_t (1)$, onde *Dt* representa o stock de dívida pública no final do período *t*; G_t as despesas efetivas primárias para o período *t*; T_t as receitas efetivas para o período e *it* a taxa de juro a pagar aos detentores da dívida pública do período *t* - 1.

Da igualdade (1) facilmente se infere que:

1) A variação do stock da dívida ($D_t - D_{t-1}$) é igual ao simétrico do saldo global, que no caso de ser > 0 é negativo. É positivo no caso de $it\ D_{t-1} + G_t - T_t < 0$;
2) Caso o saldo primário ($G_t - T_t$) seja nulo, o crescimento da dívida pública é igual ao juro da dívida;
3) Quando $(G_t - T_t) > 0$ (défice primário) o crescimento da dívida é superior ao juro;
4) Quando $(G_t - T_t) < 0$ (saldo primário positivo) o crescimento da dívida é inferior ao juro.

---

[1] A dívida de Maastricht (242,7 mil milhões de euros em finais de 2017) apresenta algumas diferenças face à dívida direta do Estado (238,2 mil milhões de euros no final de 2017), a qual é compilada pela Agência de Gestão da Tesouraria e da Dívida Pública - IGCPEPE. Numa base mensal. Essas diferenças estão associadas, principalmente aos seguintes fatores:

a) Delimitação do setor – a dívida direta do Estado inclui apenas a dívida emitida pelo Estado, enquanto a de Maastricht inclui todas as entidades classificadas, para fins estatísticos, no setor institucional das administrações públicas;
b) Efeito de consolidação – a dívida direta do Estado reflete apenas os passivos deste subsetor, enquanto a dívida de Maastricht é consolidada;
c) Capitalização dos certificados de aforro – a dívida direta do Estado inclui a capitalização acumulada dos certificados de aforro, que é excluída da definição de Maastricht (ver regulamento (CE) n.º 479/2009 do Conselho, de 25 de maio de 2009).

[2] A diferença entre a variação da dívida e o valor do défice é normalmente designada por ajustamento défice-dívida. Este ajustamento pode ser justificado por três fatores:

- Transações em ativos financeiros. A utilização das receitas de privatizações para a amortização da Dívida é um exemplo de uma operação que afeta a dívida sem que tenha impacto no défice;
- Transações em passivos não incluídos na dívida pública. Um exemplo é quando o Estado emite dívida para pagamento de créditos comerciais, registados em períodos anteriores, o que provoca aumento da dívida sem impacto no défice;
- Diferenças de valorização. Ocorre quando há valorização/desvalorização da dívida emitida em moeda estrangeira, pelo que sendo uma variação de valor, apenas tem impacto na variação da dívida pública.

Tendo, contudo, em atenção que as variáveis da equação (1) têm uma relação com o PIB, e este tem determinado nível de crescimento ao longo do tempo, faz mais sentido analisar a evolução do rácio da dívida pública, isto é, a relação entre *Dt* e o PIB (*Dt/PIB*).

Assim, sendo o PIB = *Yt e Yt* = (1 + *Y*)*Yt* – 1, onde Yt é o produto nominal e y_t a taxa de crescimento do produto e *it* a taxa de juro, tem-se de (1):

$Dt = (1 + it)D_{t-1} + G_t - T_t$, donde

$\frac{Dt}{Y_t} = \frac{(1+it)Dt-1}{(1+y_t)\,Y_{t-1}} + \frac{Gt}{Y_t} - \frac{T_t}{Y_t}$, daqui, fazendo $\frac{Dt}{Y_t} = dt$, $\frac{Gt}{Y_t} = g_t$ e $\frac{T_t}{Y_t} = t_t$, tem-se:

$dt = \frac{(1+it)}{1+y_t}\, d_{t-1} + g_t - t_t$. Se a esta expressão deduzirmos d_{t-1}, então resulta:

$dt - d_{t-1} = \left(\frac{1+it}{1+y_t}\right). d_{T-1} + g_t - t_t - d_t$.(2), donde

$\Delta\, d_t = \left(\frac{it-y_t}{1+y_t}\right) d_{t-1} + g_t - t_t$ (3). Isto é, a evolução do rácio da dívida face ao produto depende, no caso em análise, do saldo primário, da relação entre a taxa de juro e da taxa de crescimento do PIB, e da dívida pública de períodos anteriores. Como já foi referido, poder-se-iam considerar outras variáveis, como, por exemplo, o ajustamento do défice-dívida e venda de ativos não incluídos em t_t.

Acrescente-se ainda que da análise da expressão (3), podem retirar-se as seguintes conclusões:

- $\frac{it}{1+y_t} . d_{t-1}$, dá-nos o efeito dos juros sobre a variação do rácio da dívida;
- $-\frac{y_t}{1+y_t} . d_{t-1}$, respeita ao efeito da variação do crescimento económico na variação do rácio da dívida;
- $\frac{it-Y_t}{1+Y_t} . d_{t-1}$, diz respeito ao efeito dinâmico ou "*snowball*" da taxa de juro da dívida e do crescimento económico. Ou seja, para manter estável o rácio da dívida, o efeito conjunto do PIB e dos juros deverá ser compensado pelo saldo primário, isto é, o saldo primário deve ser sempre superior ao "*snowball effect*", supondo que o ajustamento défice-variação da dívida é nulo.

Da equação (3), supondo que (saldo primário), podemos ainda tirar as seguintes conclusões:

- se $sop_t > \frac{it-y_t}{1+y_t} . d_{t-1}$, então $\Delta\, d_t$ tende para zero;
- se $sop_t = \frac{it-y_t}{1+y_t} . d_{t-1}$, $\Delta\, d_t$ torna-se constante;
- se $sop_t < \frac{it-y_t}{1+y_t} . d_{t-1}$, então $\Delta\, d_t$ cresce.

Do exposto, facilmente se infere que se a estabilização do rácio da dívida pública requer um excedente primário (sop_t), uma pergunta se impõe. Qual o valor do saldo primário que será necessário para estabilizar ou diminuir o rácio da dívida?

Se em (3) considerarmos Δ dt = 0, então resulta:

$\left(\frac{it-y_t}{1+y_t}\right).d_{t-1} = sop_t$ (4).

Porém, como $dt = d_{t-1}$, tem-se $d_{t-1} = \frac{Dt-1}{(1+y_t).Y_{t-1}}$, o que implica que $\frac{Dt-1}{(1+y_t).Y_t-1} = \frac{Dt}{Y_t}$, pelo que de (4) resulta:

$(it - y_t)d_t = t_t - g_t$ (5), que nos diz qual o nível do saldo primário de forma que o rácio da dívida se mantenha constante, ou seja, $d_{t-1} = d_t = d_{t+1}$.

Para que tal aconteça é necessário que:

$t_t - g_t = (it - y_t).dt$

Por exemplo, para uma taxa de crescimento de 2,2% e uma taxa de juro de 2,25%, com um rácio da dívida de 60%, qual será o valor do saldo primário para que o rácio da dívida não aumente?

Da expressão (5), retira-se (em %):

$t_t - g_t = (2{,}25 - 2{,}2)x\,60 = 3$ o que significa que a área de sustentabilidade para o saldo primário será, neste caso, delimitado por $(t_t - g_t) \geq 3$.

Pode ainda afirmar-se que como $sop = dt\,(it - y_t)$, então $sop > 0$ se e só se $it > y_t$; $sop < 0$ se $y_t > it$ e $sop = 0$ quando $y_t = it$. Isto é, para que o rácio da dívida – produto estabilize, então o saldo primário terá que ser positivo e, pelo menos, igual à diferença entra a taxa de juro e a taxa de crescimento do PIB. Porém, o rácio da dívida produto poderá continuar estabilizado mesmo com um saldo orçamental primário negativo, desde que a taxa de crescimento da economia seja maior que a taxa de juro implícita da dívida pública[3].

[3] Quando a taxa de juro é inferior à taxa de crescimento do PIB, parece aconselhar um esquema de endividamento "à Ponzi" e as possibilidades de endividamento parecem não ter limite. Porém, como refere Fisher e Easterly (1990), a questão está em saber se um Estado, assim, poderá evitar uma crise da dívida. Ora, neste caso, de um aumento sistemático da dívida, os financiadores serão levados, inevitavelmente, a cobrar taxas de juro mais elevadas, o que terá consequências a nível do crescimento da economia, elevando o montante da dívida pública, o que porá em causa a questão da equidade entre gerações, porque a dívida pública resultante encontrará, em última análise, numa visão prospetiva temporal, o seu financiamento nos impostos, explícitos, presentes e futuros.

Refira-se, ainda, que da expressão (5) pode retirar-se a seguinte conclusão: $it\,.dt - y_t d_t = t_t - t$, donde resulta
$- y_t d_t = t_t - g_t - itdt$
= ao saldo global (so), pelo que: $dt = -\frac{so}{y_t}$. Isto é, o rácio da dívida pode estabilizar em *dt*, mesmo com um $so < 0$ mas com $y_t > 0$, o que pode aconselhar um esquema de endividamento. Ver, porém, nota 3.

Como é óbvio, e se não houver fatores adicionais (amortização da dívida, emissões de dívida, e ajustamentos défice-dívida), a variação do rácio da dívida pública em cada ano será igual ao défice orçamental. Mas caso $so > 0$, então o orçamento do Estado vai libertando meios não só para o pagamento dos juros da dívida, mas também para o seu reembolso.

Tendo presente o que referimos até ao momento acerca da dívida pública, pode afirmar-se que a sua gestão está relacionada com quatro variáveis fundamentais: peso no PIB; a taxa de juro da dívida, o crescimento da economia e o saldo orçamental no PIB, onde, no curto prazo, a variável que as autoridades podem controlar é o saldo orçamental primário. Porém, no médio e longo prazo todas as variáveis referidas são influenciáveis pela ação política do Estado.

2. A Sustentabilidade da Dívida Pública e a Restrição Intertemporal

2.1 Enquadramento

A sustentabilidade é definida pela Lei de Enquadramento Orçamental, no seu artigo 11.º, do seguinte modo:

> "Capacidade de financiar todos os compromissos assumidos ou a assumir com respeito pela regra do saldo orçamental estrutural e da dívida pública acumulada."

Há, também, quem defina sustentabilidade como a capacidade para honrar ao longo do tempo as obrigações decorrentes da dívida pública.

Os referidos conceitos de sustentabilidade, dizem-nos que, para haver sustentabilidade, o rácio da dívida pública deve convergir para um valor finito de modo a evitar que o nível de fiscalidade (relação entre receitas públicas e PIB) cresça indefinidamente. Caso contrário, não há sustentabilidade a longo prazo.

2.2 Restrição Orçamental Intertemporal

Refira-se que, contudo, que há outra corrente teórica que faz apelo à chamada restrição orçamental intertemporal, para quem a sustentabilidade da dívida pública impõe que o valor atual de todos os futuros excedentes orçamentais primários seja igual ao valor existente da dívida pública. Ou seja, em termos matemáticos, a restrição orçamental intertemporal é dada pela seguinte expressão:

$$d_{t-1} = \sum_{t=1}^{\infty}(\frac{1+y}{1+i})^t \; sop_t$$

Como se chega a esta expressão?

Vimos, em determinado momento, que:

$dt = \frac{(1+it)}{(1+Y_t)} \cdot d_{t-1} - sop_t$ Expressão que nos diz que a relação (dt) entre dívida pública e o PIB depende dos seguintes fatores: do saldo orçamental primário (sop_t), do valor do rácio da dívida pública de períodos anteriores (dt-1), da taxa de juro (it) e da taxa de crescimento do PIB (y_t), de onde facilmente se refira que se $it > y_t$, então terá de haver um saldo primário positivo, para, pelo menos, se manter a dívida pública ao seu nível atual.

Como o valor atual da dívida é d_{t-1}, então da equação anterior resulta: $d_{t-1} = \frac{1+y_t}{1+it} d_t + \frac{1+y_t}{1+it} sop_t$. Contudo, para um número infinito de períodos, para uma taxa de juro real, com média i, e uma taxa de crescimento real constante y, a restrição orçamental intertemporal pode, para os períodos 1,2,3, ..., ser dada pela seguinte expressão:

$$d_{t-1} = \sum_{t=1}^{\infty}(\frac{1+y}{1+i})^t \; sop_t + \; limt \; \to \; \infty \; (\frac{1+y}{1+i})^t \; dt \; (6).$$

No entanto, uma política orçamental sustentável deverá assegurar que o valor da dívida pública tende para zero, pelo que $limt \to \infty \; (\frac{1+y}{1+i})^t \; dt$ tenderá para zero, o que significa a ausência de jogos de Ponzi e a garantia de que é satisfeita a restrição orçamental intertemporal. Assim, de (6) obtém-se:

$$d_{t-1} = \sum_{t=1}^{\infty}(\frac{1+y}{1+i})^t \; sop_t, \; Q.E.D$$

Em síntese, pode afirmar-se que a dívida pública é sustentável se o valor atual da sequência futura de excedentes orçamentais for igual ao montante da dívida pública em $t-1$ e se, algures no futuro, cessarem os jogos de Ponzi no respetivo financiamento.

Para concluir este tema, refira-se que existem outras abordagens não convencionais para análise da sustentabilidade da dívida. Uma das abordagens utiliza modelos de equilíbrio geral para prever a evolução do rácio da dívida. Uma outra vertente baseia-se na estimação de modelos estocásticos que incluem as variáveis relevantes para a dinâmica da dívida, procurando identificar a correlação entre os choques observados no passado. Ver, por exemplo, a técnica "fan-charts" (FMI – 2013).

3. Restruturar ou não a dívida portuguesa?

Acerca da reestruturação da dívida, os especialistas não remam todos na mesma direção, pelo que as opiniões são diversas e, muitas vezes, antagónicas, embora reconheçam que a confiança dos investidores só se conquista se houver a firme convicção de que Portugal tomará as medidas adequadas para garantir a sustentabilidade das finanças públicas.

Porém, um facto é indesmentível: Portugal tem a terceira maior dívida pública em percentagem do PIB da zona euro e é o membro da UEM que, em percentagem, mais rendimento nacional despende no pagamento de juros da dívida. Em 2017, o pagamento de juros da dívida alcançou cerca de 3,75% do PIB, 7,1 mil milhões de euros, em contabilidade pública.

Assim, a fim de cumprir as metas relativas ao saldo estrutural, de acordo com o PEC, e aos limites da dívida, que decorrem do designado Tratado Orçamental, exige à República Portuguesa a obtenção anual e permanente de saldos primários positivos, aliados a um maior crescimento económico.

Pelas referidas razões, há especialistas que defendem a reestruturação da dívida, ou seja, a substituição da dívida pública em vigor, títulos ou empréstimos, por novos instrumentos de dívida ou numerário através dum processo formal.

Por isso, caso haja uma reestruturação poderão ocorrer as seguintes alterações:

- Reescalonamento da dívida, que poderá envolver a extensão do prazo dos pagamentos contratuais e/ou a diminuição da taxa de juro (*interest haircurt*), e/ou;
- Redução da dívida, o que implica a diminuição do seu valor nominal (*principal haircurt*).

Acrescente-se, contudo, que a reestruturação da dívida ocorre frequentemente após falha nos pagamentos (*default*), embora seja possível levar a cabo processos antecipados que procurem reduzir o risco de incumprimento.

Em Portugal, alguns economistas que fizeram parte de um grupo de trabalho[4], apoiado pelo Bloco de Esquerda e pelo Partido Socialista, avaliaram a sustentabilidade da dívida, defendendo, entre outras, as seguintes soluções:

- Recompra antecipada da dívida do FMI;
- Otimização da gestão das disponibilidades líquidas das Administrações Públicas;
- Redução da taxa de juro;
- Alargamento da maturidade[5] da componente da dívida pública detida por credores oficiais não residentes, excluindo a dívida ao FMI.

Porém, para outros especialistas, a principal desvantagem da reestruturação da dívida soberana decorre dos custos de reputação para o país em causa, uma vez que gera incertezas nos credores, podendo acarretar um aumento das taxas de juro nos acessos subsequentes aos mercados financeiros[6].

Note-se, ainda, que, para os investidores internacionais, níveis de dívida externa mais elevados acarretam riscos mais significativos do que elevados níveis de dívida pública, por diferentes razões (ver, por exemplo, D. Gros (2011), em *External versus domestic debt in the euro crisis*, Vox EU, 24 de maio).

Do exposto, facilmente se retira que parece não haver uma solução satisfatória para a diminuição do peso da dívida da República Portuguesa, em virtude dos *trade-offs* resultantes das decisões a tomar.

Por exemplo, para os que defendem uma continuada intervenção pública, sabe-se que a tendência é um aumento da afetação de recursos à esfera pública, o que, por norma, acarreta a subida de impostos. Para outros, o Estado deve acentuar a sua função reguladora, em detrimento da sua vocação como agente económico, o que contribuirá para uma diminuição da despesa pública e, consequentemente, do défice e da dívida pública, afetando, porém, as redes sociais de proteção social.

Esta última perspetiva é, na nossa opinião, o cenário para que se vai encaminhando a UE, que exige, quando a dívida ultrapassa os 60% do PIB, que os governos estão obrigados a reduzir o montante da dívida pública em excesso, principalmente

[4] Grupo de Trabalho composto, entre outros especialistas, por Francisco Louçã, Ricardo Paes Mamede, João Galamba e Paulo Trigo Pereira.

[5] Em 2013, Portugal beneficiou de uma extensão de maturidades (em 7 anos) na componente de financiamento europeu do Programa de Assistência, com o objetivo de atenuar o perfil de amortização da dívida e facilitar o acesso aos mercados.

[6] Acerca da reestruturação da Dívida Soberana, ver, por exemplo: Sustentabilidade da dívida Pública. Metodologias e discussões nas instituições europeias (pags 32 a 36, no E-mail jamador@bportugal.pt et al.

através da redução da despesa, de cerca de 1/20 avos por ano, como padrão de referência, tal com previsto no artigo 2.º do Regulamento (CE) n.º 1467/97, do Conselho de 7 de julho, com a redação que lhe foi dada pelo Regulamento (EU) n.º 1177/2011, do Conselho de 8 de novembro. Para o caso do governo português ver o artigo 25.º da LEO.

Acrescente-se que em relação a Portugal, e partindo da hipótese que a taxa de juro e o crescimento da economia têm taxas iguais, há, com base nos dados atuais, que fazer um esforço anual de redução da dívida em cerca de 6.700 milhões de euros, durante 20 anos.

Será possível fazer o referido esforço sem efeitos contracionista sobre a economia? Os teóricos de Macroeconomia, de Estatística e de Econometria, bem como os cientistas de dados (quantos mais dados tivermos, mais podemos aprender) terão, com certeza, uma resposta e que não pode ser um relaxamento orçamental ou políticas sucessivas.

Ou a dívida pública é um sério problema orçamental e económico?

Ou a solução terá de passar pela reestruturação da dívida?

Ou a solução passará por menos Estado e mais mercado?

Pensamos que não há respostas irrefutáveis para as questões colocadas, pois em ciência não há explicações definitivas, o mesmo acontecendo em Finanças Públicas. Assim, mudanças de pontos de vista continuarão a ser constantes, porque como dizia Sócrates, o filósofo grego, a única coisa que sabemos é que "não sabemos". Ou seja, todo o conhecimento aprendido é incerto.

Porém, o referido não implica que, qualquer que seja a solução (ou soluções), os líderes políticos não devam gerir a dívida pública (que é inseparável dos saldos orçamentais), ou seja, fazer a ligação entre as decisões e as consequências financeiras. Será nesta falta de ligação que *hic labor est*? Julgamos que sim, em virtude dos líderes dos diversos domínios de atividade não terem sido capazes de vencer, nos últimos anos, as dificuldades e pôr em prática políticas mais eficientes e eficazes para a governação da sociedade. Isto é, com cada vez menos burocracia.

Julgamos ainda que a governação será mais eficiente e eficaz se houver descentralização de atividades, de programas e de funções do Estado, ou seja, um reforço dos Poderes Regional e Local, que está mais bem posicionado para ver o futuro e responder racionalmente às necessidades e anseios dos cidadãos, apesar de acarretar uma menor capacidade para regular o mercado.

Com menos é possível, com uma mentalidade diferente, fazer mais e melhor, o que é mais uma solução para a sustentabilidade das Finanças Públicas. Encontrem-se, com entusiasmo, outros caminhos certos, apesar das falhas, para a construção do futuro.

CAPÍTULO IV

—

EFEITOS FISCAIS DAS REALIZAÇÕES DE UTILIDADE SOCIAL, DE DONATIVOS E DE CRIAÇÃO DE EMPREGO, EM SEDE DE IRC E DE IRS[1]

[1] A determinação dos rendimentos empresariais e profissionais, salvo no caso da imputação prevista no artigo 20.º do CIRS, faz-se, de acordo com o artigo 28.º do referido Código, com base na aplicação das regras decorrentes do regime simplificado ou com base na Contabilidade (artigo 32.º do CIRC).

1. Introdução

Para efeitos de determinação do lucro tributável, de acordo com o artigo 23.º do CIRC, são dedutíveis todos os gastos incorridos ou suportados pelo sujeito passivo para obter ou garantir os rendimentos sujeitos a IRC.

Porém, em determinadas condições, as realizações de utilidade social, as quotizações a favor de associações empresariais e os donativos são não só considerados dedutíveis, mas também registados, para efeitos fiscais, por valores superiores aos inscritos na Contabilidade.

Tal procedimento resulta, como se sabe, do Estado exercer não apenas as suas funções essenciais (defesa, justiça, infraestruturas físicas e a ordem pública), mas prosseguir também fins de outra natureza[2], como melhorar a justiça distributiva e promover a estabilização e o desenvolvimento económico. Mas para exercer estas novas funções, as leis fiscais passaram a ser a expressão de um conjunto de políticas que permitam a prossecução de atividades meritórias.

Assim, não é de admirar que, quer no CIRC quer no EBF, a forma de tributar as atividades relacionadas com as realizações de utilidade social e donativos – pelas suas externalidades positivas – seja particularmente favorável, como veremos através da análise de alguns artigos do CIRC e do Estatuto dos Benefícios Fiscais (EBF), onde se consideram benefícios fiscais[3] as medidas de carácter excecional instituídas para tutela de interesses públicos extrafiscais (que têm por finalidade outros objetivos que não a obtenção de receitas) relevantes que sejam superiores aos da própria tributação que impedem.

---

[2] "desde o estado liberal pós-revolucionário (cujos "agenda" eram somente "julgar" e "combater") ao estado social dos nossos dias, que àqueles dois "agenda" juntou os da redistribuição, estabilização e desenvolvimento. E, mais recentemente – e reticentemente, dadas as resistências das "forças vivas" ... –, o da preservação das condições de vida num planeta finito e exaurível) Prof. Dr. Aníbal Almeida, em Estado de Direito Tributário.

[3] São exemplos de benefícios fiscais as isenções, as reduções de taxas, as deduções à matéria coletável e à coleta e outras medidas fiscais que se enquadrem na definição de benefícios fiscais.

Acrescente-se, ainda, que os benefícios fiscais são considerados despesas fiscais, as quais podem ser previstas no orçamento do Estado ou em documento em anexo e, sendo caso disso, nos orçamentos das regiões....

2. Realizações de Utilidade Social

De acordo com o artigo 43.º do CIRC, são considerados gastos do período de tributação, incluindo depreciações ou amortizações, os suportados com a aquisição de passes sociais em benefício do pessoal, as rendas de imóveis, as despesas relativas à manutenção facultativa de creches, lactários, jardins de infância, cantinas, bibliotecas e escolas, bem como outras realizações de utilidade social, como tal reconhecidas pela Autoridade Tributária e Aduaneira, feitas em benefício do pessoal da empresa[4], que engloba os elementos dos órgãos sociais e seus familiares, desde que tenham carácter geral e não revistam a natureza de rendimento do trabalho dependente ou, revestindo-o, sejam de difícil ou complexa individualização relativamente a cada um dos subsidiários.

Acrescente-se, contudo, que quando os referidos gastos respeitem a creches, lactários e jardins de infância em benefício[5] do pessoal da empresa, seus familiares ou outros, são considerados, para efeitos de determinação do lucro tributável, em mais de 40% da quantia efetivamente gasta, isto é, em valor correspondente a 140%. Se o montante gasto for de 1 000, deduzem-se €400 na declaração modelo 22.

Todavia, o n.º 2 do artigo em análise considera igualmente gastos do período de tributação, até ao limite de 15% das despesas com o pessoal contabilizadas a título de remunerações, ordenadas ou salários respeitantes ao período de tributação, os suportados com:

a) Contratos de seguros de acidentes pessoais, bem como com contratos de seguros de vida, de doença ou saúde, contribuições para fundos de pensões e equiparáveis ou para quaisquer regimes complementares de segurança social, que garantam, exclusivamente, o benefício de reforma, pré-reforma, complemento de reforma, benefícios de saúde pós-emprego, invalidez ou sobrevivência a favor dos trabalhadores da empresa;
b) Contratos de seguros de doença ou saúde em benefício dos trabalhadores, reformados e os respetivos familiares."

Refira-se, por outro lado, que o limite de 15% poderá ser elevado para 25%, se os trabalhadores não tiverem direito a pensões da segurança social (n.º 3, do artigo 43.º).

---

[4] O pessoal que não pretende ser abrangido por qualquer benefício tem de comunicar a sua intenção por escrito à empresa.

[5] Os benefícios devem ser estabelecidos para a generalidade dos trabalhadores permanentes da empresa e segundo um critério objetivo (ver alínea a) e b) do nr.º 4 do artigo 43.º).

Contudo, as situações referidas nos n.º 2 e 3 do artigo 43.º, no que respeita a seguros de doença, acidentes pessoais ou seguros de vida que garantam exclusivamente os riscos de morte ou invalidez, só serão consideradas gastos do exercício se, cumulativamente, se verificarem, entre outras, as condições seguintes:

- Os benefícios devem ser estabelecidos para a generalidade dos trabalhadores permanentes da empresa ou no âmbito de instrumento de regulamentação coletiva de trabalho para as classes profissionais onde os trabalhadores se inserem;
- Os benefícios devem ser estabelecidos segundo um critério objetivo e idêntico para todos os trabalhadores ainda que não pertencentes à mesma classe profissional, salvo em cumprimento de instrumentos de regulamentação coletiva de trabalho;
- Sejam efetivamente pagos sob a forma de prestação pecuniária mensal vitalícia pelo menos dois terços dos benefícios em caso de reforma, invalidez ou sobrevivência, sem prejuízo da remição de rendas vitalícias em pagamento que não tenham sido fixadas judicialmente, nos termos e condições estabelecidos em norma regulamentar emitida pela respetiva entidade de supervisão, e desde que seja apresentada prova dos respetivos pressupostos pelo sujeito passivo;
- Não sejam considerados rendimentos do trabalho dependente as remunerações acessórias (todos os direitos, benefícios ou regalias não incluídos na remuneração principal que sejam auferidos na remuneração principal que sejam auferidos devido à prestação de trabalho).

Há ainda que ter em atenção que para os efeitos dos limites estabelecidos nos n.º 2 e 3, não são considerados os valores atuais dos encargos com pensionistas já existentes na empresa à data da celebração do contrato de seguro ou da integração em esquemas complementares de prestações de segurança social previstas na respetiva legislação, devendo esse valor, calculado anualmente, ser certificado pelas seguradoras ou outras entidades competentes, bem como as contribuições complementares para fundos de pensões e equiparáveis destinadas à cobertura de responsabilidades com benefícios de reforma que resultem da aplicação das alíneas a), b), e c), do n.º 13 do artigo 43.º.

Para concluirmos a análise do artigo 43.º, há que referir que no caso de incumprimento das condições estabelecidas nos n.º 2, 3 e 4, ao valor do IRC liquidado relativamente a esse período de tributação deve, de acordo com o n.º 10, ser adicionado o IRC correspondente aos prémios e contribuições considerados como gasto em cada um dos períodos de tributação do produto de 10% pelo número de anos decorridos desde a data em que cada um daqueles prémios e contribuições foram considerados como gastos, não sendo, em caso de resgate em benefício (ver n.º 11 e 12) da entidade patronal, considerado como rendimento do período de tributação a parte do valor do resgate correspondente ao capital aplicado.

3. Donativos ao Estado e a Outras Entidades

Para efeitos fiscais, há que referir que os donativos constituem entregas em dinheiro ou em espécie, concedidos, sem contrapartidas que configurem obrigações de carácter pecuniário ou comercial, às entidades públicas ou privadas, previstas nos artigos 62.º, 62.º-A e 62.º-B do Estatuto dos Benefícios Fiscais, cuja atividade consista predominantemente na realização de iniciativas nas áreas social, cultural, ambiental, desportiva ou educacional.

Assim, são considerados gastos do exercício na sua totalidade, os donativos concedidos não só ao Estado, Regiões Autónomas e Autarquias ou a qualquer dos seus serviços, estabelecimentos e organismos, ainda que personalizados, bem como associações de municípios e de freguesias, fundações em que o Estado, as Regiões Autónomas ou as Autarquias Locais participem no património inicial e fundações de iniciativa exclusivamente privada que prossigam fins de natureza predominantemente social, onde donativos concedidos para a dotação inicial estão sujeitos a reconhecimento, a efetuar por despacho do membro do Governo responsável pelas áreas das Finanças e da tutela, e os respetivos estatutos prevejam que, no caso de extinção, os bens revertam para o Estado ou, em alternativa, sejam cedidos às pessoas coletivas de utilidade pública e de solidariedade social.

Refira-se que os donativos entregues às entidades referidas anteriormente são considerados custos em valor correspondente a 140% do respetivo total, quando se destinarem exclusivamente a fins de carácter social. Se os fins forem de carácter exclusivamente ambiental, desportivo e educacional, os donativos são considerados em 120%, ou em 130% do respetivo total, quando forem atribuídos ao abrigo de contratos plurianuais celebrados para fins específicos, que fixem os objetivos a prosseguir pelas entidades beneficiárias, e os montantes a atribuir pelos sujeitos passivos.

São ainda considerados gastos do exercício, até ao limite de 8/1000 do volume de vendas ou dos serviços prestados, os donativos atribuídos às seguintes entidades (n.º 3 do artigo 62.º do EBF):

- Instituições particulares de solidariedade social, bem como pessoas coletivas de utilidade pública administrativa e de mera utilidade pública que prossigam fins de caridade, assistência, beneficência e solidariedade social e cooperativas de solidariedade social;
- Centros de desporto organizados nos termos dos Estatutos do Instituto Nacional de Aproveitamento dos Tempos Livres dos Trabalhadores (INATEL), desde que destinados ao desenvolvimento de atividades de natureza social no âmbito daquelas entidades;
- Organizações não-governamentais cujo objeto estatutário se destine essencialmente à promoção dos valores da cidadania, da defesa dos direitos humanos, dos direitos das mulheres e da igualdade de género, nos termos legais aplicáveis;
- Organizações não-governamentais para o desenvolvimento;
- Outras entidades promotoras de iniciativas de auxílio a populações carecidas de ajuda humanitária, em consequência de catástrofes naturais ou de outras situações de calamidade internacional, reconhecidas pelo Estado Português, mediante despacho conjunto do Ministro das Finanças e do Ministro dos Negócios Estrangeiros.

Os donativos dados às entidades referidas anteriormente são levadas a gastos em valor correspondente a 130% do respetivo total ou a 140% no caso de se destinarem a custear as seguintes medidas

- Apoio à infância ou à terceira idade;
- Apoio e tratamento de toxicodependentes ou de doentes com sida, com cancro ou diabéticos;
- Promoção de iniciativas dirigidas à criação de oportunidades de trabalho e de reinserção social de pessoas, famílias ou grupos em situações de exclusão ou risco de exclusão social, designadamente no âmbito do rendimento social de inserção, de programas de luta contra a pobreza ou de programas e medidas adotadas no contexto do mercado social de emprego.

Para todas as entidades até agora referidas, até ao limite de 8/1000 do volume de vendas, os donativos serão considerados em valor correspondente a 150% do respetivo total, ou seja, se o donativo de 200 euros corresponde a 8/1000, ainda se deduzem 100 euros na declaração modelo 22, caso se destinem a custear as seguintes medidas:

- Apoio, acolhimento e ajuda humana e social a mães solteiras;
- Apoio, acolhimento e ajuda social e encaminhamento de crianças nascidas em situações de risco ou vítimas de abandono;

- Ajuda à instalação de centros de apoio à vida para adolescentes e mulheres grávidas cuja situação socioeconómica ou familiar as impeça de assegurar as condições de nascimento e educação da criança;
- Apoio à criação de infraestruturas e serviço destinados a facilitar a conciliação da maternidade com a atividade profissional dos pais.

O n.º 6 do artigo 62.º do CIRC refere também que os donativos serão considerados gastos, até ao limite de 6/1000 do volume de vendas ou dos serviços prestados, se forem atribuídos, entre outros, às seguintes entidades:

- Instituto, fundações e associações que prossigam atividades de investigação, exceto as de natureza científica e de defesa do património histórico-cultural e do ambiente (ver n.º 10 do artigo em análise);
- Museus, bibliotecas e arquivos históricos e documentais;
- Organizações não-governamentais de ambiente;
- Comité Olímpico de Portugal, Confederação do Desporto de Portugal e pessoas coletivas titulares do estatuto de utilidade pública desportiva;
- Estabelecimentos de ensino, escolas profissionais, escolas artísticas, creches, lactários e jardins legalmente reconhecidos pelo ministério competente (ver n.º 10 do artigo em análise).

Os donativos previstos no número anterior são levados a gastos, em valor correspondente a:

- 120% do respetivo total;
- 130%, quando atribuídos ao abrigo de contratos plurianuais celebrados para fins específicos que fixem os objetivos a prosseguir pelas entidades beneficiárias e os montantes a atribuir pelos sujeitos passivos;
- 140%, quando atribuídos às creches, lactários e jardins de infância legalmente reconhecidos pelo ministério competente.

Para concluirmos a análise do artigo 62.º, refira-se, por um lado, que as deduções para efeitos fiscais estabelecidas no artigo 62.º não podem ultrapassar, na sua globalidade, 8/1000 do volume de vendas ou dos serviços prestados realizados pela empresa no exercício.

Por outro lado, no caso do donativo se realizar em espécie, o valor a considerar, para efeitos da dedução ao lucro tributável, é o valor fiscal que os bens tiverem no exercício em que dados, deduzido, quando for caso disso, das depreciações ou provisões efetivamente praticadas e aceites como custo fiscal ao abrigo da legislação aplicável.

4. Mecenato

4.1 O mecenato, cuja palavra provém do antropónimo Mecenas, conselheiro do Imperador Augusto, que protegeu artistas, escritores e filósofos, ajudando-os, com elevadas quantias de dinheiro, está previsto no EBF, onde é dado relevância ao Mecenato Científico e ao Mecenato Cultural.

4.2 Mecenato Científico

Sempre que a atividade assuma, predominantemente, carácter científico, os donativos atribuídos a entidades destinatárias diretas, nomeadamente, fundações, associações, instituições de ensino superior, bibliotecas, laboratórios do Estado, órgãos de comunicação social que se dediquem à divulgação científica e desenvolvimento tecnológico, são considerados gastos ou perdas do exercício, em valor correspondente a 130% do total entregue, para efeitos de IRC ou da categoria B do IRS, se as entidades referidas anteriormente pertencerem:

- Ao Estado, às Regiões Autónomas ou às Autarquias e a qualquer dos seus serviços, estabelecimentos e organismos, ainda que personalizados;
- Associações de municípios e freguesias;
- Fundações em que o Estado, as Regiões Autónomas ou as Autarquias participem no património inicial.

Caso os donativos atribuídos a entidades privadas cujas atividades assumam predominantemente carácter científico, são considerados gastos ou perdas do exercício, até ao limite de 8/1000 do volume de vendas ou de serviços prestados, em valor correspondente a 130% para efeitos do IRC ou da Categoria B do IRS.

Quando os donativos são atribuídos ao abrigo de contratos plurianuais, que fixem objetivos a atingir pelas entidades beneficiárias e os montantes a atribuir pelos sujeitos passivos, os gastos são considerados em valor correspondente a 140% da importância entregue.

Os referidos donativos só dão lugar à usufruição de qualquer dos incentivos previstos no artigo 62.º-A – Mecenato Científico – se houver uma entidade acreditadora designada por despacho do Ministro da Educação, que comprove a afetação do donativo a uma atividade de natureza científica.

Porém, e sem prejuízos do anteriormente referido, nos casos em que a entidade beneficiária seja de natureza privada, a acreditação depende do prévio reconhecimento, através de despacho conjunto dos Ministros das Finanças e da Educação. No despacho conjunto referido deve constar necessariamente a fixação do prazo de validade de tal reconhecimento.

Acrescente-se, ainda, a entidade beneficiária privada deve requerer, fundamentalmente, junto da entidade acreditadora, o reconhecimento de natureza científica da atividade por si desenvolvida, competindo à entidade acreditadora emitir parecer sobre o mesmo e remeter o pedido à tutela.

4.3 Mecenato Cultural

São beneficiários do mecenato cultural as seguintes entidades (n.º 1do artigo 62.º-B):

- Todas as referidas no ponto 3 (Donativos ao Estado e a Outras Entidades) e as pessoas coletivas de direito público;
- Outras entidades sem fins lucrativos que desenvolvam ações no âmbito do teatro da ópera, do bailado, da música, da organização de festivais e de outras manifestações artísticas e da produção cinematográfica, audiovisual e literária;
- As cooperativas culturais, institutos, fundações e associações que prossigam atividades de natureza ou interesse cultural, nomeadamente de despesa do património histórico-cultural material e imaterial;
- Entidades detentoras ou responsáveis por museus, bibliotecas e arquivos históricos e documentais;
- Os centros de cultura organizadas nos termos do Estatuto do INATEL;
- Organismos públicos de produção artística responsáveis pela promoção de projetos relevantes de serviço público, nas áreas do teatro, música, ópera e bailado.

Quando os donativos são atribuídos a entidades pertencentes ao Estado, às Regiões Autónomas e Autarquias e a qualquer dos seus serviços, estabelecimentos e organismos, ainda que personalizados, a associações de municípios e freguesias e a fundações em que o Estado, as Regiões Autónomas ou as Autarquias participem no património inicial, o seu valor é considerado gasto ou perda em 130% do respetivo total, para efeitos de IRC ou de Categoria B do IRS.

Se as entidades referidas no n.º 1 do artigo em análise são de natureza privada, os donativos atribuídos são considerados gastos ou perdas do exercício, até ao limite de 8/1000 do volume de vendas ou de serviços prestado, por um valor correspondente a 130% para efeitos do IRC ou da categoria B do IRS.

Todavia, os donativos referidos nos dois casos anteriores são considerados gastos em valor corresponde a 140% do seu valor quando atribuídos ao abrigo de contratos plurianuais que fixem objetivos a atingir pelas entidades beneficiárias e os montantes a atribuir pelos sujeitos passivos.

Quanto ao mecenato de recursos humanos, considera-se, para efeitos do artigo 62.º-B – Mecenato Cultural, que o valor da cedência de um técnico especialista é o valor correspondente aos encargos despendidos pela entidade patronal com a sua remuneração, incluindo os suportados para regimes obrigatórios de segurança social, durante o período da respetiva cedência.

Para concluir, há ainda a considerar as seguintes situações:

- São considerados entidades promotoras as pessoas singulares e coletivas, públicas ou privadas, que efetuam donativos às entidades referidas anteriormente;
- As entidades beneficiárias devem obter junto do Governo responsável pela área da cultura, previamente à obtenção dos donativos, a declaração do seu enquadramento no regime do mecenato cultural e do interesse cultural das atividades ou das ações desenvolvidas, salvo se forem enquadradas nas pessoas coletivas de utilidade pública e de solidariedade social ou o projeto ou a atividade a beneficiar do donativo seja, comprovadamente, objeto de apoio público atribuídos por organismos sob a tutela do membro do Governo responsável pela área da cultura;
- No caso de donativos em espécie efetuados por sujeitos passivos de IRC ou por sujeitos passivos de IRS, o valor a considerar para efeitos de cálculo da dedução ao lucro tributável é o valor fiscal que os bens tiverem no exercício em que foram doadas, deduzido, quando for caso disso, das depreciações ou provisões efetivamente praticadas e aceites como custo fiscal ao abrigo da legislação aplicável.

5. Donativos atribuídos por pessoas singulares

Os donativos em dinheiro atribuídos pelas pessoas singulares residentes em território nacional, de acordo com o previsto nos artigos 62.º, 62.º-A e 62.º-B do EBP, são dedutíveis à coleta do IRS do ano a que digam respeito, com as seguintes especificidades de acordo com o artigo 63.º do EBF, n.º 1:

1. Em valor correspondente a 25% das importâncias atribuídas, nos casos em que não estejam sujeitos a qualquer limitação;

2. Em valor correspondente a 25% das importâncias atribuídas, até ao limite de 15% da coleta, nos restantes casos;
3. As deduções só são efetuadas no caso de não terem sido contabilizadas como custos.

O n.º 2 do artigo 63.º acrescenta ainda que são dedutíveis à coleta, nos termos e limites fixados nos alíneas b) e c) do n.º 1, os donativos concedidos a igrejas, instituições religiosas, pessoas coletivas de fins não lucrativos, pertencentes a confissões religiosas ou por elas instituídas, sendo a sua importância considerada em 13% do seu montante.

6. Obrigações acessórias das entidades beneficiárias

A fim de haver melhor controlo e fiscalização dos donativos, o artigo 66.º do EBF estabelece as seguintes obrigações às entidades beneficiárias:

- Emitir documento comprovativo dos montantes dos donativos recebidos dos seus mecenas, com a indicação do seu enquadramento no âmbito do presente capítulo e, bem assim, com a menção de que o donativo é concedido sem contrapartidas;
- Possuir registo atualizado das entidades mecenas, do qual constem, nomeadamente, o nome, o número de identificação fiscal, bem como a data e o valor de cada donativo que lhe tenha sido atribuído, nos termos do capítulo X do EBF;
- Entregar à AT, até ao final do mês de fevereiro de cada ano, uma declaração modelo oficial referente aos donativos recebidos no ano anterior.

O documento referido anteriormente, deve conter:

- A qualidade jurídica da entidade beneficiária;
- O normativo legal onde se enquadra, bem como, se for caso disso, a identificação do despacho necessário ao reconhecimento;
- O montante do donativo em dinheiro, quando este seja de natureza monetária;
- A identificação dos bens, no caso de donativos em espécie.

Para terminar, diga-se que os donativos em dinheiro de valor superior €200 devem ser efetuados através de meios de pagamento que permitam a identificação do mecenas, designadamente transferência bancária, cheque nominativo ou débito direto.

7. Quotizações a favor de Associações Empresariais

De acordo com o nr.º 1 do artigo 44.º do CIRC, é considerado gasto do período de tributação, para efeitos da determinação do lucro tributável, o valor correspondente a 150% do total das quotizações pagas pelos associados a favor das associações empresariais em conformidade com o estatuto.

O montante referido no n.º 1, não pode, contudo, exceder o equivalente a 2% do volume de negócios respetivo.

8. Criação de Emprego

Para os sujeitos passivos de IRC e de IRS com contabilidade organizada, os encargos correspondentes à criação líquida de postos de trabalho para jovens e para desempregados de longa duração, admitidos por contrato de trabalho por tempo indeterminado, são considerados, para efeitos de determinação do lucro tributável, em 150% do respetivo montante contabilizado como custo do exercício.

Para efeitos do referido anteriormente, consideram-se (ver n.º 2 do artigo 19.º do EBF):

- Jovens – os trabalhadores com idade superior a 16 e inferior a 35 anos, inclusive, aferida na data da celebração do contrato de trabalho, com exceção dos jovens com menos de 23 anos, que não tenham concluído o ensino secundário, e que não estejam a frequentar uma oferta de educação – formação que permita elevar o nível de escolaridade ou qualificação profissional para assegurar a conclusão desse nível de ensino;
- Desempregados de longa duração – trabalhadores disponíveis para o trabalho e que se encontrem desempregados e inscritos nos centros de emprego há mais de 9 meses, sem prejuízo de terem sido celebrados, durante esse período, contratos a termo por período inferior a 6 meses, cuja duração conjunta não ultrapasse os 12 meses;
- Encargos – os montantes suportados pela entidade empregadora com o trabalhador, a título da remuneração fixa e das contribuições para a segurança social a cargo da mesma entidade;
- Criação líquida de postos de trabalho – a diferença positiva, num dado exercício económico, entre o número de contratações elegíveis nos termos do n.º 1

do artigo 19.º e o número de saídas de trabalhadores que, à data da respetiva admissão, se encontravam nas mesmas condições.

Para efeitos da criação líquida de postos de trabalho, não são considerados os trabalhadores que integrem o agregado familiar da respetiva entidade patronal.

Referem ainda os n.º 3 e 5 do artigo 19.º, respetivamente:

- O montante máximo de majoração anual, por posto de trabalho, é o correspondente a 14 vezes a retribuição mínima mensal garantida;
- A majoração considerada em 150% do respetivo montante aplica-se durante um período de cinco anos a contar do início da vigência do contrato de trabalho, não sendo cumulável, quer com outros incentivos de apoio ao emprego previsto noutros diplomas, quando aplicável ao mesmo trabalhador ou posto de trabalho.

9. Conclusões sobre os gastos relacionados com os Donativos, as Realizações de Utilidade Social e a Criação de Emprego

- O Estado tem por meritórias algumas atividades desenvolvidas por pessoas singulares e coletivas e, por isso, as beneficiar do ponto de vista fiscal. Benefícios que, por norma, não têm por finalidade corrigir falhas do mercado, como acontece com os bens coletivos – onde a intervenção tem como único objetivo uma alocação de recursos que o jogo da oferta e da procura não consegue realizar –, mas sim serem o resultado do Estado considerar meritório o provisionamento, acima das preferências dos consumidores, de determinados bens e serviços por entidades privadas.
  No que respeita à criação de postos de trabalho, o Estado, através de recursos públicos, tenta contrariar as falhas do mercado no que respeita ao desemprego;
- Ter presente que as importâncias para fins de utilidade social e os montantes respeitantes a determinados donativos ou ações desenvolvidas são consideradas como custos fiscais por valores superiores aos efetivamente gastos. Assim, há que deduzir, no período de tributação a que respeitam, no quadro de apuramento do lucro tributável da declaração Mod. 22, os montantes das respetivas majorações;
- Ter presente que os limites estabelecidos para o montante dos gastos e o valor das majorações são, por vezes, alterados pela Lei do Orçamento do Estado;

- Sempre que há majoração de gastos e uma situação com lucro tributável positivo (antes da majoração), a taxa efetiva (*t'*) do IRC é inferior à taxa legal (t) de IRC, com o valor de *t'* a depender da relação entre o somatório das diversas majorações, vezes o valor das respetivas realizações e/ou donativos e o montante do lucro tributável, como se demonstra a seguir:

Seja:

L_T = lucro tributável antes da majoração;
g_i = gastos de utilidade social e/ou donativos;
mi = majoração
t = taxa legal do IRC
t' = taxa efetiva

Então, tem-se:

$t\ (L_T - m_1 . c_1 - m_2\, c_2 - \cdots - m_n\, c_n = t' L_T$, pelo que

$t' = t\ (1 - \frac{\sum_{x=1}^{n} mici}{L_T}$

- Apesar de permitir a majoração, por interesse público, de certos gastos para efeitos fiscais, o Estado Português, embora considere ser mais eficiente certas entidades realizarem as despesas do que o Estado, nunca leva a sua generosidade ao ponto de financiar totalmente o bem que a entidade promove. Tal só aconteceria, para uma taxa de IRC de 20%, por exemplo, se a majoração fosse igual a mais 4 vezes o donativo, como se demonstra abaixo:
  Sendo m a majoração e d o montante do donativo, então para uma taxa de IRC de 20%, temos:
  0,2 d + 0,2 md = d, pelo que m = 4;
- Outra situação a ter em conta nos donativos é a questão relacionada com as bases para classificar como digna de ser considerada, por exemplo, de mérito cultural e, portanto, financiada pelo Estado, o que nos leva já para outra questão. Quais são os gastos que devem ser financiados pelo Estado e outras entidades e o que são despesas culturais?
  Estas questões devem ser bem especificadas, o que, provavelmente levará a uma reformulação do EBF, devido às consequências financeiras e sociais que podem estar em jogo;
- As obrigações acessórias das entidades beneficiárias são um bom instrumento para tentar evitar que algumas entidades se transformem em autênticas

"coutadas" fiscais, principalmente para quem embarca em práticas fraudulentas, fazendo, por exemplo, um donativo de 500 euros e receber, em contrapartida, por exemplo, de entidades sem contabilidade organizada, como gasto, um recibo de 4 000 euros, deixando de pagar ao Estado € 4 000 x 21%, ou seja 840 euros.

Há, por isso, que legislar cada vez melhor e auditar cada vez de modo mais eficaz, a fim de se eliminar a visão relativamente generalizada de que fugir aos impostos é, ainda para alguns de nós, uma forma superior de inteligência, esquecendo que retirar ao Estado é retirar a nós próprios.

CAPÍTULO V

—

DO SALDO ORÇAMENTAL GLOBAL AO SALDO ESTRUTURAL

1. Introdução

O setor das administrações públicas está sujeito, na aprovação e execução dos respetivos orçamentos, ao princípio da estabilidade orçamental, que consiste numa situação de equilíbrio ou excedente orçamental.

Assim, atendendo ao referido nos artigos 105.º da CRP e 10.º da Lei de Enquadramento Orçamental, os orçamentos das administrações públicas devem prever as receitas bastantes para, pelo menos, satisfazer as despesas previstas, isto é, os orçamentos devem, na sua aprovação, estar equilibrados, podendo significar, contudo, um excedente das receitas sobre as despesas. É o chamado equilíbrio formal.

Mas se os orçamentos das administrações públicas têm de se apresentar sempre equilibrados, por que razão se fala frequentemente em défice? Se tal acontece, então é porque pode haver défice mesmo quando as receitas são iguais ou superiores às despesas. Ou seja, o equilíbrio orçamental não se define pela igualdade entre todas as despesas e todas as receitas, mas sim pelo equilíbrio entre certas receitas e certas despesas. O chamado equilíbrio substancial. Há, por isso, uma questão a que se tem de dar resposta: Que despesas e que receitas devem ser comparadas para calcular o excedente, o equilíbrio ou o défice orçamental?

As respostas têm sido diversas, aceitando-se, porém, a comparação entre receitas e despesas efetivas. Isto é, respetivamente, as que aumentam o património do Estado e as que o diminuem, o que, como é evidente, não inclui quer os ativos financeiros (concessão ou reembolso de empréstimos, a aquisição ou alienação de obrigações), quer os passivos financeiros (obtenção ou amortização de empréstimos).

Assim, se as receitas efetivas forem superiores às despesas efetivas diz-se que o saldo orçamental global é positivo. Se as despesas efetivas forem superiores às receitas efetivas, então o saldo é negativo, isto é, há défice, cujo valor, de acordo com o pacto de estabilidade da UE, deve ser inferior a 3% do PIB.

Acrescente-se, ainda, que Total das receitas – Total das despesas = capacidade (+) ou necessidade (-) de financiamento líquido.

2. Limitações do Saldo Orçamental Global (SO)

A variação deste saldo é frequentemente apontada como indicador da natureza da política orçamental levada a cabo pelos governos, dado que o aumento (redução) das despesas ou a redução (aumento) das receitas têm, por norma, um efeito expansionista (contracionista) sobre a atividade económica.

Porém, o valor do saldo global das administrações públicas não reflete com rigor a relação entre receitas e despesas no período a que se refere.

Uma das razões resulta do facto do referido saldo refletir o pagamento dos juros da dívida pública, cujo valor varia em função da dívida total acumulada em períodos anteriores e das taxas de juro do mercado. O saldo global é, por isso, um indicador imperfeito da orientação da política orçamental discricionária, na medida em que, por um lado, uma política expansionista pode decorrer de um endividamento acentuado em períodos anteriores e/ou de uma subida das taxas de juro de mercado[1]. Por outro lado, uma melhoria do saldo global pode não resultar de quaisquer alterações da política orçamental discricionária, mas sim de resultar automaticamente da descida das taxas de juro.

A influência da conjuntura económica sobre o valor do saldo global constitui outra das suas limitações enquanto indicador do grau expansionista ou contracionista da política orçamental, ou seja, a evolução do PIB condiciona quer o nível de receitas públicas, quer o nível de despesas públicas, pois há receitas que são tanto maiores quanto mais elevado é o rendimento agregado e despesas que crescem (subsídio de desemprego, por exemplo) quando a atividade económica diminui.

Assim sendo, em períodos de expansão (redução) da atividade económica, o saldo global aumenta (diminui) de forma automática, o que é designado por *estabilizadores automáticos*, isto é, mecanismos orçamentais que exercem uma ação contracíclica espontânea, mesmo que nenhuma política orçamental discricionária seja empreendida. Por exemplo, numa fase de crise tem-se: subsídios de desemprego ↑, receitas fiscais ↓ e défice público ↑.

Do exposto infere-se que o saldo orçamental global não permite distinguir os efeitos discricionários (ações deliberadas do governo sobre o saldo) da política orçamental, ou seja, os efeitos pretendidos com a manipulação de variáveis, tais como o regime fiscal, os programas de despesa e o regime de prestações sociais, dos *efeitos automáticos* que decorrem das flutuações conjunturais do nível de atividade económica.

---

[1] Se não englobarmos os referidos juros, então tem-se o saldo primário, que é dado pela seguinte expressão:
Saldo Global Primário: Receitas efetivas – (Despesas efetivas – juros)
= Receitas efetivas – Despesas efetivas + Juros
= Saldo Global + Juros

Em consequência do referido, houve necessidade de recorrer a um indicador que permitisse distinguir a componente discricionária da automática, ou seja, um indicador que removesse a influência do ciclo do saldo orçamental global. Indicador que veio a ser designado por saldo estrutural (Soe) ou saldo ajustado do ciclo[2].

3. O Saldo Estrutural

3.1. Definição e cálculo

O saldo estrutural (So_e) define-se como o saldo global corrigido das variações (So_c) e líquido de medidas extraordinárias e temporárias[3] (Met).

Da definição anterior, resulta:

$So_e = So - So_c - Met$ (1), onde $So_c{}^4 = \alpha \left(\frac{Yt - Y_t^*}{Y_t^*}\right)$, sendo α – a elasticidade de receitas e despesas públicas;

$\frac{Yt - Y_t^*}{Y_t^*}$ - o hiato do produto, com Y_t o produto atual e Y_t^* o produto potencial

Da expressão (1) infere-se que o So_e indica qual seria o valor do saldo global se a economia se situasse ao nível de tendência, isto é, se o produto real observado e o produto potencial fossem idênticos.

Caso tal não aconteça, então um hiato negativo (positivo) significa que há uma conjuntura económica desfavorável (favorável), o que contribui para uma diminuição (aumento) do saldo estrutural[5].

---

[2] *Vide*, Nuno Moita, Belmiro Moita e António Gameiro, *Finanças Públicas*, Almedina, 2017, págs. 157-160.

[3] Medidas cujo efeito orçamental é transitório e não conduz a uma alteração sustentada da posição intertemporal.

[4] O valor de $\alpha \left(\frac{Yt - Y_t^*}{Y_t^*}\right)$, exige a determinação:
de Y_t^* (método utilizado é o filtro Hodrick – Pescott), do produto atual e das elasticidades de despesas e de receitas públicas.

[5] As previsões do saldo estrutural são, para Portugal, as seguintes
- 1,1 em 2018
- 0,5 em 2019
- 0,0 em 2020
+ 0,3 em 2021

Refira-se, ainda, que da equação acima facilmente se infere que o saldo global é igual: $So = So_e$ [6] $+ S_c$, isto é, o saldo orçamental global pode ser decomposto em duas parcelas: estrutural e cílica.

A primeira, a estrutural, é a componente do So que traduz as alterações decorrentes de ações deliberadas da política orçamental do governo, que se enquadram na função estabilização do Estado, de acordo com Musgrave.

A parcela cílica é a parte de So que é explicada pela conjuntura económica, incorporando os efeitos "automáticos" de conjuntura, que resultam da atuação dos estabilizadores automáticos.

3.2. A lei de Enquadramento Orçamental e o Saldo Orçamental Estrutural

Justificadas as razões pelas quais deve ser calculado o saldo estrutural, passamos, de seguida, à análise do artigo 20.º da nova Lei de Enquadramento Orçamental (LEO) – lei 151/2015, de 11 de setembro –, onde são estabelecidos valores do saldo estrutural em duas situações, além de outras considerações.

O referido artigo começa por estabelecer, no seu n.º 1, que o objetivo orçamental de médio prazo (OMP) é aquele que for definido no âmbito e de acordo com o Pacto de Estabilidade e Crescimento[7], o que implica que as linhas gerais da política orçamental devem adequar-se às obrigações decorrentes do referido Pacto.

Por seu lado, o n.º 3 define saldo estrutural e estabelece que ele não pode ser inferior ao OMP constante do Programa de Estabilidade, tendo por objetivo alcançar um limite de défice estrutural de 0,5% do PIB p.m. Contudo, o n.º 5 refere que o limite para o objetivo de médio prazo pode atingir um défice estrutural, no máximo, de 1% do PIB p.m, sempre que a relação entre a dívida pública e o PIBpm for significativamente inferior a 60% e os riscos para a sustentabilidade a longo prazo das finanças forem reduzidos.

---

[6] O saldo estrutural primário (So_{ep}) é dado pela seguinte igualdade:
$So_{ep} = So_e + juros$

[7] O pacto de Estabilidade e Crescimento foi consequência de uma resolução do Conselho Europeu de 17 de junho de 1997, publicado no Jornal Oficial de 2 de agosto de 1997 e em dois Regulamentos do Conselho Europeu, com os n.º 1466/97 e 1467/97, ambas de 7 de julho e publicados no Jornal Oficial de 2 de agosto de 1997. *Vide*, Nuno Moita, Belmiro Moita e António Gameiro, *Finanças Públicas*, Almedina, 2017, págs. 157-160.

Refira-se, ainda, que por força dos n.ºs 6 e 7 do artigo 20.º, o governo, enquanto o objetivo de médio prazo não for atingido, fica obrigado:

- A fazer um ajustamento anual do saldo estrutural não inferior a 0,5% do PIB e a taxa de crescimento da despesa pública, líquida de medidas extraordinárias, temporárias ou discricionárias do lado da receita, não pode ser superior à taxa de referência de médio prazo de crescimento do PIB potencial[8], conforme definido no Pacto de Estabilidade e Crescimento;
- A compensar as reduções discricionárias de elementos das receitas públicas com reduções de despesa, com aumentos discricionários de outros elementos das receitas públicas ou por ambos, conforme definido no PEC.

Contudo, o n.º 8 do artigo referido exclui desta regra da despesa, as despesas com juros, as despesas relativas a programas da União Europeia e as alterações não discricionárias nas despesas com subsídios (esta exclusão deve-se ao facto de se tratar de um estabilizador automático).

Para terminar a análise do artigo 20.º da LEO, há, ainda, a referir que o ajustamento orçamental deverá considerar a posição cílica da economia (n.º 10). Posição que deixará de existir quando o saldo global for igual ao saldo estrutural. Porém, esta situação, a acontecer, conduz potencialmente ao agravamento da dívida pública, porque, por norma, as economias operam a níveis abaixo do pleno emprego, ou seja, do PIB potencial.

[8] PIB potencial: as metodologias adotadas pela Comissão Europeia podem ser encontradas nas publicações "Economic Papers 536 e Econimic Papers 535 – The Production Function Metthodology for Calculating Potencial Growth & Ouput Gaps".

CAPÍTULO VI

—

TRIBUTAÇÃO DOS EMIGRANTES EM SEDE DE IRS

1. Introdução

Por razões diversas, os portugueses trabalham cada vez mais no estrangeiro, sujeitando-se, assim, a diferentes legislações fiscais, e não só, o que pode acarretar situações de dupla tributação internacional do rendimento, ou seja, caso em que dois, ou mais, Estados apresentam a sua pretensão de exercer a sua soberania tributária sobre a mesma parcela de rendimento, respeitante ao mesmo sujeito passivo, referente ao mesmo período fiscal e em relação a um imposto similar.

Por norma, os Estados exercem a sua jurisdição fiscal através de três critérios: território, residência e nacionalidade, estabelecendo com base neles quais os contribuintes que são abrangidos pela referida jurisdição.

Refira-se que, a nível de impostos sobre rendimento, o critério escolhido pela generalidade dos Estados é o da residência, baseando a sua escolha num critério territorial (embora seja cada vez mais difícil determinar onde alguém efetivamente se encontra. Pense-se, por exemplo, no espaço Schengen), o que faz com que as questões atinentes a este tipo de impostos se prendam com a diferenciação entre pessoas residentes no país (residentes[1]) e pessoas residentes no exterior.

Em Portugal foi adotado, no domínio do IRS, o critério da residência, tanto pessoal como real, e o princípio da territorialidade – os Estados exercem a sua competência tributária sobre todos os bens, pessoas e transações ligadas ao seu território –, conforme o conteúdo do artigo 13.º do CIRS, que diz:

> "Ficam sujeitas a IRS as pessoas singulares que residam em território português e as que, nele não residindo, aqui obtenham rendimentos"[2].

Em virtude do conteúdo do artigo acima, há que verificar o âmbito de sujeição para os residentes e para os não residentes, de acordo com o artigo 15.º, que refere:

1. Sendo as pessoas residentes em território português, o IRS incide sobre a totalidade dos seus rendimentos, incluindo os obtidos fora desse território.
2. Tratando-se de não residentes em território português, o IRS incide unicamente sobre os rendimentos obtidos em território português.

O primeiro ponto é designado por regra da universalidade ou *full tax liability*, ao passo que o segundo se designa por regra da territorialidade ou *limited tax liabilibity*.

---

[1] Quando nos referimos a residentes, são os considerados residentes habituais e não os residentes não habituais, consagrados no n.os 8 e 9 do artigo 16.º do CIRS.

[2] Ver artigo 18.º do CIRS acerca de quais os rendimentos obtidos em território português.

É devido à existência destas duas regras, nos diversos Estados, que surge a dupla tributação internacional de rendimentos, ou seja, tal problema emerge quando um sujeito residente num Estado obtém cumulativamente ou exclusivamente rendimentos (dividendos, juros, "royalties", mais-valias, trabalho dependente ou independente, entre outros) com origem noutro Estado.

Do exposto, facilmente se infere que a distinção entre residentes e não-residentes é estrutural para o imposto, na medida em que cada uma dessas condições decorre, em diferentes âmbitos de tributação (sujeição a tributação numa base universal ou sujeição numa base territorial), pelo que se torna necessário definir residência, a fim de se esclarecerem possíveis dúvidas.

2. Conceito de Residência

Para efeitos de IRS, consideram-se residentes em território português as pessoas que no ano a que respeitam os rendimentos[3]:

a) Hajam permanecido em território português mais de 183 dias (considerando-se como dia de presença qualquer dia, completo ou parcial, que inclua dormida no território) seguidos ou interpolados, em qualquer período de 12 meses com início ou fim no ano em causa;
b) Tendo permanecido menos tempo, aí disponham, num qualquer dia do período anteriormente referido, de habitação em condições que façam supor intenção atual de a manter e ocupar como residência habitual[4];
c) Em 31 de dezembro, sejam tripulantes de navios ou aeronaves, desde que aqueles estejam ao serviço de entidades com residência, sede ou direção efetiva em território português;
d) Desempenham no estrangeiro funções ou comissões de carácter público, ao serviço do Estado Português, onde se enquadra a função de deputado ao Parlamento Europeu.

Em relação ao conteúdo da alínea a) anterior, há que referir que o período de referência para apuramento da qualidade de residente ou não-residente deixou de ser o

---

[3] Ver artigo 17.º do CIRS acerca de residentes na Regiões Autónomas.

[4] Como é evidente, não haverá intenção atual de manter e ocupar a "casa de morada de família" como residência habitual por parte do cônjuge que haja emigrado por período superior a 183 dias.

ano civil, passando a ser doze meses. É pois, com referência a um período de 12 meses que deve ser apurado se alguém permaneceu em Portugal mais de 183 dias seguidos ou interpolados. Tal período de referência inicia-se no primeiro dia de permanência em Portugal e termina no último dia de tal permanência.

Acrescente-se que os n.os 14 e 16 do artigo 16.º do CIRS[5], mantêm a aferição da condição de residente relativo a cada ano civil, por motivos de situações consideradas como podendo originar práticas de planeamento fiscal abusivo.

Há, ainda, que ter presente que, de acordo com o n.º 5 do artigo 16.º do CIRS, a residência fiscal[6] (o local da residência habitual, salvo disposição em contrário), é aferida em relação a cada sujeito passivo do agregado, pelo que impede os casados que residam em diferentes países a opção pela tributação conjunta.

Para terminarmos a questão relacionada com a residência, há, por um lado, ainda, que referir o n.º 6 do artigo 16.º do CIRS, que estabelece.

> *"São ainda havidos como residentes em território português as pessoas de nacionalidade portuguesa que deslocalizam a sua residência fiscal para país, território ou região sujeito a um regime fiscal claramente mais favorável constante de lista aprovada, por portaria do membro do Governo responsável pela área das finanças, no ano em que se verifique aquela mudança e nos quatro anos subsequentes, salvo se o interessado provar que a mudança se deve a razões atendíveis, designadamente exercício naquele território de atividade temporária por conta de entidade patronal domiciliada em território português".*

Por outro lado, há que fazer uma referência à questão dos residentes não habituais[7]. Sistema ditado por razões extra fiscais, com interesse, entre outros, em fixar em

---

[5] O n.º 14 refere: um sujeito passivo considera-se residente em território português durante a totalidade do ano no qual perca a qualidade de residente quando se verifiquem, cumulativamente, as seguintes condições:

a) Permaneça em território português mais de 183 dias, seguidos ou interpolados, nesse ano; e
b) Obtenha, no decorrer desse ano e após o último dia de permanência em território português, quaisquer rendimentos que fossem sujeitos e não isentos de IRS, caso o sujeito passivo mantivesse a sua qualidade de residente em território português.

Quanto ao n.º 16, estabelece: um sujeito passivo considera-se, ainda, residente em território português durante a totalidade do ano sempre que volte a adquirir a qualidade (residente durante o ano subsequente perdeu, aquela mesma qualidade (a perda da qualidade de residente ocorre a partir do último dia de permanência em território português).

[6] De acordo com o n.º 3 do artigo 19.º da Lei Geral Tributária, é obrigatória a comunicação do domicílio do sujeito passivo à Administração Tributária.

[7] Consideram-se residentes não habituais em território português os sujeitos passivos que, sendo residentes de acordo com os artigos nos 1 e 2 do artigo 16.º, não tenham sido residentes em território português em qualquer dos cinco anos anteriores (n.º 8 do artigo 16.º). O sujeito passivo que seja considerado residente não habitual adquire o direito a ser tributado como tal pelo período de

Portugal pessoas, entre as quais emigrantes portugueses que não tenham sido residentes em território português em qualquer dos cinco anos anteriores e não residentes em paraísos fiscais, que tenham rendimentos do estrangeiro, as quais podem ter um papel significativo no desenvolvimento do país, nomeadamente pelo acréscimo de consumo interno que a sua presença provocará.

Analisando os n.ºs 8, 9 e 10 do artigo 16.º do CIRS, pode sintetizar-se o seguinte, acerca dos residentes não habituais:

- Tornarem-se fiscalmente residentes em território português de acordo com qualquer dos critérios estabelecidos nos n.ºs 1 ou 2 do artigo 16.º do CIRS no ano relativamente ao qual pretendem que tenha início a tributação como *residentes não habituais*;
- Não serem considerados residentes em território em qualquer dos cinco anos anteriores ao ano relativamente ao qual pretendam que tenha início a tributação como *residentes não habituais*;
- Solicitarem a inscrição como residentes não habituais no ato da inscrição como residentes em território português ou, posteriormente, até 31 de março, inclusive, do ano seguinte aquele em que se tornem residentes nesse território.

Acerca de alguns efeitos fiscais ver, n.º 16 do artigo 72.º do CIRS.

3. A Dupla Tributação Internacional

Analisada a questão da residência como nexo de tributação, há agora que ter em atenção o critério de territorialidade, ou seja, de tributação atendendo ao local de produção do rendimento. Isto porque um residente de um país pode ser confrontado com uma legislação que igualmente o considere seu residente.

Há, assim, situações em que dois Estados se arrogam o direito de tributar uma mesma situação (identidade do objeto), onde o contribuinte (identidade do sujeito), o rendimento (identidade do imposto) e o período (identidade do período de tributação) a que se refere o facto são os mesmos, implicando uma carga excessiva para o contribuinte[8].

A referida situação leva, por norma, a situações de dupla tributação internacional.

---

10 anos consecutivos a partir do ano, inclusive, da sua inscrição como residente em território português (n.º 9).

[8] Ver Acordão do STA, de 12 de julho de 2107, Proc. 0126/06.

Contudo, como afirma o Professor Alberto Xavier, existe outro fator que leva ao surgimento de dupla tributação nos impostos sobre o rendimento, e que é a variedade de elementos de conexão adotados pelos Estados.

É através dos elementos de conexão (elementos de previsão normativa que fixa uma situação a um determinado ordenamento tributário) que se atribui competência tributária a um Estado para tributar determinada situação. Elementos de conexão que variam entre a residência, a fonte dos rendimentos e a nacionalidade, sendo os dois primeiros os que causam maior dificuldade, em virtude dos Estados tributarem os rendimentos auferidos no seu território, mas também os rendimentos auferidos no estrangeiro pelos seus residentes.

Este fenómeno de dupla tributação acarreta, para a maioria dos teóricos das Finanças Públicas, graves consequências a nível económico, impedindo o investimento estrangeiro e a livre circulação de capitais, além de violar a justiça fiscal, através de um excesso de carga tributária para os contribuintes.

A fim de evitar as referidas ocorrências, os Estados passaram a celebrar entre si as limitações das suas competências tributárias, elaborando as designadas convenções para evitar Dupla Tributação Internacional (CDT)[9].

4. Convenções para evitar a Dupla Tributação Internacional

Sucintamente podemos afirmar que as CDT[10] são tratados bilaterais que se aplicam às pessoas residentes em ambos os Estados Contratantes, a fim de procederem à delimitação de poderes tributários dos Estados e contendo métodos de eliminação da dupla

[9] No que respeita aos Rendimentos de Capitais, há que referir que o CIRS também analisa a Dupla Tributação Económica, onde os lucros devidos por pessoas coletivas sujeitas e não isentas de IRC e com sede ou direção efetiva em território português e os respetivos beneficiários residirem no referido território, então, no caso de englobamento, são (os lucros) apenas considerados em 50% do seu valor. O disposto anteriormente e igualmente aplicável aos lucros distribuídos por entidades residentes noutro Estado membro da União Europeia ou num Estado membro do Espaço Económico Europeu que esteja vinculado a cooperação administrativa no domínio da fiscalidade equivalente à estabelecida no âmbito da União Europeia.

[10] O modelo mais utilizado é o da OCDE, que está estruturado do seguinte modo:

1. Âmbito de aplicação (artigos 1.º e 2.º)
2. Definições gerais (artigos 3.º e 5.º)
3. Distribuição da capacidade tributária entre os Estados contratados (artigos 6.º e 22.º)
4. Métodos para eliminar a dupla tributação internacional (artigos 23.º e 24.º)
5. Disposições especiais
6. Disposições finais

tributação, através da escolha de elementos de conexão que regulam as relações tributárias entre os Estados contratantes. Elementos de conexão que são, por norma, o princípio da residência e da fonte, onde o primeiro é o preferido pela maioria dos Estados, dado que lhes permite tributar a totalidade dos rendimentos (tantos obtidos em território nacional, como no estrangeiro) de um determinado sujeito passivo. Contudo, os residentes de um país podem ser confrontados com uma legislação, em vigor noutro país, que igualmente os considere seus residentes.

Assim, para a resolução do conflito da dupla residência, o modelo de Convenção da OCDE estabelece no seu artigo 4.º, n.º 2, um conjunto de "testes" ou "regras" – o mecanismo de *tie-breaker* – seguinte, para as pessoas singulares:

a) Será considerado residente do Estado Contratante em que tenha uma habitação permanente à sua disposição. Se tiver uma habitação permanente à sua disposição em ambos os Estados, será considerada residente do Estado com o qual sejam mais estreitas as suas relações pessoais e económicas (centro de interesses vitais);
b) Se o Estado em que tem o centro de interesses vitais não puder ser determinado, ou se não tiver uma habitação permanente à sua disposição em nenhum dos Estados, será considerada residente do Estado Contratante em que permaneça habitualmente;
c) Se permanecer habitualmente em ambos os Estados, ou se não permanecer habitualmente em nenhum deles, será considerada residente do Estado de que for nacional;
d) Se for nacional de ambos os Estados, ou se não for nacional de nenhum deles, as autoridades competentes de ambos os Estados resolverão o caso de comum acordo.

5. A tributação dos Trabalhadores em Sede de CDT

Determinado o Estado de residência do sujeito passivo, isso não significa que o princípio da residência abranja todos os tipos de rendimentos[11], como é referido no n.º 1 do artigo 15.º do Modelo de Convenção da OCDE (MCOCDE):

[11] Consideram-se obtidos em território português, de acordo com o n.º 1 do artigo 18.º do CIRS:
a) os rendimentos do trabalho dependente decorrentes de atividades nele exercidas, ou quando tais rendimentos sejam devidos por entidades que nele tenham residência, sede, direção efetiva ou estabelecimento estável a que deva imputar-se o pagamento;

"(...), os salários, ordenados e outras remunerações similares obtidas de um emprego por um residente de um Estado contratante só podem ser tributados nesse Estado contratante só podem ser tributados nesse Estado, a não ser que o emprego seja exercido no outro Estado contratante. Se o emprego for ai exercido, as remunerações correspondentes podem ser tributadas nesse outro Estado".

Porém, a tributação na fonte tem algumas exceções, como, por exemplo, se se verificarem, cumulativamente, as seguintes condições:

- O sujeito passivo permanecer menos de 183 dias nesse outro Estado;
- A entidade patronal não ser residente no Estado do exercício da atividade;
- As remunerações não forem pagas por um estabelecimento que a entidade patronal tenha no Estado do exercício.

No entanto, caso uma das referidas condições anteriores não se verifique, tem-se:

a) Se o trabalhador assalariado permanecer noutro Estado por um período superior a 183 dias, e aí for residente, ao serviço de uma entidade empregadora portuguesa poder-lhe-á ser retido imposto a uma taxa liberatória[12] com carácter definitivo;
b) Se o trabalhador for considerado residente noutro Estado membro, exercendo atividade neste mesmo local e sendo pago por uma entidade também aí residente, não há tributação nem obrigação declarativa a cumprir em Portugal,

Refira-se, contudo, que há uma dificuldade quando se considera que o sujeito passivo é residente nos dois Estados. Aqui, como se sabe, tem que se seguir as regras de

---

h) os rendimentos respeitantes a imóveis nele situados, incluindo as mais-valias resultantes da sua transmissão;
m) os rendimentos respeitantes a atos isolados nele praticados;
o) os rendimentos derivados do exercício, em território português, da atividade de profissionais de espetáculos ou desportistas, ainda que atribuídos a pessoa diferente.

[12] Estão sujeitos a retenção na fonte a título definitivo, à taxa liberatória de 25%, os seguintes rendimentos obtidos em território português por não residentes:

- Os rendimentos do trabalho dependente e todos os rendimentos empresariais e profissionais, ainda que decorrentes de atos isolado.
  Além destes rendimentos à taxa liberatória de 25% há outros, como os referidos no n.º 4 do artigo 71.º.
  Ver também n.os 8 e 9 do artigo referido, bem como o 72.º, referente a Taxas Especiais (tributação à taxa autónoma).

tie-breaker, contidas no artigo 4.º do MCOCDE, de forma a encontrar o Estado com que mantenha uma relação mais próxima.

Acrescente-se, ainda, que nas convenções para evitar a dupla tributação, Portugal e os outros Estados devem estabelecer o seguinte:

a) Que rendimentos podem ser tributados nos dois Estados e a qual deles compete a eliminação da dupla tributação internacional, que é por norma o Estado de residência;
b) Que rendimentos são exclusivamente tributados no Estado da fonte;
c) Que rendimentos são exclusivamente tributados no Estado de residência.

Estabelecidas as disposições acima referidas, há, por outro lado, que definir medidas para eliminar a Dupla Tributação Internacional.

6. Eliminação da Dupla Tributação Internacional

Por norma, as CDT remetem para o ordenamento jurídico de cada Estado contratante os métodos a adotar para eliminar a dupla tributação.

No que respeita aos métodos aplicados pelo Estado da residência, há a destacar o método da isenção e o método da imputação ou de crédito.

O primeiro, o método da isenção, pode desdobrar-se em duas modalidades:

Isenção completa- o rendimento obtido no estrangeiro está totalmente isento de tributação no país da residência, embora não se dispense a apresentação da declaração; e

Isenção com progressividade – onde o rendimento também não é tributado, mas através da declaração de rendimentos determina-se a taxa a aplicar ao sujeito passivo.

Portanto, neste método a tributação pelo Estado de residência é afastada visto o contribuinte já ter sido tributado pelo Estado da fonte.

No Código do IRS os métodos referidos são aplicados nas seguintes situações:

O método de isenção completa aplica-se, de acordo com o n.º 4 do artigo 81.º, aos residentes não habituais em território português que obtenham, no estrangeiro, rendimentos da categoria A, bastando que se verifique qualquer das condições previstas nas alíneas seguintes:

a) Sejam tributados no outro Estado contratante, em conformidade com convenção para eliminar a dupla tributação celebrada por Portugal com esse Estado; ou

b) Sejam tributados no outro país, território ou região, nos casos em que não exista convenção para eliminar a dupla tributação celebrada em Portugal, desde que os rendimentos, pelos critérios previstos no n.º 1 do artigo 18.º, não sejam de considerar obtidos em território português.
Ver sobre este método, também os n.os 5 e 6 do artigo 81.º.

Há ainda a considerar que os rendimentos isentos nos termos dos n.os 4, 5 e 6 referidos são obrigatoriamente englobados para efeitos de determinação da taxa a aplicar aos restantes rendimentos, com exceção dos previstos nas alíneas c) a e) do n.º 1 e no n.º 6 do artigo 72.º[13].

Quanto ao método de imputação ou de crédito, o rendimento é duplamente tributado em ambos os Estados, mas o Estado da residência permite uma dedução, do que já foi pago no estrangeiro, à coleta do contribuinte.

Este método tem duas modalidades: a imputação integral (credita-se todo o imposto efetivamente pago no estrangeiro, podendo haver lugar a reembolso) e a imputação normal, não havendo lugar a reembolso.

Acerca do método de crédito do imposto, o artigo 81.º do CIRS-Eliminação da dupla tributação jurídica internacional- estabelece:

"Os titulares de rendimentos das diferentes categorias obtidas no estrangeiro, incluindo os previstos nas alíneas c) a e) do n.º 1 do artigo 72.º, têm direito a um crédito de imposto por dupla tributação jurídica internacional, dedutível até ao limite das taxas especiais aplicáveis e, nos casos de englobamento, até à concorrência da parte da coleta proporcional a esses rendimentos líquidos, considerados nos termos do n.º 6[14] do artigo 22.º, que corresponde à menor das seguintes importâncias:

---

[13] Artigo 72.º – Taxas Especiais – do CIRS: são tributados à taxa autónoma de 28% e não englobados:

.

.

.

c) O saldo positivo entre as mais-valias e menos-valias resultantes de operações previstas nas alíneas b), c) , e), f), g) e h) do n.º 1 do artigo 10.º do CIRS.

d) Os rendimentos de capital quando não sujeitos a retenção na fonte, a taxas liberatórias;

e) Os rendimentos prediais.

Também não são englobados os rendimentos líquidos das categorias A e B auferidos em atividades de elevados valores acrescentado, com carácter científico, artístico ou técnico, que são tributados à taxa especial de 20%.

[14] Quando o sujeito aufira rendimentos que deem direito a crédito de imposto por dupla tributação internacional previsto no artigo 81.º, os correspondentes rendimentos devem ser considerados pelas respetivas importâncias ilíquidas dos impostos sobre o rendimento pago no estrangeiro.

a) Imposto sobre o rendimento pago no estrangeiro;
b) Fração da coleta do IRS, calculada antes da dedução, correspondente aos rendimentos que no país em causa possam ser tributados, líquidos das deduções específicas previstas neste Código".

Refira-se que quando existir convenção para eliminar a dupla tributação celebrada por Portugal, a dedução a efetuar nos termos do n.º 1 do artigo 81.º não pode ultrapassar o imposto pago no estrangeiro nos termos previstos pela convenção.

Diz ainda o n.º 3 do artigo em análise que sempre que não seja possível efetuar a dedução a que se refere o n.º 1, por insuficiência de coleta no período de tributação em que os rendimentos obtidos no estrangeiro foram incluídos no rendimento coletável, o remanescente pode ser deduzido à coleta dos cinco períodos de tributação seguintes, com o limite previsto na alínea b) do n.º 1 que corresponder aos rendimentos obtidos no estrangeiro incluído no rendimento coletável e depois da dedução do próprio ano.

Do exposto, conclui-se que a dupla tributação será eliminada em Portugal pela aplicação dos métodos do crédito de imposto ou de isenção de imposto.

Para terminar, acrescente-se que depois de acionados os mecanismos, junto da Autoridade Tributária, para a redução/isenção do imposto sobre os rendimentos obtidos por residentes em território português e provenientes do estrangeiro, estes (os rendimentos) devem ser discriminados no Anexo J da declaração Modelo 3, bem como os respetivos impostos pagos.

CAPÍTULO VII

—

A NOVA LEI DE ENQUADRAMENTO ORÇAMENTAL (LEO) E O NOVO SISTEMA DE NORMALIZAÇÃO CONTABILÍSTICA PARA A ADMINISTRAÇÃO PÚBLICA (SNC-AP)

1. Introdução

A nova Lei de Enquadramento Orçamental (LEO)[1] e o Sistema de Normalização Contabilística para as Administrações Públicas (SNC-AP)[2], trazem um novo paradigma às finanças públicas, centrado, fundamentalmente, na sua contabilidade, relato, controlo e transparência das suas contas públicas.

Envolvendo os vários eixos dos subsistemas da contabilidade pública (orçamental, financeira e de gestão), este novo paradigma impõe o desenvolvimento de mecanismos que permitam, para além do cumprimento legal, também, a harmonização, a credibilidade, a transparência e a comparabilidade das contas públicas, tanto a nível interno, como a nível europeu e internacional.

No que concerne à prestação de contas, o foco deve, agora, incidir no reporte de informação útil(orçamental, económico-financeira e não financeira) que reflita, de forma dinâmica, tanto as mudanças que ocorrem nas entidades públicas, como as necessidades sentidas pelos utilizadores dessa informação.

No âmbito da implementação da nova LEO e do SNC-AP, a visão da UniLEO[3], para a prestação de contas anual pelas entidades públicas aponta para um modelo único, que sirva as necessidades de informação dos diferentes utilizadores, tal como estão definidos na Estrutura Concetual do SNC-AP, designadamente, o Ministério das Finanças, as diversas tutelas e o Tribunal de Contas, como Instituição Superior de Controlo.

Neste contexto, foi apresentada a proposta para o Modelo Único de Prestação de Contas das Entidades Públicas, com base na legislação já referida e em modelos e práticas aceites internacionalmente, como o *Integrated Reporting* <IR>, a linguagem *iXBRL* e as recomendações de boas práticas emitidas pelo *International Public Sector Accounting Standards Board* (IPSASB).

Pretende-se evoluir dum relato financeiro, numa perspetiva contabilística, para um relato integrado, numa perspetiva de *"modelo de negócio*[4]", através do qual se evidencia a criação de valor ao longo do tempo. Simultaneamente, urge garantir que os

---

[1] (LEO) Aprovada pela Lei n.º 151/2015, de 11 de setembro, alterada pela Lei n.º 2/2018, de 29 de janeiro e pela Lei n.º 37/2018, de 27 de agosto.

[2] (SNC-AP) – Aprovado pelo Decreto-Lei n.º 192/2015, de 11 de setembro, alterado pelo Decreto-Lei n.º 85/2016, de 21 de dezembro, Lei n.º 114/2017, de 29 de dezembro e Decreto-Lei n.º 33/2018, de 15 de maio.

[3] (UniLEO) Criada através do n.º 1 do artigo 4.º da Lei n.º 151/2015, de 11 de setembro. A sua constituição e regras de funcionamento foram aprovadas pelo Decreto-Lei n.º 77/2016, de 23 de novembro.

documentos de prestação de contas das entidades públicas tenham o mesmo repositório de dados, podendo servir finalidades distintas.

O novo Sistema de Normalização Contabilística para as Administrações Públicas (SNC-AP), preparado pela Comissão de Normalização Contabilística e aprovado pelo Governo[4] é, a par de outros instrumentos legais entretanto aprovados, como a nova Lei do Enquadramento Orçamental (LEO), um dos instrumentos essenciais para a reforma das finanças públicas.

Neste capítulo procuraremos sintetizar as razões para operar esta mudança, os objetivos da nova Lei de Enquadramento Orçamental (LEO) e do Sistema de Normalização Contabilística para as Administrações Públicas (SNC-AP), as linhas gerais do SNC-AP e alguns dos desafios que se colocam na implementação.

Haverá sempre quem diga que o projeto é ambicioso de mais e é de difícil implementação, tal como haverá quem diga que já vem tarde. Numa altura em que se reclama maior transparência e credibilidade às contas públicas, pior do que arriscar a realização de um projeto desta dimensão e natureza, mesmo reconhecendo alguns obstáculos e problemas, é não fazer coisa nenhuma.

O grande objetivo da atual reforma da Contabilidade Pública é conseguir que se passe a dispor de Contas Públicas credíveis que permitam melhorar a governação, reforçar o controlo e avaliar o desempenho. É unânime, que a existência de normas harmonizadas aumenta a transparência, a comparabilidade e a fiabilidade da informação financeira. Restabelecer, ou reforçar, a confiança na Administração Pública pressupõe Contas Públicas credíveis, preparadas com base em princípios contabilísticos adequados e demonstrações financeiras que proporcionem uma base sólida para se conhecer a posição financeira e avaliar o desempenho das entidades públicas.

---

[4] Decreto-Lei n.º 192/2015, de 11 de setembro.

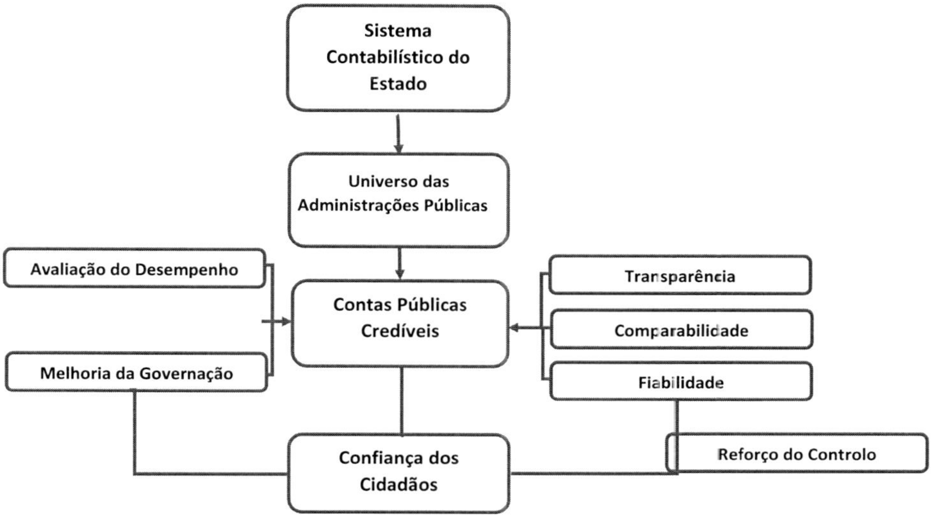

Fonte: Comissão de Normalização Contabilística

2. Porquê fazer a mudança? Quais os objetivos?

Portugal e outros países europeus tiveram nos anos mais recentes um período difícil na sua economia, com naturais repercussões na vida dos cidadãos e das empresas, devido a medidas, programas e políticas tendentes a ajustar as finanças públicas que se terão degradado, segundo uns, devido principalmente a políticas nacionais erradas e, segundo outros, devido principalmente a crises financeiras internacionais.

De certa forma, as crises financeiras globais mostram como os governos, sejam eles quais forem, tendem a utilizar práticas contabilísticas valendo-se do sistema de contabilidade na base de caixa, com o objetivo de melhorar os indicadores financeiros do País (nomeadamente os níveis de défice e de dívida) em determinado período, sem atender ao efeito que tais práticas têm em períodos subsequentes.

O que é certo, é que mais receita hoje pode representar menos receita ou mais despesa amanhã e menos despesa hoje pode ser a forma de empurrar a despesa para o futuro. A ausência de informação financeira ou de informação financeira inapropriada ou insuficiente conduz, geralmente, a uma visão não completa ou menos credível da real posição financeira e do desempenho financeiro de uma entidade o que pode levar os governos a tomarem decisões erradas com consequências na qualidade dos serviços que prestam e nas prioridades estabelecidas para programas e atividades a prosseguir, tendo também consequências no nível de confiança que os cidadãos depositam nos políticos e nas políticas que estes pretendem implementar.

O SNC-AP consubstancia alterações nos processos de registo e relato financeiro das entidades públicas, nos seus vários níveis, algumas delas com um desafio enorme que é deixarem de pensar a contabilidade apenas na ótica de caixa (o que a entidade paga e o que recebe) para, também, pensarem a contabilidade na ótica do acréscimo (que releva quais são os ativos e os direitos da entidade, quais são os seus passivos e responsabilidade, quais são os seus rendimentos e gastos e os correspondentes resultados, independentemente dos pagamentos e recebimentos havidos).

Algumas entidades das administrações públicas adotaram já há muitos anos a contabilidade na base do acréscimo, como as autarquias locais, os hospitais, as universidades e outras entidades, que aplicam o Plano Oficial de Contabilidade Público (POCP) ou um dos POC's específicos construídos na base do POCP designadamente os relativos aos setores da educação, saúde, instituições do sistema de solidariedade e segurança social e autarquias locais. Se a estas entidades juntarmos outras do universo alargado do Estado, como as empresas públicas e as sociedades constituídas no âmbito do Código das Sociedades Comerciais mas detidas totalmente por entidades públicas, e que aplicam o SNC ou as IFRS, estamos perante uma miríade de normativos contabilísticos diferentes que não faz sentido manter.

Acreditamos que alargar a este leque de entidades todos os níveis das administrações públicas criará mais e melhor informação financeira que mostre não só os fluxos de entradas e saídas de caixa como execução dos orçamentos aprovados, mas também os seus ativos e outros direitos bem como os passivos e outras responsabilidades e os seus resultados económicos.

Numa fase posterior, consolidar de uma forma harmonizada todos os níveis das administrações públicas conduzirá a maior transparência, utilidade e comparabilidade de todas as administrações públicas. Para isso, toma especial relevância a criação, através da LEO, da Entidade Contabilística Estado que visa, no futuro, consolidar todas as entidades das administrações públicas e apresentar demonstrações financeiras consolidadas do Estado.

Sintetizando:

Porquê fazer a mudança?
Instabilidade da Programação Plurianual
Necessidade de informação financeira consolidada nos documentos previsionais e de prestação de contas
Falta de consistência entre a informação previsional e a informação histórica
Modelo de orçamentação orientado para os recursos (inputs) e com excesso de detalhe
Ausência de alguns instrumentos de gestão (modelo de gestão de tesouraria e gestão ativa da receita não fiscal)
Modelo contabilístico fragmentado, desatualizado e inconsistente (coexistência no âmbito das Administrações Públicas: IFRS; SNC; POCP e planos setoriais)
Aumentar a credibilidade das contas públicas
Novas necessidades de informação (transparência e *accountability*)

Para quê fazer a mudança?
Garantir a qualidade e utilidade da informação orçamental e económico-financeira, implementando o SNC-AP
Medir os custos e avaliar os resultados das políticas públicas (*performance budgeting and reporting*)
Otimizar a gestão da tesouraria pública diminuindo os encargos de financiamento (sistema de conta única no tesouro com integração contabilística e fluxos de caixa previsionais)
Introdução de novos processos de gestão
Reforçar o controlo interno, a auditoria e a análise independente das contas públicas
Promover a transparência das Finanças Públicas em todas as fases do ciclo da Gestão Financeira Pública

3. Eixos de implementação

São diversas e complexas as principais etapas do processo que é necessário desenvolver para levar a bom porto uma reforma desta natureza.

A Implementação do SNC-AP começou por ser efetuada no ano de 2016, num conjunto diversificado de 53 entidades piloto, e pretendia-se que a sua aplicação fosse generalizada, com efeito a partir de 1 de janeiro de 2017, para o conjunto das entidades que integram as Administrações Publicas. O sucesso desta reforma depende, em grande medida, do empenho do Governo e do Parlamento e exige uma administração pública com mais competência técnica nos domínios da contabilidade, da informática e da gestão.

Todos reconhecem que é indispensável fazer uma aposta na formação técnica, o que é de facto indispensável, mas é essencial não criar a ilusão de que os problemas imediatos se resolvem totalmente mediante a formação e o recrutamento de técnicos, ainda que qualificados. A nosso ver o desafio que temos de enfrentar não é, apenas, a implementação de um novo sistema contabilístico, mas também, a reforma de métodos e processos de gestão. Na implementação do novo SNC-AP importa ter uma atitude positiva, ser otimista, acreditar na solução proposta, ainda que esta possa ser melhorada, não complicar o que é simples e, sobretudo, ser capaz de simplificar o que for mais complexo.

É, ainda, nossa convicção que fazer a reforma numa perspetiva estritamente contabilística não justificaria o custo e o risco da mudança. A reforma só se justifica se for feita numa perspetiva mais ampla e integrada. E se assim for é essencial pensar também na formação dos gestores da administração pública e, porque não, da própria classe política. Esta reforma só é possível se formos capazes de conquistar o apoio dos quadros e dos dirigentes, demonstrando-lhes a utilidade da informação financeira na melhoria da governação, no reforço do controlo, na avaliação do desempenho e no contributo para uma maior credibilidade das Administrações Públicas e dos seus agentes. O que acabamos de referir demonstra bem que na implementação do SNC-AP e da nova LEO não pode haver lugar para o insucesso. Mas não basta desejar que o sucesso aconteça. Temos de ter consciência de que há riscos importantes associados ao processo de transição que têm de ser salvaguardados e de que há fatores que podem influenciar os resultados.

Projetos de implementação:

Eixo de Implementação		Projetos	
Eixo I	**Planeamento Financeiro e Orçamento**	1	Modelos para mapas e demonstrações orçamentais
		2	Modelo de preparação de demonstrações financeiras previsionais
		3	Novos classificadores orçamentais
Eixo II	**Reforma da Gestão da Receita Pública**	1	Documento Contabilístico e de Cobrança
		2	Entidade Contabilística Estado
Eixo III	**Modelo de Controlo Orçamental e Económico-Financeiro**	1	Modelo de Gestão de Tesouraria
		2	Novo quadro de contas
Eixo IV	**Reforma da Contabilidade e das Contas Públicas**	1	Sistema Central de Contabilidade e Contas Públicas
		2	Entidade Contabilística Estado
		3	Consolidação de Contas
		4	Nova Conta Geral do Estado
		5	Modelo de Relatório e Contas das Entidades Públicas
Eixo V	**Reforma do Modelo de Controlo Interno e Auditoria**	1	Desenho da estrutura dos macro processos contabilísticos na perspetiva do controlo interno contabilístico
Eixo VI	**Suporte**	1	IT *Governance* (COB T 5)
		2	*Program Management Office*
		3	Ações de comunicação
		4	Formação

Esquematicamente, os diferentes eixos de implementação da nova Lei de Enquadramento Orçamental (LEO), são os seguintes:

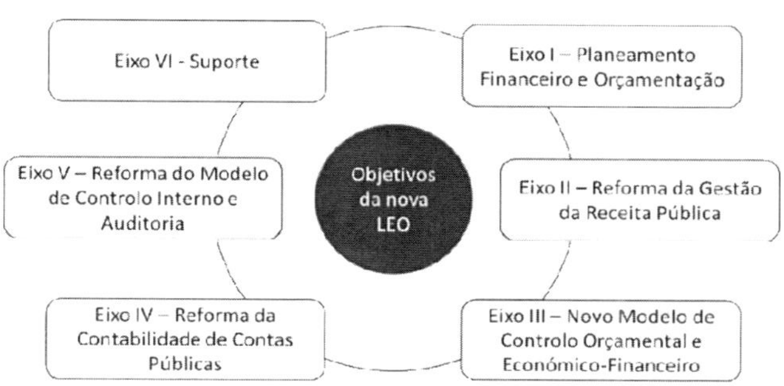

Fonte: Elaboração própria dos autores com base no Manual de Implementação da LEO (maio de 2018).

4. Os principais desafios da transição para o SNC-AP

Os desafios e os riscos de implementação e de transição para o SNC – AP são vários, nomeadamente:

- ✓ Ausência de recursos humanos em quantidade, diversidade e qualidade suficientes;
- ✓ Fatores influenciadores;
- ✓ Reconhecimento generalizado da necessidade de mudança;
- ✓ Falta de acompanhamento da evolução das IPSAS (benefícios sociais, património histórico, infraestruturas, instrumentos financeiros);
- ✓ Apoio político;
- ✓ Falta de perceção dos benefícios da reforma;
- ✓ Liderança para assegurar a transição;
- ✓ Apoio técnico recorrente;
- ✓ Tecnologias de informação disponíveis;
- ✓ Competências técnicas especificas;
- ✓ Manual de implementação (CNC);
- ✓ Portal SNC-AP;
- ✓ Inadequada sequência nos projetos de implementação (*basics first*).

Neste processo de mudança, para além dos desafios de natureza técnica que se colocam na implementação, outros existirão ao nível da gestão da mudança para que o sucesso do projeto seja garantido. Entre eles podemos destacar:

- A valorização da função da contabilidade pública, devendo ao nível do Ministério das Finanças proceder-se ao reforço das competências da equipa encarregada da liderança e da implementação da contabilidade na base do acréscimo em todo o universo das entidades públicas, colaborando em estreita ligação com a Comissão de Normalização Contabilística (CNC) nas matérias técnicas relativas às normas, orientações e recomendações contabilísticas, e tomando decisões sobre o reconhecimento e mensuração de transações e acontecimentos que exijam julgamento para que se apliquem princípios e critérios harmonizados nas administrações públicas.
- A revisão dos sistemas de informação em uso em todas as entidades das administrações públicas para dar resposta às novas exigências de informação e o estabelecimento de mecanismos adicionais de controlo interno que permitam

monitorizar o novo processo contabilístico e fluxo das transações e garantam que a informação a produzir é completa e fiável e cumpre os requisitos do sistema.

- A elaboração de planos de formação intensiva a todos os profissionais da contabilidade preparando-os para esta alteração de paradigma ao nível da contabilidade pública.

Provavelmente, no curto prazo, ainda não teremos disponível um conjunto completo de demonstrações financeiras que mostrem de forma verdadeira e apropriada a situação financeira e o desempenho financeiro de todas as entidades públicas. A primeira adoção e implementação será uma tarefa complexa que se irá defrontar com obstáculos e dificuldades. Mas o que interessa neste processo de mudança não são as dificuldades ou barreiras (que nós sabemos que existem) ou o período de implementação (que sabemos vai ser longo).

O que interessa é manter o rumo e não perder de vista o objetivo final. O que verdadeiramente interessa é promover a mudança para um sistema cuja informação seja quantitativamente mais completa e abrangente e qualitativamente mais credível e útil, na base da qual todos os que têm responsabilidades pela gestão apropriada dos dinheiros públicos poderão passar a tomar melhores decisões.

Esse é o grande objetivo do projeto. E tendo em conta as várias fontes de financiamento das atividades e programas públicos, é o que esperam também os financiadores, nomeadamente os contribuintes que têm o direito de saber e comprovar se os recursos que foram disponibilizados às entidades públicas, nos seus diversos níveis, foram usados de forma apropriada, eficiente e transparente e no interesse público.

Uma reforma com esta abrangência e profundidade necessita de várias condições de sucesso, nomeadamente:

- ✓ Liderança política e técnica;
- ✓ Recursos humanos competentes e dedicados em exclusividade;
- ✓ Capacidade de gestão das relações com os fornecedores;
- ✓ Diversidade de competências (jurídicas, financeiras, tecnológicas, contabilísticas...);
- ✓ Gestão integrada dos sistemas de informação de acordo com as melhores práticas;
- ✓ Comunicação e formação constante;
- ✓ Adaptação institucional do Ministério das Finanças e dos restantes ministérios às novas funções, processos e responsabilidades.

5. Documentos de Prestação de Contas

Quem gere e aplica dinheiros públicos está obrigado a prestar contas e sofre as consequências, positivas ou negativas, da utilização dos recursos públicos. Para o efeito, o Estado e demais entidades públicas preparam, apresentam e divulgam as suas contas de acordo com o que é legalmente determinado, destacando-se, seguidamente, os principais diplomas que regulam a prestação de contas públicas.

Com a aprovação do SNC-AP pretende-se resolver os problemas relativos à fragmentação e às inconsistências que atualmente vigoram, impor a base de acréscimo na contabilidade e no relato financeiro das administrações públicas, institucionalizando-se o Estado Português como entidade que relata, mediante a preparação de demonstrações orçamentais e financeiras.

A normalização dos sistemas de informação vem permitir a agregação da informação produzida de modo coerente, para que seja possível a construção de indicadores económico-financeiros e orçamentais, indispensáveis à tomada de decisão, no âmbito da prossecução das medidas políticas do Governo nos seus diferentes níveis (local, regional e nacional).

É neste sentido, que a NCP 1 – Estrutura e Conteúdo das Demonstrações Financeiras, vem estabelecer as bases para os documentos de prestação de contas, na preparação de um conjunto completo de demonstrações financeiras (individuais e consolidadas), permitindo a comparabilidade, quer com as demonstrações financeiros de períodos anteriores, quer com as de outras entidades. No caso das demonstrações orçamentais, a sua preparação e apresentação assenta nas orientações e na estrutura definidas pela NCP 26 – Contabilidade e Relato Orçamental.

Para além de um conjunto completo de demonstrações orçamentais e financeiras, as entidades devem ainda apresentar informação complementar, permitindo a avaliação do desempenho da entidade, a gestão dos seus ativos e a respetiva sustentabilidade financeira, bem como a tomada e avaliação das decisões sobre a afetação de recursos públicos. Assim, adicionalmente às demonstrações financeiras e considerando a relevância material dos eventos, devem ser incluídos detalhes sobre os resultados da entidade (na forma de indicadores de desempenho), a avaliação de programas, bem como, a descrição de atividades, transações e outros acontecimentos ocorridos ao longo do período de relato.

A proposta apresentada segue uma perspetiva de modelo único de prestação de contas para as entidades das administrações públicas, beneficiando da normalização de critérios na preparação, apresentação e divulgação do relato e, ainda, ao nível dos sistemas de informação.

Salienta-se, também, que as opções seguidas na elaboração deste modelo estão na senda das boas práticas internacionais, designadamente, no que respeita às orientações e práticas recomendadas pelo IPSASB, do modelo *Integrated Reporting* e da utilização da linguagem XBRL/iXBRL.

5.1 A Lei de Enquadramento Orçamental (LEO)

O Estado e demais entidades públicas, devem preparar demonstrações orçamentais e financeiras que proporcionem uma imagem verdadeira e apropriada da execução orçamental, da posição financeira, das alterações na posição financeira, do desempenho e dos fluxos de caixa. Nesta sequência, o articulado do Título VI – Contabilidade, relato, controlo e transparência, da Lei de Enquadramento Orçamental refere-se:

- Ao sistema contabilístico a utilizar para as contas públicas, que estrutura a informação orçamental e financeira de modo a inscrever, classificar e registar os elementos das demonstrações orçamentais e financeiras;
- Aos documentos de prestação de contas: (i) o relatório de gestão, demonstrações orçamentais e financeiras e outros documentos exigidos por lei para a ECE e demais entidades públicas, a remeter ao Ministério das Finanças, Tutela e Tribunal de Contas; e (ii) a Conta Geral do Estado;
- Ao controlo e responsabilidades;
- Ao dever de divulgação da informação.

5.2 Sistema de Normalização Contabilística para a Administração Pública (SNC-AP)

No âmbito do SNC-AP, os objetivos do relato financeiro das entidades públicas passam, sobretudo:

i. por proporcionar informação útil aos utilizadores das demonstrações financeiras determinada pelas suas necessidades;
ii. para efeitos de responsabilização pela prestação de contas;
iii. e para a tomada de decisões.

A estrutura concetual da informação financeira pública, prevista no SNC-AP[5], estabelece que a informação proporcionada pelo relato financeiro deve incidir genericamente, sobre:

- A posição financeira, o desempenho financeiro e os fluxos de caixa;
- O relato da informação financeira, orçamental e não financeira acerca da prestação de serviços efetuados;
- A Informação financeira e não financeira prospetiva; e
- A informação relativa aos fatores mais importantes subjacentes ao desempenho do serviço das entidades públicas no período de relato e os pressupostos que suportam as expetativas sobre as suas atividades futuras, bem como os fatores que as influenciam.

No âmbito da implementação do SNC-AP e no que se relaciona com a prestação de contas, releva-se o estabelecido no Decreto-Lei n.º 33/2018, de 15 de maio[6], a propósito:

- Artigo 26.º: Da adoção e aplicação de referenciais contabilísticos, envio da informação ao Sistema Central de Contabilidade e Contas Públicas e Gestão do Plano de Contas Multidimensional;
- Artigo 79.º: Do sistema contabilístico a aplicar pelas entidades da administração local; e
- Artigo 164.º: Das alterações ao âmbito de aplicação do SNC-AP.

5.3 Tribunal de Contas

O Tribunal de Contas[7] (TC), é a entidade que fiscaliza a legalidade das receitas e das despesas públicas, aprecia a boa gestão financeira e efetiva responsabilidades por infrações financeiras. Neste âmbito, o articulado dos Capítulos IV e V, ambos da Lei de Organização e Processo do Tribunal de Contas, determina as modalidades do controlo financeiro e a efetivação de responsabilidades financeiras, por parte do Tribunal de Contas. Assim, o Tribunal de Contas dá instruções sobre a elaboração e documentação das contas, designadamente, no que respeita às entidades sujeitas, aos responsáveis, à periodicidade e ao âmbito e conteúdo da informação.

[5] Anexo 1 a que se refere o artigo 2.º do Decreto-Lei n.º 192/2015, de 11 de setembro.
[6] Decreto-Lei que estabelece as disposições necessárias à execução do OE 2018.
[7] Lei n.º 98/97, de 26 de agosto e correspondentes alterações.

A Lei de Enquadramento Orçamental, em implementação, prevê que o Tribunal de Contas, para além do seu parecer à Conta Geral do Estado, emita, também, a correspondente certificação[8].

5.4 Proposta em resumo

Prestação de Contas	Breve apresentação
Relatório de Gestão	**Para quê?** Este documento que integra o conjunto de documentos de prestação de contas deverá consistir numa narrativa coerente das atividades da entidade, em consonância com a sua missão e objetivos nos mais diversos domínios. No mesmo devem ser relatadas as questões, transações e eventos mais significativos apresentados nas demonstrações financeiras, explicando a respetiva influência sobre as mesmas. **RPG 2 – *Financial Statement Discussion and Analysis do IPSASB*** Contém orientações às entidades do setor público, e que constituem boas práticas para a elaboração do relatório de gestão. O objetivo da RPG 2 consiste no estabelecimento de padrões de elevada qualidade e normalização para a elaboração do referido relatório, indicando a forma e os conteúdos específicos a serem incluídos e divulgados. **NCP 27** O objetivo desta norma consiste em estabelecer a base para o desenvolvimento de um sistema de contabilidade de gestão nas administrações públicas, que permita uma melhor avaliação da economia, eficiência e eficácia das políticas públicas. Para tal, define os requisitos gerais para a sua apresentação, bem como, fornece orientações sobre a respetiva estrutura e desenvolvimento, e os requisitos mínimos obrigatórios para o seu conteúdo e divulgação no relatório de gestão.

[8] Ao abrigo dos n.os 5 e 6 do artigo 66.º, da Lei n.º 151/2015, de 11 de setembro.

Prestação de Contas	Breve apresentação
A. Indicadores	**Para quê?** As orientações da RPG 3 – *Reporting Service Performance Information* do IPSASB incidem sobre informações de desempenho a incluir no relatório de gestão da entidade, em complemento às suas demonstrações financeiras. O propósito é a apresentação de informações de desempenho, para que os utilizadores possam avaliar a extensão, eficiência e eficácia do desempenho da entidade, aferir responsabilidades e tomar decisões. **Indicadores económico-financeiros:** Liquidez; Rentabilidade; Atividade; e Estrutura Financeira **Indicadores orçamentais:** Grau de Execução Orçamental (Receita e Despesa); Receita e Despesa Efetiva; Estrutura da Receita Efetiva e da Despesa Efetiva; Saldo Corrente; Saldo de Capital; Saldo Primário; e Saldo Global
B. Integrated Reporting	**Para quê?** Esta metodologia identifica a informação a incluir no relatório integrado, com vista a permitir a avaliação da capacidade de criação de valor das entidades. Para o efeito, são estabelecidos os princípios básicos e os elementos de conteúdo, que orientam o conteúdo geral do relatório integrado e explicados os conceitos fundamentais que o sustentam. **Principais benefícios:** • Melhorar a qualidade da informação disponível às partes interessadas (stakeholders), permitindo uma alocação de recursos (capitais) mais eficiente e produtiva; • Promover uma abordagem mais coesa e eficiente do relato, que comunique os diversos fatores que influenciam materialmente a capacidade da criação de valor ao longo do tempo; • Melhorar a responsabilidade pela gestão de recursos (capitais) e fomentar o equilíbrio das suas interdependências; • Apoiar o pensamento integrado na tomada de decisão e nas ações, com o foco na criação de valor a curto, médio e longo prazo.

Prestação de Contas	Breve apresentação
Demonstrações Financeiras	**Para quê?** As demonstrações financeiras dão a conhecer a posição financeira, as alterações na posição financeira, o desempenho e os fluxos de caixa de uma entidade, com base, em informações sobre os seus ativos, passivos, património líquido, rendimentos, gastos, outras alterações no património líquido e fluxos de caixa. **Principais demonstrações financeiras:** Balanço Demonstração dos resultados por natureza Demonstração das alterações no património líquido Demonstração de fluxos de caixa Anexo às demonstrações financeiras
Demonstrações Orçamentais	**Para quê?** As demonstrações orçamentais traduzem uma representação estruturada da execução e desempenho orçamental das entidades, proorcionando, entre outra, informação sobre o orçamento inicial, as modificações orçamentais, a execução orçamental e os pagamentos e recebimentos. **Principais demonstrações orçamentais de relato:** Demonstração de execução orçamental da receita Demonstração de execução orçamental da despesa Demonstração da execução do plano plurianual de investimentos Anexo às demonstrações orçamentais
Linguagem iXBRL	**Para quê?** Com a convergência para as IPSAS, a utilização da linguagem XBRL/iXBRL, como padrão de divulgação e harmonização, permite a redução de custos na cadeia de divulgação dos documentos do relato, rapidez e facilidade de análise das informações. Os documentos de prestação de contas das entidades públicas passam a ter o mesmo repositório de dados, podendo servir finalidades distintas. O objetivo central é que a informação seja preparada de acordo com um formato que permita a sua automática integração nos sistemas de suporte à avaliação, análise, tomada de decisão, transparência e *accountability*. **Principais benefícios:** Demonstrações padronizadas de acordo com as NCP (SNC-AP); Redução dos custos com a preparação das demonstrações; Simplificação do acesso aos utilizadores; Informação mais acessível e disponível; Reforço dos métodos analíticos.

Fonte: Manual da Unidade de Implementação da Lei de Enquadramento Orçamental (maio de 2018)

5.5 Relatório de Gestão

O IPSASB, que desenvolve as IPSAS – *International Public Sector Accounting Standards*, tem como objetivo servir o interesse público ao definir padrões contabilísticos de alta qualidade para o setor público e a simplificação da adoção e implementação destes, aumentando assim a qualidade e a consistência da prática em todo o mundo, e fortalecendo a transparência e a prestação de contas das finanças do setor público.

Para além das IPSAS, das quais emanam requisitos obrigatórios que as entidades a elas sujeitas têm de cumprir, o IPSASB também emite recomendações, não vinculativas, de boas práticas, as designadas *Recommended Practice Guideline* – RPG, as quais abordam, à data, temas como o relato da sustentabilidade a longo prazo das finanças públicas, o relatório de gestão e o relato da informação de performance não financeira.

Relativamente ao relatório de gestão, são de particular relevância as RPG 2 e 3 que abaixo melhor se apresentam.

- RPG 28[9] – Discussão e Análise de Demonstrações Financeiras (Relatório de Gestão): orientações para a interpretação e análise das demonstrações financeiras, designadamente, das questões, transações e eventos mais significativos, apresentados nas demonstrações financeiras da entidade, bem como, os fatores que exerceram maior influencia sobre os acontecimentos relatados.
- RPG 39[10] – Relato de Informação de Desempenho não Financeiro: orientações baseadas em princípios para o desenvolvimento de uma estrutura consistente, no relato de informações sobre o desempenho da entidade, com o foco nas necessidades de informação dos utilizadores.

O relatório de gestão integra o conjunto dos documentos de prestação de contas previstos legalmente no n.º 2 do artigo 65.º da LEO, em implementação (aprovada pela Lei n.º 151/2015, de 11 de setembro). Trata-se de um documento que interpreta e explicita as demonstrações orçamentais e financeiras, bem como o desempenho da gestão na execução da sua estratégia, com a finalidade de proporcionar uma imagem verdadeira e adequada das contas públicas, através de informação compreensível por parte dos diversos *stakeholders*.

---

[9] RPG 2 (Recommended Practice Guideline) – Statement Discussion and Analysis.

[10] RPG 3 (Recommended Practice Guideline) – Reporting Service Performance Information.

Por conseguinte, o relatório de gestão deve fornecer uma exposição fiel e clara das questões, transações e eventos mais significativos, apresentados nas demonstrações financeiras das entidades, bem como os fatores que exercem maior influencia sobre os mesmos.

A RPG 2, releva a importância da distinção entre as demonstrações financeiras e o relatório de gestão, dado que esta separação clara permite aos utilizadores distinguirem entre as demonstrações financeiras preparadas numa base de acréscimo em conformidade com as IPSAS; o relatório de gestão elaborado segundo as orientações recomendadas pela RPG 2, e qualquer outra informação apresentada no relatório anual ou outro documento que possa ser relevante para os *stakeholders*, mas que não esteja sujeita aos requisitos das IPSAS ou às recomendações da RPG 2.

Adicionalmente, no âmbito das orientações emanadas pela RPG 2, destacam-se as seguintes:

- O conteúdo do relatório de gestão deverá ser consistente com as demonstrações financeiras e com os itens, transações e eventos subjacentes, bem como, com os pressupostos assumidos relativamente ao reconhecimento e mensuração.
- Em complemento às demonstrações financeiras, o conteúdo do relatório de gestão deve fornecer as seguintes informações:
  - Uma visão geral das operações da entidade e do ambiente em que ela opera: as informações a registar podem incluir informações atuais e alterações do período anterior referentes:
  - À missão e visão da entidade;
  - À governança da entidade (por exemplo, estrutura legislativa ou reguladora);
  - Aos relacionamentos da entidade com outras entidades, com o foco em relacionamentos que poderão afetar significativamente a posição financeira, o desempenho financeiro e os fluxos de caixa da entidade (por exemplo, acordos de financiamento);
  - As tendências externas, eventos e desenvolvimentos no ambiente legal, regulador, social, político e macroeconómico específico para a entidade, que tenham ou possam ter um impacto significativo na posição financeira, no desempenho financeiro e nos fluxos de caixa da entidade (por exemplo, o impacto de eventos nos mercados internacionais sobre o emprego, a base tributária ou as taxas de juros); e
  - As principais operações da entidade, incluindo métodos de prestação de serviços (por exemplo, terceirização, acordos de concessão de serviços) e mudanças significativas nas mesmas.

Informação sobre os objetivos e estratégias da entidade:

- O relatório de gestão deverá explanar os objetivos e as estratégias da entidade, relacionadas com a sua posição financeira, o desempenho financeiro e os fluxos de caixa por forma a que os utilizadores da informação entendam as prioridades da entidade e identifiquem os recursos necessários para atingir os referidos objetivos e estratégias. Por exemplo, tais objetivos e estratégias poderão consistir na gestão de um superavit/deficit, e a gestão da dívida e das reservas. O relatório de gestão deverá explicar como é que a concretização destes objetivos pode ser medido e sobre que período o progresso será medido;
- O relatório de gestão deverá analisar as alterações significativas nos objetivos e estratégias da entidade face ao período ou períodos anteriores.

Uma análise das demonstrações financeiras da entidade, incluindo mudanças e tendências significativas na posição financeira da entidade, desempenho financeiro e fluxos de caixa:

- A análise das tendências deverá incluir os itens das demonstrações financeiras que sejam mais importantes e significativos para tornar mais compreensível a posição financeira, o desempenho financeiro e os fluxos de caixa de uma entidade, bem como as alterações nas mesmas ao longo de um período.
- O relatório de gestão deverá descrever os itens, transações e eventos mais significativos que tenham afetado a posição financeira, desempenho financeiro e os fluxos de caixa, sem repetir simplesmente a informação apresentada nas demonstrações financeiras. Para tal, é necessária capacidade crítica.
- Caso a informação proveniente das demonstrações financeiras tenha sido ajustada para inclusão no relatório de gestão, este facto deve ser divulgado a par da natureza e dos motivos de tais ajustamentos. Quando as medidas de desempenho financeiro forem provenientes das demonstrações financeiras, elas deverão ser reconciliadas com as medidas apresentadas nas demonstrações financeiras preparadas de acordo com as IPSAS.
- Deverá ser divulgada informação comparativa para os montantes apresentadas no relatório de gestão quando é relevante para a compreensão do relatório de gestão corrente.
- Quando uma entidade é obrigada ou decide publicar o seu orçamento aprovado, a IPSAS 24 – apresentação de Informação Orçamental nas Demonstrações Financeiras exige uma comparação entre os valores orçamentados e os valores executados nas demonstrações financeiras. A IPSAS 24 exige ainda uma justi-

ficação sobre os desvios materiais entre o orçamentado e os valores efetivos, e permite que a entidade divulgue esta informação, quer nos anexos às demonstrações financeiras, quer em outros relatórios públicos. Caso a entidade decida incluir esta informação no seu relatório de gestão, deverá seguir as orientações contidas na IPSAS 24 para tais divulgações.

- Uma descrição dos principais riscos e incertezas que afetam a posição financeira da entidade, o seu desempenho financeiro e os fluxos de caixa, bem como, uma explicação das alterações desses riscos e incertezas, desde a última data de relato, e as estratégias para suportar ou mitigar esses riscos e incertezas:
  - o Esta informação poderá ajudar os utilizadores a avaliar os impactos desses riscos no período corrente (por exemplo, passivos contingentes divulgados nas demonstrações financeiras ou o uso de cobertura de risco cambial para mitigar os riscos), bem como, os resultados expectáveis.
  - o Os riscos e incertezas principais podem ser externos ou internos; a descrição destes riscos e incertezas deverá abranger a exposição quer às consequências negativas, quer às potenciais oportunidades.
  - o A análise destes riscos e incertezas poderá proporcionar uma imagem verdadeira acerca da exposição da entidade aos riscos que afetem diretamente itens das demonstrações financeiras, permitindo avaliar a respetiva posição financeira, desempenho financeiros e fluxos de caixa. Tais divulgações poderão incluir a decisão por parte da entidade de se auto proteger em relação a determinados riscos, ou de mitigar o risco transferindo-o ou dividindo-o através de um seguro.
  - o A análise do modo com a entidade gere os seus riscos e incertezas poderá prover informação relevante sobre a exposição ou vulnerabilidade a concentrações de risco tais como financiamentos avultados a determinadas regiões ou indústrias, ou a dependência relativamente a uma fonte de financiamento em particular.
  - o Os riscos e incertezas que afetam a posição financeira, o desempenho financeiro e os fluxos de caixa poderão ter um efeito perverso sobre as demonstrações financeiras. Por conseguinte, informação relativa a estes riscos e incertezas deverão ser reportados separadamente, ou em secções relevantes do relatório de gestão.

A forma e o conteúdo específico do relatório de gestão deverão refletir a natureza da entidade e o seu enquadramento regulamentar. Os relatórios de gestão quando incluem informação que consta das demonstrações financeiras, não deverão cingir-se a mera repetição dos dados, mas sim proceder à análise e explicação sobre o modo como itens, transações e eventos podem afetar a posição financeira, o desempenho financeiro e os fluxos de caixa. Sempre que for tido como conveniente e de modo a evitar duplicação de informação, deverão ser incluídas referências cruzadas às demonstrações financeiras.

Por fim, importa referir que, nos termos da NCP 27 - Contabilidade de Gestão, os documentos de prestação de contas deverão divulgar informação sobre a avaliação de desempenho e avaliação por programas, sobre os custos, tendo por base informação proveniente do sistema de contabilidade de custos e de gestão. Portanto, deverá ainda ser incluído no relato financeiro anual, a informação da contabilidade de gestão correspondente ao exercício económico da informação obtida do sistema de contabilidade orçamental e do sistema de contabilidade financeira.

Sendo a contabilidade de gestão uma ferramenta de apoio à gestão, o relatório de gestão deverá divulgar, conforme estipulado no parágrafo 34 da supramencionada norma, para cada bem, serviço ou atividade final:

- *"Custos diretos e indiretos de cada bem, serviço e atividade;*
- *Rendimentos diretamente associados aos bens, serviços e atividades;*
- *Custos totais do exercício económico e custo total acumulado de atividades, produtos ou serviços com duração plurianual, ou não coincidentes com o exercício económico;*
- *Objetos de custos finais para os quais se determinou o custo total, os critérios de imputação dos custos indiretos utilizados e os custos não incorporados."*

Nos casos particulares dos subsetores da educação, saúde e autarquias locais, deverão ainda ser divulgados os mapas que constam dos parágrafos 35 ao 37 da NCP 27.

5.6 Indicadores

O desempenho das entidades públicas deve ser avaliado no contexto da prossecução dos seus objetivos face ao serviço prestado. Isto porque estas entidades proporcionam serviços que os cidadãos necessitam, o que dificulta a reflexão dos resultados financeiros, na totalidade ou de forma adequada, num qualquer indicador de resultados contabilísticos.

Os indicadores de desempenho constituem, nestes casos, uma informação complementar e útil à boa compreensão dos resultados, devendo, as entidades, proceder à sua integração no relatório de gestão, tendo em conta a sua relevância material.

As orientações da RPG 3 incidem sobre informações de desempenho a relatar, em complemento às suas demonstrações financeiras. O propósito é a apresentação de informações de desempenho, para que os utilizadores possam avaliar a extensão, eficiência e eficácia do desempenho da entidade, aferir responsabilidades e tomar decisões.

Para o efeito, as entidades devem adotar as seguintes boas práticas:

- Orientação sobre decisões de apresentação das informações de desempenho, atendendo às necessidades dos utilizadores;
- Informação a apresentar no relato do desempenho da entidade.

A NCP 3 estabelece os seguintes tipos de indicadores de desempenho:

- Entradas (*inputs*): recursos utilizados no fornecimento dos serviços (outputs);
- Saídas (*outputs*): serviços fornecidos ao exterior;
- Resultados (*outcomes*): impactos gerados na sociedade pelos resultados da entidade;
- Eficiência (*efficiency*): relação entre entradas e saídas, ou entradas e resultados;
- Eficácia (*effectiveness*): relação entre os resultados reais e os objetivos de desempenho.

Estes indicadores de desempenho podem ser: *(i)* medidas quantitativas (por exemplo, o número de unidades produzidas, o custo do serviço prestado, o tempo necessário para fornecer um serviço, uma meta para um resultado); *(ii)* medidas qualitativas (por exemplo, descritores como mau/bom/excelente); e/ou *(iii)* descrições da natureza e extensão da utilização de recursos no fornecimento de serviços, no alcance dos objetivos determinados pela entidade (descrições qualitativas).

A apresentação da informação de desempenho deve atender às características qualitativas do relato, adequando-se aos objetivos de desempenho; aos indicadores de desempenho; e aos custos totais dos serviços prestados. Importa, também, clarificar o relacionamento entre objetivos e realizações e indicar, quando existam, circunstâncias específicas ou restrições que tenham implicações no desempenho da entidade.

A informação divulgada deve ser relevante e direcionada aos seus utilizadores, de modo a que estes compreendam a base da informação de desempenho dos serviços prestados pela entidade e possam avaliar a eficiência e eficácia, bem como utilizar as informações para a responsabilização e tomada de decisão.

Neste contexto, e numa perspetiva de normalização, apresentam-se indicadores económico-financeiros e indicadores orçamentais, que poderão integrar o relatório de gestão, em complemento às demonstrações financeiras e orçamentais.

➢ Indicadores Económico-Financeiros

Dimensão	Indicador	Fórmulas de cálculo
Liquidez	Liquidez Geral	Ativo corrente (ou CP) / Passivo corrente (ou CP), sendo que: Ativo corrente = Inventários + Crédito de Curto Prazo + Disponibilidades
	Liquidez Reduzida	Ativo corrente – Inventários / Passivo corrente (ou CP)
	Liquidez Imediata	Disponibilidades (ou meios financeiros líquidos) / Passivo Corrente (ou CP)
Rentabilidade	Rentabilidade operacional do Volume de Negócios (ROVN)	Resultados operacionais (EBIT) / Volume de negócios * 100
	Taxa de Margem Bruta (TMB)	Margem Bruta / Volume de Negócios * 100, sendo que: Margem Bruta = Vendas – Custo das Mercadorias Vendidas e Matérias Consumidas
	Rentabilidade do Património Líquido (RPL)	Resultados Líquidos/Património Líquido * 100
	Rentabilidade Operacional do Ativo (ROA)	Resultados Operacionais (EBIT)/ Ativo*100
Atividade	Grau de Rotação do Ativo (GRA)	Volume de Negócios / Ativo
	Prazo Médio de Inventários (PMI)	Saldo Médio Inventários / Saldo Médio Custo das Vendas * 365
	Prazo Médio de Recebimentos (PMR)	Saldo Médio Clientes / Saldo Médio Volume de Negócios * 365
	Prazo Médio de Pagamentos (PMP)	Saldo Médio Fornecedores / Saldo Médio (Compras + FSE) * 365
	Prazo Médio de Pagamentos (PMP) – Programa Pagar a Tempo e Horas	Saldo Médio (Fornecedores + Fornecedores Imobilizado) / Saldo Médio (Compras + FSE + Aquisições de Imobilizado) * 365
Estrutura Financeira	Autonomia Financeira	Património Líquido / Ativo
	Solvabilidade	Património Líquido / Passivo
	Grau de cobertura dos gastos financeiros	Resultados Operacionais / Gastos Financeiros
	Endividamento	Passivo/Ativo

➢ Indicadores Orçamentais

Indicador	Fórmulas de cálculo
Grau de Execução Orçamental da receita (%)	Receita Cobrada Líquida/Previsões Corrigidas
Grau de Execução Orçamental da despesa (%)	Despesa Paga Líquida/Dotações Corrigidas
Indicador de estrutura da receita efetiva	Receita Cobrada Efetiva/Total da Receita Cobrada Efetiva
Indicador de estrutura da despesa efetiva	Despesa Paga Efetiva/Total Despesa Paga Efetiva
Saldo Corrente	Receita Corrente – Despesa de Capital
Saldo de Capital	Receita de Capital – Despesa de Capital
Saldo Primário	Receita Efetiva – Despesa Efetiva + Juros e Outros Encargos
Saldo Global	Receita Efetiva – Despesa Efetiva
Grau de Realização das Liquidações	Recebimentos/Liquidações
Grau de Execução das Obrigações	Pagamentos/Obrigações

Relativamente aos indicadores de economia, eficiência e eficácia, entendemos que a definição dos mesmos deverá ocorrer aquando da implementação do modelo de *performance budgeting and reporting* ("orçamentação por programas"), subjacente à nova LEO.

Na apresentação dos indicadores económico-financeiros e dos indicadores orçamentais devem ser considerados, nos quadros respetivos, em linha: os indicadores, em coluna: os campos a seguir indicados, com vista, quer a normalizar a apresentação desta informação, quer a permitir a análise comparativa entre o período de relado e o previsional e o período de relato e o ano anterior.

Campos a inserir por coluna
Tipo de indicador / Critério Financeiro
Indicador
Fórmula de cálculo
Ano (N-1)
Previsional
Ano (N)
Variação em relação ao ano (N-1)
Variação em relação ao previsional

5.7 O que é o Relatório Integrado (*Integrated Reporting* <IR>)?

No âmbito das administrações públicas, as demonstrações orçamentais e financeiras e respetivos anexos têm, atualmente, o papel principal na divulgação das contas públicas.

Mas, será que a informação relatada é compreensível por todas as partes interessadas? De facto, o modelo de prestação de contas utlizado pelas entidades públicas tem sido alvo de diversas críticas. Muitos veem complexidade nas demonstrações, não só pela forma como a informação é apresentada (numa forma que contraria as características qualitativas da informação a incluir no relato financeiro)[11], como também, pela volumosa documentação divulgada.

A par desta comunicação de indicadores orçamentais e económico-financeiros, importa, também, que as entidades divulguem a informação sobre a sua estratégia, governança, desempenho e perspetivas futuras (informação não financeira). Desta forma, proporcionam aos *stakeholders*, enquanto partes interessadas na informação, uma maior transparência dos acontecimentos passados e, simultaneamente, uma perceção de factos que poderão influenciar o futuro das entidades, designadamente, quanto à avaliação do risco e potencial criação de valor.

Nesse sentido, a metodologia a seguir descrita visa permitir que o relatório de gestão apresente uma imagem holística e integrada da organização.

O relato integrado (*Integrated Reporting* <IR>), é um processo que se expressa no relatório integrado. Trata-se de uma metodologia utilizada na divulgação de informações (financeiras e não financeiras) sobre a forma como a estratégia, a governança, o desempenho e as perspetivas futuras da entidade, no contexto da sua envolvente externa, levam à criação de valor a curto, médio e longo prazo. Sem prejuízo de abaixo melhor se descrever o conceito, deve aqui entender-se como "valor" a capacidade de a entidade ter um impacto positivo nos que são afetados pelas suas atividades.

A chave do relato integrado é o pensamento integrado. Consiste numa atenção permanente, por parte da entidade, aos relacionamentos entre as diversas unidades operacionais e funcionais, bem como aos capitais utilizados ou alocados às várias operações. O pensamento integrado leva à tomada de decisão integrada e a ações que levam em conta a criação de valor a curto, médio e longo prazo. Quanto mais enraizado estiver, este pensamento integrado, nas atividades da entidade, mais conectividade existirá na informação e melhor fluirá para o relatório integrado.

---

[11] Definidas na estrutura concetual da informação financeira, do SNC-AP.

➢ Quadro concetual

O relato integrado assenta no quadro concetual desenvolvido pelo International *Integrated Reporting Council* (IIRC)[12]. Esta estrutura identifica a informação a incluir no relatório integrado, com vista a permitir a avaliação da capacidade de criação de valor das entidades. Para o efeito, são estabelecidos, *(i)* os princípios básicos e *(ii)* os elementos de conteúdo, que orientam o conteúdo geral do relatório integrado e explicados *(iii)* os conceitos fundamentais que o sustentam.

Neste contexto, o quadro concetual fundamenta-se em princípios, procurando encontrar um equilíbrio adequado entre a flexibilidade e a normalização, face à diversidade de circunstâncias individuais das entidades e, simultaneamente, à comparabilidade entre as entidades, que importa garantir.

➢ Objetivos

- Melhorar a qualidade da informação disponível às partes interessadas, permitindo uma alocação de recursos (capital) mais eficiente e produtiva;
- Promover uma abordagem mais coesa e eficiente do relato, que comunique os diversos fatores que influenciam materialmente a capacidade da criação de valor ao longo do tempo;
- Melhorar a responsabilidade pela gestão de recursos (capitais) e fomentar o equilíbrio das suas interdependências;
- Apoiar o pensamento integrado na tomada de decisão e nas ações, com o foco na criação de valor a curto, médio e longo prazo.

➢ Conceitos fundamentais

Os conceitos fundamentais sustentam e reforçam as exigências e orientações definidos no quadro concetual. Constituem a componente mais crítica da base de implementação do modelo de relato integrado, sobretudo, no que respeita à *"criação de valor"* e aos *"capitais"*, a seguir mencionados:

- *Criação de valor*: Trata-se da identificação de como a entidade cria valor, através da utilização do seu modelo de negócio, desde a escolha dos elementos a utilizar, até aos resultados obtidos. O *"valor"* não é apenas criado pela entidade ou dentro dela, pode, também, ser influenciado pelo ambiente externo, criado por meio das relações com as partes interessadas e dependente de diversos recursos.

[12] O IIRC é composto por entidades reguladoras, investidores, empresas, entidades normalizadoras, contabilistas e ONG (Organização não Governamentais).

Por isto, o *"valor"* é criado para a própria entidade, mas também pode ser para as partes interessadas e para a sociedade em geral.

A criação de valor é, assim, o processo que resulta de acréscimos, decréscimos ou transformações dos elementos definidos como capitais (financeiro, bens de produção, intelectual, humano, social e de relacionamento e natural), decorrente da realização das atividades e produtos da entidade.

– *Os capitais*: o modelo de relato integrado assenta nos seis capitais, que a seguir se apresentam:
  - Financeiro: recursos que estão disponíveis para serem utilizados na produção de bens ou na prestação de serviços, sendo obtidos por meio de financiamentos (dívidas, ações ou subvenções), ou gerados por meio de investimentos.
  - Bens de produção: disponíveis para utilização na produção de bens ou prestação de serviços (prédios, equipamentos e infraestruturas).
  - Intelectual: bens intangíveis assentes no conhecimento – propriedade intelectual (patentes, direitos de autor, licenças de software) e *"capital organizacional"* (conhecimento tácito, sistemas, procedimentos e protocolos).
  - Humano: competências, habilidades, experiência das pessoas e a sua motivação para inovar, incluindo: o seu alinhamento e apoio à estrutura de governança, à gestão de riscos e aos valores éticos; a sua capacidade de entender, desenvolver e implementar a estratégia da entidade; e a lealdade e motivação para melhorar processos, bens e serviços, a capacidade de liderar, gerir e colaborar.
  - Social e de relacionamento: as instituições e os relacionamentos dentro e entre comunidades, grupos de partes interessadas e outras redes, bem como, a capacidade de partilhar informações para melhorar o bem-estar individual e coletivo.
  - Natural: todos os recursos ambientais renováveis e não renováveis e processos ambientais que fornecem bens ou serviços, que apoiam a prosperidade passada, presente e futura da entidade (água, terra, minerais, florestas, biodiversidade e a qualidade do ecossistema).

Nem todos os capitais são relevantes ou aplicáveis a todas as entidades. Embora, na maioria das entidades, exista inter-relacionamento com todos os capitais, estas interações podem ser relativamente insignificantes ou tão indiretas que não sejam suficientemente importantes para serem incluídas no relatório integrado.

O quadro concetual, por um lado, não exige a adoção destas categorias na preparação e apresentação do relatório integrado e, por outro lado, permite outra categorização dos capitais.

➢ Princípios básicos do relatório integrado

Os princípios básicos, que a seguir se apresentam, sustentam a preparação e apresentação do relatório integrado, dando estrutura e forma à informação relatada.

A aplicação dos princípios básicos, tanto na preparação como na apresentação do Relatório Integrado, pode ser feita de forma individual ou consolidada, devendo ser acautelada a coerência da informação.

Princípios Básicos	
Foco estratégico e orientação para o futuro	O relatório integrado deve descrever a visão estratégica da entidade, qual a sua capacidade para criar valor a curto, médio e longo prazo, bem como, a utilização e impactos sobre os capitais.
Conectividade da informação	O relatório integrado deve mostrar uma imagem holística da combinação, do inter-relacionamento e das dependências entre os fatores que afetam a capacidade da entidade de criar valor ao longo do tempo.
Relações com partes interessadas	O relatório integrado deve fornecer uma visão da natureza e da qualidade das relações que a entidade mantém com as suas principais partes interessadas, incluindo, como e até que ponto, a entidade entende, leva em conta e responde aos seus legítimos interesses e necessidades.
Materialidade	O relatório integrado deve divulgar informações sobre assuntos que afetam, de maneira significativa, a capacidade da entidade em criar valor a curto, médio e longo prazo.
Concisão	O relatório integrado deve ser conciso.
Confiabilidade e completude	O relatório integrado deve abranger todos os assuntos relevantes, tanto positivos quanto negativos, de maneira equilibrada e isento de erros materiais.
Coerência e comparabilidade	As informações o relatório integrado devem ser apresentadas: (i) em bases coerentes ao longo do tempo; e (ii) de forma a permitir uma comparação com outras entidades, na medida em que seja material para a capacidade da própria entidade de criar valor ao longo do tempo.

Fonte: Manual de Implementação da Unidade de Implementação da Lei de Enquadramento Orçamental (maio de 2018)

5.8 Suporte Tecnológico

As entidades públicas, na sua prestação de contas a entidades nacionais, europeias e internacionais, produzem diversos tipos de relatórios, de periodicidade distinta (anuais, semestrais, trimestrais, semanais ou diários). Estas informações são armazenadas em diferentes formatos de ficheiros, traduzidas ou mapeadas de um formato para outro formato e divulgadas por relatórios através de páginas na internet, aplicações informáticas ou relatórios em papel.

Numa perspetiva de melhoria contínua, importa que os documentos de prestação de contas das entidades públicas tenham o mesmo repositório de dados, podendo servir finalidades distintas.

A utilização de uma linguagem padronizada para representação, divulgação e análise de informações de contabilidade pública, com recurso à tecnologia XBRL (*eXtensible Business Reporting Language*), é uma opção que vai ao encontro das necessidades atuais.

Com a convergência das IPSAS, o desenvolvimento e escolha do XBRL, como padrão de divulgação e harmonização, permite a redução de custos na cadeia de divulgação das demonstrações financeiras, rapidez e facilidade de análise das informações.

A taxonomia, a desenvolver de acordo com as especificações que importa integrar, fornece um dicionário digital amplamente aplicável, permitindo uma comunicação padronizada por entidades públicas, substituindo uma variedade de formatos de relatórios usados atualmente.

Os documentos arquivados em XBRL podem ser lidas por máquinas. No entanto, a falta de um formato de apresentação torna difícil a leitura por pessoas. Num passo, ainda mais à frente, pode beneficiar-se duma versão avançada do XBRL, o XBRL Inline (iXBRL), que permite a criação de documentos (como por exemplo, uma demonstração financeira) com o *"look and feel"*, ou seja, à medida das necessidades do utilizador (mantendo-se apenas os conceitos identificados como obrigatórios). Os documentos iXBRL (página da web) podem ser convertidos automaticamente e de forma consistente num documento XBRL.

Assim, a utilização do iXBRL para além da criação de documentos com a informação organizada e formatada conforme as necessidades, permite a leitura de documentos em arquivo único, tanto por máquinas, como por pessoas.

➢ Principais características do XBRL

A linguagem XBRL[13] é um padrão internacional aberto e livre, pensado especificamente para relatórios digitais da área financeira e contabilística, com a sua génese na linguagem XML (*eXtensible Markup Language*).

A sua definição abarca dois eixos: *(i)* a especificação XBRL, relativamente à própria tecnologia e *(ii)* as taxonomias XBRL, isto é, códigos para um padrão de divulgação contabilística.

Também denominado *"código de barras para relatórios"*, o XBRL deixa de tratar a informação como blocos de texto, associando uma etiqueta ("tag"), de forma exclusiva, a cada elemento a reportar, com a definição dos termos usados para representar o conteúdo das demonstrações financeiras ou outro tipo informação de conformidade, risco, desempenho e negócio. O reporte digital da informação em formato XBRL permite a substituição dos relatórios em papel, XML, ficheiros PDF e HTML, por versões digitais mais úteis, mais eficazes e mais precisas, pois a informação passa a estar claramente definida, é independente da plataforma, é digital e verificável. Estas vantagens decorrem das características em que assenta o XBRL e que, seguidamente, se descrevem:

➢ Definições claras e concisas

O XBRL permite a criação de taxonomias, que compreendem a definição dos elementos de reporte individual e as relações entre esses elementos, quer seja na própria taxonomia, quer seja noutras taxonomias. Desta forma, as taxonomias permitem a identificação unívoca de conceitos financeiros, a relação entre eles e a sua agregação em agrupamentos lógicos ou para efeitos de apresentação. As taxonomias são desenvolvidas por entidades reguladoras, entidades responsáveis pelo estabelecimento de normas contabilísticas, entidades governamentais e outros grupos que definem claramente as informações a ser relatadas. O XBRL não limita o tipo de informação definido, tratando-se de uma linguagem que pode ser usada e ampliada conforme necessário.

➢ Regras de negócio testáveis

O XBRL permite a criação de regras de negócio que analisam e limitam o que pode ser reportado. As regras de negócio podem ser lógicas ou matemáticas, ou ambas.

---

[13] O XBRL é desenvolvido e gerido pelo *XBRL International*, apoiado por mais de 600 organizações membros, tanto do setor privado como do público. A implementação do XBRL tem vindo a crescer, sendo já utilizada em mais de 50 países.

A título de exemplo, podem ser criadas regras para impedir o envio de informações de baixa qualidade, a um regulador ou a terceiros; impedir a validação de relatórios de negócio com falhas em regras críticas, podendo ser devolvidos ao preparador para revisão; sinalizar ou destacar informações questionáveis, permitindo o acompanhamento, a correção ou a explicação; e criar proporções e outros tipos de informações de valor agregado, com base nos principais dados fornecidos.

➢ **Suporte multilingue**

O XBRL permite que as definições de conceitos sejam preparadas em várias línguas (tantas quantas as necessárias). Podem, também, ser adicionadas traduções de definições, por terceiros, significando que é possível a apresentação de relatórios em idiomas diferentes, sem nenhum trabalho adicional. A comunidade XBRL faz uso extensivo deste recurso, dispondo automaticamente de relatórios para diferentes tipos de utilizadores.

➢ **Suporte sustentável de *software***

O XBRL é suportado por uma ampla gama de aplicações informáticas, admitindo o seu constante desenvolvimento, o que facilita o interesse dos vários fornecedores e outros interessados, em trabalhar com o SBRL.

5.9 O Decreto-Lei n.º 85/2016, de 21 de dezembro

O Decreto-Lei n.º 155/92, de 28 de julho, alterado pelos Decretos -Leis n.ºs 275-A/93, de 9 de agosto, e 113/95, de 25 de maio, pela Lei n.º 10-B/96, de 23 de março, pelo Decreto-Lei n.º 190/96, de 9 de outubro, pela Lei n.º 55-B/2004, de 30 de dezembro, pelo Decreto-Lei n.º 29-A/2011, de 1 de março, e pela Lei n.º 83-C/2013, de 31 de dezembro, aprovou e definiu as normas legais de desenvolvimento do regime de administração financeira do Estado a que se refere a Lei n.º 8/90, de 20 de fevereiro, estabelecendo um regime jurídico e financeiro, em regra de autonomia administrativa, dos serviços e organismos da Administração Pública, desse modo concretizando, à época, a arquitetura legislativa da reforma orçamental e de contabilidade pública.

Pretende-se com o presente decreto-lei, que constitui a oitava alteração ao referido regime, aditar e modificar disposições várias, nomeadamente relativas às restituições ou reembolsos de importâncias de quaisquer receitas que tenham dado entrada nos cofres do Estado sem direito a essa arrecadação e às regras de reposição de dinheiros públicos, como as formas de reposição, a reposição em prestações, a prescrição, entre outras. Ao mesmo tempo e aproveitando o ensejo, o presente decreto-lei pretende, num esforço integrado de racionalização legislativa em temáticas que se intersectam em permanência na conceção da contabilidade pública como dimensão particular da chamada administração financeira do Estado no seu todo, introduzir as pertinentes alterações ao Decreto-Lei n.º 192/2015, de 11 de setembro.

O Decreto-Lei n.º 192/2015, de 11 de setembro, que aprovou o Sistema de Normalização Contabilística para as Administrações Públicas (SNC-AP), que revogou o Plano Oficial de Contabilidade Pública e os planos de contas setoriais, estabeleceu que o novo referencial contabilístico seria genericamente aplicável a partir do dia 1 de janeiro de 2017, isto sem prejuízo da respetiva aplicação às entidades piloto ao longo do ano de 2016.

Para que a entrada em vigor do SNC-AP ocorresse na data inicialmente prevista seria necessário assegurar previamente a verificação de um conjunto de condições técnicas, legais e institucionais. Sem prejuízo do trabalho já desenvolvido, nomeadamente através da preparação, pela Comissão de Normalização Contabilística (CNC), do manual de implementação do SNC-AP, do acompanhamento das entidades piloto em relação à adaptação dos sistemas de informação, do esclarecimento de questões contabilísticas e da formação de enquadramento, constata-se que as referidas condições não se encontram ainda integralmente verificadas, circunstância que aconselha o adiamento da entrada em vigor do SNC-AP, colocando por isso a necessidade de prorrogação da vigência do Decreto-Lei n.º 192/2015, de 11 de setembro.

Nesta medida, o presente decreto-lei procede igualmente à primeira alteração ao Decreto-Lei n.º 192/2015, de 11 de setembro, com vista a estabelecer o dia 1 de janeiro de 2018 como a data de produção de efeitos, aproveitando-se ainda para definir a obrigação de elaboração de uma estratégia de disseminação e implementação do SNC-AP no ano de 2017 por todas as entidades que integram as administrações públicas.

Foram ouvidos os órgãos de governo próprio das Regiões Autónomas, a Associação Nacional de Municípios Portugueses, a Associação Nacional de Freguesias, a Comissão de Normalização Contabilística, a Ordem dos Revisores Oficiais de Contas e a Ordem dos Contabilistas Certificados. Foi promovida a audição ao Instituto Nacional de Estatística, I. P., ao Banco de Portugal e ao Conselho Superior de Finanças Públicas.

Contudo, em novembro de 2017 o Tribunal de Contas concluiu que existia um risco de a Entidade Contabilística Estado (ECE), que estava a ser implementada, não estar em funcionamento para o exercício orçamental de 2019. O Tribunal examinou o processo de implementação, em curso, da Entidade Contabilística Estado (ECE), que foi criada pela Lei de Enquadramento Orçamental (LEO) e constituída pelo conjunto das operações contabilísticas da responsabilidade do Estado, cujo referencial é o Sistema de Normalização Contabilística para as Administrações Públicas (SNC-AP). O Tribunal afirmou que "*as recalendarizações do projeto, com a dilação dos prazos associados ao desenvolvimento de todas as atividades, traduziram-se no adiamento por 15 meses da conclusão do projeto-piloto da ECE previsto no âmbito do contrato com o Eurostat*", o gabinete de estatísticas da Europa.

A implementação piloto tem um âmbito mais restrito do que o definido para a ECE pela LEO "*ao excluir, por exemplo, as operações associadas à dívida pública, às receitas fiscais, ao património imobiliário do Estado e às parcerias público-privadas [PPP]*", explicou o Tribunal de Contas. Além disso, "*não está previsto um apropriado período experimental de todas as operações a reconhecer e a mensurar pela ECE, para definir os requisitos técnicos e institucionais necessários à efetiva e plena aplicação das disposições da LEO ao exercício orçamental de 2019*". Por outro lado, sublinhou o envolvimento das entidades que terão de prestar a informação necessária à ECE "*é diminuto, sobretudo nos casos da Autoridade Tributária e Aduaneira e da Unidade Técnica de Acompanhamento de Projetos*". E nesse sentido, o Tribunal de Contas recomendou a "*atribuição dos recursos necessários à plena implementação da ECE para o exercício orçamental de 2019*" e um "período experimental apropriado" para as entidades que tenham de prestar informação à ECE que inclua todas as operações a reconhecer e mensurar.

No documento, em que reporta os desenvolvimentos entre abril e outubro de 2017, o Tribunal recomendou que a Unidade de Implementação da Lei de Enquadramento Orçamental (UniLeo) "*assegure atempadamente a produção das propostas de revisão dos normativos legais, face ao seu impacto na definição da arquitetura do Estado*" e "*o desenvolvimento dos módulos críticos para a implementação do SNC-AP e cumprimento da LEO*".

Também é recomendado que sejam disponibilizados "*meios humanos e financeiros*", que seja nomeada a "entidade responsável pela preparação de contas consolidadas" e que seja ponderado "*alargar a outras entidades de pequena dimensão o regime especial de contabilista público previsto para as freguesias*".

Entre estes constrangimentos, o Tribunal destaca "*dificuldades na operacionalização do Gabinete de Gestão e Coordenação de Projetos da UniLEO e subdimensionamento das estruturas de apoio ao processo de transição*" e uma "*sensibilização insuficiente das entidades e respetivos dirigentes para uma abordagem integrada do processo de transição para o SNC-AP*".

Além disso, é também referido que "*não se encontram assegurados os procedimentos que conduzam à criação e funcionamento da Entidade Contabilística Estado, nem foram defi-*

nidos aspetos chave quanto à consolidação do Orçamento do Estado e da Conta Geral do Estado", que são *"essenciais para o cumprimento dos prazos previstos para a apresentação de demonstrações orçamentais e financeiras consolidadas de 2019"*.

6. Linhas Gerais do SNC-AP

Dando cumprimento às funções para que foi criada, a Comissão de Normalização Contabilística Pública (designada por CNCP)[14], definiu os seguintes objetivos do novo sistema contabilístico a aprovar superiormente:

1. Manter obrigatórios os 3 sistemas contabilísticos:
   - Contabilidade orçamental para registo do orçamento de receita e sua execução (liquidação e cobrança) e registo do orçamento de despesa e sua execução (cabimento, compromisso, obrigação e pagamento);
   - Contabilidade financeira (no POCP designado por contabilidade patrimonial), obtendo-se informação atual e variações dos ativos, dos passivos, do património líquido, dos fluxos de caixa, dos ganhos e dos rendimentos;
   - Contabilidade de gestão (no POCP, POC-Educação, POC-MS e POCISSS designada por contabilidade analítica; no POCAL designado por contabilidade de custos), da qual se obtém informação dos custos por atividades, por funções, bens ou serviços.
2. Manter a base de caixa modificada para a Contabilidade Orçamental, e a base do acréscimo para a Contabilidade Financeira e para a Contabilidade de Gestão;
3. Criar um regime geral, um regime simplificado e um regime para micro-entidades;
4. Obrigar a que todas as entidades públicas e equiparadas utilizem o novo sistema contabilístico;
5. Elaborar uma estrutura conceptual para a contabilidade financeira;
6. Aprovar Normas Contabilísticas e de Relato Orçamental e Financeiro (NCP), por temas, adaptando as Normas Internacionais de Contabilidade do setor público (NICSP; IPSAS na literatura inglesa);

---

[14] Ver http://www.cnc.min-financas.pt/

7. Elaborar uma norma específica para a contabilidade orçamental, que inclua os principais conceitos, objetivos e modelos de mapas orçamentais para informação periódica (NCP 26);
8. Elaborar uma norma específica para a contabilidade de gestão, que inclua os principais conceitos, objetivos e modelos de mapas para informação periódica dos custos e rendimentos;
9. Elaborar um Plano de Contas único e Multidimensional (conjugando o código de contas do SNC, o classificador económico e o CIBE[15]);
10. Elaborar novos Modelos de DOF (demonstrações orçamentais, demonstrações financeiras e Anexos);
11. Criar contas para todas as fases da despesa e da receita na classe 0;
12. Propor com a aprovação do SNC-AP a revogação dos planos de contas públicos POCP, POCAL, POC-Educação, POC-MS e POCISSS, bem como do CIBE e do Classificador Económico.

Ficou ainda estabelecido que as fontes para este novo sistema contabilístico seriam:

- Contabilidade financeira: nas IPSAS; nas eventuais orientações da União Europeia; no SNC; nos atuais planos de contabilidade pública (POCP e planos setoriais públicos);
- Contabilidade orçamental: deve basear-se no POCP e planos setoriais, mas também em alguns dos normativos do setor público;
- Contabilidade (de custos) de gestão: deve ter como fonte as recomendações da IFAC e dos planos de contas públicos, nomeadamente o POCAL e o POC-Educação.

---

15 Cadastro e Inventário dos Bens do Estado aprovado por Portaria n.º 671/2000, 17 de abril.

SISTEMA DE CONTABILIDADE PÚBLICA (SNC-AP):

Sistema de Contabilidade Pública (SNC-AP)		
Subsistema de Contabilidade Orçamental	**Subsistema da Contabilidade Financeira**	**Subsistema da Contabilidade de Gestão**
• NCP 26 (inclui requisitos para a consolidação orçamental)	• Estrutura conceptual (convergência com a EC do IPSASB)	• NCP 27
• Sem IPSAS de referência	• 25 Normas de contabilidade pública, baseadas nas IPSAS	• Sem IPSAS de referência
• Uma classe de contas próprias (classe 0) e classificadores orçamentais	• Plano de contas com as classificações das contas nacionais incorporadas	• A RPG 3 – *Reporting Service Performance Information* foi considerada
• Método digráfico		• Possibilidade de integração com o modelo de orçamentação por programas (sistema ABC)
• Contabilidade de contas a receber e a pagar (também registo e leitura compreensível de todas as fases da receita e despesa)		

Em resumo, o objetivo desta nova reforma foi Portugal adotar, com as devidas adaptações, as normas internacionais de contabilidade do setor público (IPSAS), nomeadamente no que se refere à Contabilidade Financeira, aproveitando-se para efetuar pequenas alterações ao sistema de contabilidade orçamental e ao sistema de contabilidade de custos.

No âmbito das competências que lhe foram atribuídas, foi elaborado pela CNC e aprovado pelo governo o Decreto-Lei n.º 192/2015, de 11 de setembro, que aprova o Sistema de Normalização Contabilística para as Administrações Públicas (SNC-AP).

O SNC-AP exige que a contabilidade se faça na base do acréscimo e compreende:

- Uma estrutura conceptual que estabelece os princípios basilares que estão subjacentes à construção das Normas de Contabilidade Pública (NCP);
- Um conjunto de 27 NCP específicas para determinadas transações e assuntos (incluindo uma norma relativa à Contabilidade e Relato Orçamental);
- Um Plano de contas detalhado que permite acomodar o relato orçamental, o relato financeiro e o relato estatístico; e
- Um conjunto de modelos harmonizados para apresentação de demonstrações financeiras e de relato orçamental (incluídos na NCP 1 – Estrutura e Conteúdo das Demonstrações Financeiras e NCP 26 – Contabilidade e Relato Orçamental, respetivamente).

Embora estes elementos do SNC-AP sejam de aplicação generalizada, tal aplicação poderá não ser apropriada na relação custo/benefício quando se trata de entidades de menor dimensão e baixo risco pelo que foi preparada uma norma simplificada específica para estas entidades que já foi submetida ao Governo para apreciação e aprovação.

Na figura seguinte apresentam-se as 27 normas agrupadas por conjuntos de matérias e podemos ver, por exemplo:

- Um grupo de normas relativas à forma e conteúdo de apresentação do relato financeiro, orçamental e de gestão;
- Um grupo de normas associadas a ativos não correntes, como os ativos tangíveis e intangíveis, as locações, as propriedades de investimento e as imparidades de ativos geradores de caixa;
- Um grupo relativo a outras transações que são comuns a qualquer entidade pública ou privada, como os inventários, os rendimentos com contraprestação (vendas, etc.), os instrumentos financeiros, as provisões e os benefícios dos empregados;
- Um grupo relativo à consolidação de entidades controladas, aos investimentos em associadas e outros investimentos; e
- Um grupo de matérias específicas do setor público como os ativos tangíveis e intangíveis que representam património histórico, bens do domínio público e infraestruturas, as concessões (na ótica do concedente), os rendimentos sem contraprestação (impostos, taxas, transferências, subsídios, etc.), e a imparidade de ativos não geradores de caixa;
- Embora as IPSAS tenham sido a principal fonte para o desenvolvimento das NCP, alguns dos requisitos daquelas normas foram simplificados o máximo possível, por exemplo, estreitando as opções possíveis de mensuração para uma única mensuração preferida e apresentando modelos de demonstrações financeiras e de relato orçamental para maximizar a harmonização dos procedimentos e facilitar a futura consolidação.

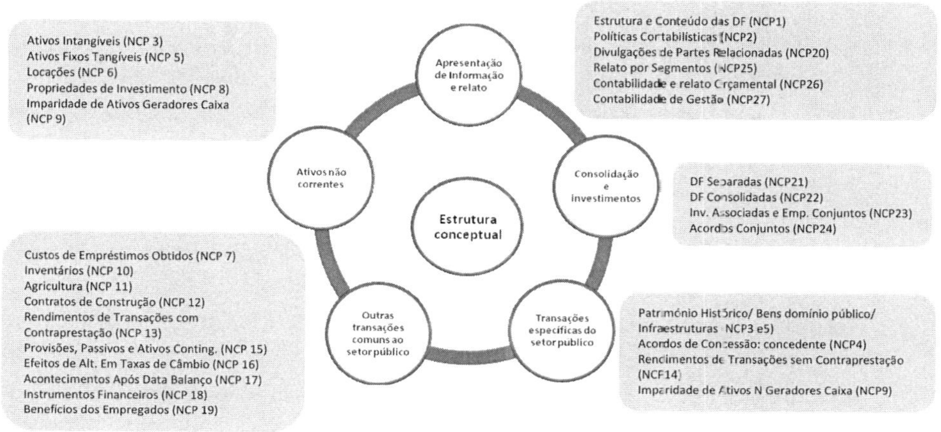

Fonte: Monteiro (2016)

6.1 Aplicação pela Primeira Vez (Regime Geral)

6.2 Subsistema da Contabilidade Financeira

O sistema de contabilidade patrimonial, no setor empresarial e no novo SNC-AP designada por contabilidade financeira, regista os factos ou ocorrências que alteram a estrutura do balanço ou da demonstração de resultados.

Do sistema de contabilidade analítica ou de custos, no novo SNC-AP designada por contabilidade de gestão, deve obter-se informações dos custos por funções, atividades ou serviços.

As entidades públicas sujeitas ao SNC-AP, mesmo aquelas que já dispõem de contabilidade patrimonial em regime de acréscimo, terão de preparar um balanço de abertura relativo ao primeiro exercício da sua aplicação de acordo com o novo normativo. Tal implica um conjunto de ajustamentos ao último balanço preparado de acordo com os anteriores normativos de contabilidade pública. Em relação às Empresas Públicas Reclassificadas (EPR) que transitam do SNC para o SNC-AP, estima-se os ajustamentos de transição não sejam significativos, dada a consistência destes dois modelos contabilísticos ao nível da contabilidade financeira.

A este respeito teremos de considerar o que consta no artigo 14.º do Decreto-Lei n.º 192/2015, de 11 de setembro[16], o qual teve em consideração a IPSAS 33 – Primeira Adoção das IPSAS[17] e a Norma Contabilística e de Relato Financeiro 3 do SNC.

Nesse sentido, o artigo 14.º acima referido indica, no n.º 1, que durante o ano de 2017 todas as entidades públicas devem assegurar as condições e tomar as decisões necessárias para a transição para o SNC-AP. Já o n.º 2 estabelece que as entidades públicas que adotam o SNC-AP pela primeira vez devem:

- ✓ Reconhecer todos os ativos e passivos cujo reconhecimento é exigido pelas Normas de Contabilidade Pública;
- ✓ Reconhecer itens como ativos apenas se os mesmos forem permitidos pelas Normas de Contabilidade Pública;
- ✓ Reclassificar itens que foram reconhecidos de acordo com o Plano Oficial de Contabilidade Pública, ou planos setoriais, numa categoria, mas de acordo com as Normas de Contabilidade Pública pertencem a outra categoria;
- ✓ Aplicar as Normas de Contabilidade Pública na mensuração de todos os ativos e passivos reconhecidos.

Para efeitos da aplicação pela primeira vez do SNC-AP, são relevantes as seguintes definições a considerar na data de transação:

Termo	Definição
Base de contabilidade anterior	É a base de contabilidade usada antes da adoção do SNC-AP. A mesma pode ser a base de caixa, a base do acréscimo ou uma versão modificada da base de caixa ou do acréscimo.
Balanço de abertura de acordo com o SNC-AP	É o balanço de uma entidade à data de transição para o SNC-AP.
Custo considerado	É a quantidade usada como um substituto do custo de aquisição ou do custo depreciado numa data determinada.
Data de transição para o SNC-AP	É a data de início do primeiro período para a qual a entidade apresenta as suas primeiras demonstrações financeiras de acordo com o SNC-AP.
Princípios Contabilísticos Geralmente Aceites (PCGA) anteriores	Correspondem à base de contabilidade que um adotante pela primeira vez utilizava imediatamente antes de adotar o SNC-AP.
Primeiras demonstrações financeiras de acordo com o SNC-AP	São as primeiras demonstrações financeiras anuais em que a entidade adotou o SNC-AP.

[16] Com a redação dada pelo Decreto-Lei n.º 85/2016, de 21 de dezembro.

[17] A IPSAS 33 pode ser consultada em: https://www.ifac.org/publications-resources/international-public-sector-accounting-standard-33.

As primeiras demonstrações financeiras de uma entidade preparadas de acordo com o SNC-AP devem incluir o ano anterior como informação comparativa sem necessidade de reexpresar a mesma de acoro com as NCP relevantes, utilizando os modelos abaixo apresentados.

As reconciliações relativamente à transição para o SNC-AP devem ser apresentadas num mapa com o seguinte modelo:

RECONCILIAÇÃO PARA O BALANÇO DE ABERTURA DE ACORDO COM O SNC-AP

RUBRICAS DO BALANÇO (1)	Valores conforme normativo anterior 31/12/N-1 (2)	Reconhecimento (3)	Desreconhecimento (4)	Critérios de mensuração (5)	Imparidades /reversões (6)	Outros (7)	Retificações (8)	Reclassificações (9)	SNC-AP 01/01/N (10)= (2)+...(9)
ATIVO									
ATIVO NÃO CORRENTE									
Ativos físicos tangíveis									
Propriedades de investimento									
Ativos intangíveis									
Ativos biológicos									
Investimentos financeiros									
Devedores por empréstimos bonificados e subsídios reembolsáveis									
Acionistas/ sócios/ associados									
Outro ativos financeiros									
Ativos não correntes detidos para venda									
Ativos por impostos diferidos									
Sub total									
ATIVO CORRENTE									
Inventários									
Ativos biológicos									
Devedores por transferências e subsídios não reembolsáveis									

Devedores por empréstimos bonificados e subsídios reembolsáveis obtidos									
Clientes, contribuintes e utentes									
Estado e outros entes públicos									
Acionistas/ sócios/ associados									
Outras contas a receber									
Diferimentos									
Ativos financeiros detidos para negociação									
Outros ativos financeiros									
Caixa e depósitos									
Sub total									
TOTAL DO ATIVO									
PATRIMÓNIO LÍQUIDO									
Património Capital									
Ações (quotas) próprias									
Ouros instrumentos de capital próprio									
Prémios de emissão									
Reservas									
Resultados transitados									
Ajustamentos em ativos financeiros									
Excedentes de revalorização									
Outras variações no património líquido									
Resultado líquido do período									
Dividendos antecipados									
Interesses que não controlam									

TOTAL DO PATRIMÓNIO LÍQUIDO									
PASSIVO									
PASSIVO NÃO CORRENTE									
Provisões									
Financiamentos obtidos									
Fornecedores de investimentos									
Responsabilidades por benefícios pós-emprego									
Passivos por impostos diferidos									
Outras contas a pagar									
Sub total									
PASSIVO CORRENTE									
Credores por transferências e subsídios não reembolsáveis concedidos									
Fornecedores									
Adiantamentos de clientes, contribuintes e utentes									
Estado e outros entes públicos									
Acionistas/sócios/associados									
Financiamentos obtidos									
Fornecedores de investimentos									
Outras contas a pagar									
Diferimentos									
Passivos financeiros detidos para negociação									
Outros passivos financeiros									
Sub total									
TOTAL DO PASSIVO									
TOTAL DO PAT. LÍQUIDO E DO PASSIVO									

As políticas contabilísticas que uma entidade usa no seu balanço de abertura de acordo com as NCP podem diferir daquelas que usou para a mesma data usando os seus PCGA anteriores. Os ajustamentos resultantes derivam de acontecimentos e transações anteriores à data de transição para as NCP. Nesse sentido, os ajustamentos decorrentes de transição para o SNC-AP devem ser reconhecidos em contas especificamente criada para o efeito, a "conta 564 – Ajustamentos de transição para o SNC-AP".

MODELO DE BALANÇO PARA A PRIMEIRA PRESTAÇÃO DE CONTAS EM SNC-AP

		SNC-AP	Normativo anterior
RUBRICAS	NOTAS	31/12/2018	31/12/2017
ATIVO			
Ativo não corrente			
Ativos fixos tangíveis			
Propriedades de investimento			
Ativos intangíveis			
Ativos biológicos			
Investimentos financeiros			
Devedores por empréstimos bonificados e subsídios reembolsáveis			
Acionistas/sócios/associados			
Outros ativos financeiros			
Ativos por impostos diferidos			
Ativo corrente			
Inventários			
Ativos biológicos			
Devedores por transferências e subsídios não reembolsáveis			
Devedores por empréstimos bonificados e subsídios reembolsáveis			
Clientes, contribuintes e utentes			
Estado e outros entes públicos			
Acionistas/sócios/associados			
Outras contas a receber			
Diferimentos			
Ativos financeiros detidos para negociação			
Outros ativos financeiros			
Ativos não correntes detidos para venda			
Caixa e depósitos			
Total do ativo			

PATRIMÓNIO LÍQUIDO			
Património/Capital			
Ações (quotas) próprias			
Ouros instrumentos de capital próprio			
Prémios de emissão			
Reservas			
Resultados transitados			
Ajustamentos em ativos financeiros			
Excedentes de revalorização			
Outras variações no património líquido			
Resultado líquido do período			
Dividendos antecipados			
Interesses que não controlam			
Total do Património Líquido			
PASSIVO			
Passivo não corrente			
Provisões			
Financiamentos obtidos			
Fornecedores de investimentos			
Responsabilidades por benefícios pós-emprego			
Passivos por impostos diferidos			
Outras contas a pagar			
Passivo corrente			
Credores por transferências e subsídios não reembolsáveis concedidos			
Fornecedores			
Adiantamentos de clientes, contribuintes e utentes			
Estado e outros entes públicos			
Acionistas/sócios/associados			
Financiamentos obtidos			
Fornecedores de investimentos			
Outras contas a pagar			
Diferimentos			
Passivos financeiros detidos para negociação			
Outros passivos financeiros			
Total do Passivo			
Total do Património Líquido e Passivo			

A demonstração de resultados relativa ao primeiro ano de adoção do SNC-AP e seguintes tem a seguinte estrutura.

MODELO DE DEMONSTRAÇÃO DOS RESULTADOS PARA A PRIMEIRA PRESTAÇÃO DE CONTAS EM SNC-AP

RENDIMENTOS E GASTOS	NOTAS	SNC-AP 31/12/2018	Normativo anterior 31/12/2017
Impostos, contribuições e taxas			
Vendas			
Prestações de serviços e concessões			
Transferências e subsídios correntes obtidos			
Variações nos inventários da produção			
Trabalhos para a própria entidade			
Custo das mercadorias vendidas e das matérias consumidas			
Fornecimentos e serviços externos			
Gastos com pessoal			
Transferências e subsídios concedidos			
Prestações sociais			
Imparidade de inventários (perdas/reversões)			
Provisões (perdas/reversões)			
Imparidade de investimentos não depreciáveis/amortizáveis (perdas/reversões)			
Aumentos/reduções de justo valor			
Outros rendimentos e ganhos			
Outros gastos e perdas			
Resultados antes de depreciação e gastos de financiamento			
Gastos/reversões de depreciação e amortização			
Imparidade de investimentos depreciáveis/amortizáveis (perdas/reversões)			
Resultado operacional (antes de gastos de financiamento)			
Juros e rendimentos similares obtidos			
Juros e gastos similares suportados			
Resultado antes de impostos			
Imposto sobre o rendimento			
Resultado líquido do período			
Resultado líquido do atribuível a:			
Detentores do capital da entidade-mãe			
Interesses que não controlam			

6.3 Subsistema da Contabilidade Orçamental

O sistema de contabilidade orçamental regista o orçamento inicial e a execução desse orçamento de despesa e de receita. Em Portugal, tal como na maioria dos países, o orçamento é uma previsão de pagamentos e de recebimentos (base de caixa), sem prejuízo de na sua execução registar ainda os compromissos (despesa) e as liquidações (receita).

O sistema de contabilidade orçamental mantém os mesmos objetivos do sistema de contabilidade orçamental do POCP e planos setoriais públicos, ou seja, informar diferentes utilizadores do orçamento da receita e da despesa, sua previsão, modificações, execução e saldos.

O sistema de contabilidade orçamental regista unicamente todas as operações de receita e de despesa que terminam com um recebimento ou pagamento, respetivamente. Assim, é um sistema contabilístico na base de caixa, sem prejuízo de obrigatoriedade de registos prévios ao pagamento (cabimento, compromisso e obrigação) e ao recebimento (liquidação)[18].

Outras características deste sistema são:

- Registo contabilístico de todas as fases da receita e da despesa em digrafia (cada operação tem um movimento a débito e um movimento a crédito em igual montante);
- Todos os registos contabilísticos das transações e outros acontecimentos orçamentais são efetuados na classe 0;
- Todas as contas identificam uma fase (por exemplo, a fase de Cabimento, registada na conta 025 – Cabimentos) e o classificador económico da despesa e da receita.

A principal diferença da contabilidade orçamental baseada no SNC-AP em relação ao sistema de contabilidade orçamental do POCP reside no facto de todas as fases da despesa e da receita passarem a ser registadas na classe 0, criando-se contas para o efeito. A conta prevista no POCP *"25 – Devedores e Credores para a Execução Orçamental"* foi eliminada e no SNC-AP é uma conta específica do subsistema de contabilidade financeira. A informação obtida da anterior conta *"251 – Devedores pela Execução do Orçamento"* passou para a conta *"017 – Recebimentos"* e a informação obtida da ante-

[18] Razão porque também se designa por Contabilidade de Caixa Modificada.

rior conta "*252 – Credores para a Execução do Orçamento*" passou para a conta "*028 – Pagamentos*". *Significa, por exemplo, que da contabilidade orçamental é obtida informação dos recebimentos e pagamentos por classificação económica, enquanto na contabilidade financeira os recebimentos/pagamentos são obtidos da "Classe 1 – Meios Financeiros Líquidos"*, por tipo de conta bancária ou de caixa.

No que à contabilidade orçamental diz respeito, com a publicação do SNC-AP, os conceitos e as contas a movimentar (classe 0) e os mapas de relato orçamental (mapa de prestação de contas) encontram-se definidos na NCP 26 – Contabilidade e Relato Orçamental. Esta norma segue a estrutura adotada nas normas internacionais que estabelece nos primeiros pontos o objetivo, âmbito e definições da norma, encontrando-se estruturada com os seguintes temas e pontos:

- Ciclo orçamental;
- Classificadores orçamentais;
- Reconhecimento e mensuração;
- Consolidação;
- Plano de contas da contabilidade orçamental;
- Finalidade das demonstrações orçamentais;
- Responsabilidade pelas demonstrações orçamentais;
- Componentes das demonstrações orçamentais;
- Anexo às demonstrações orçamentais.

O objetivo da NCP 26, segundo o §1, consiste em "*regular a contabilidade orçamental, estabelecendo os conceitos, regras e modelos de demonstrações orçamentais de finalidades gerais (individuais, separadas e consolidadas), componentes principais do relato orçamental de uma entidade pública ou de um perímetro de consolidação, de forma a assegurar a comparabilidade, quer com as respetivas demonstrações de períodos anteriores, quer com as de outras entidades*".

De forma a preparar a abertura da contabilidade orçamental de acordo com a NCP 26 – Contabilidade e Relato Orçamental. Serão distinguidos procedimentos relativos à receita, despesa e operações de tesouraria.

Ao nível da contabilidade orçamental mostra-se então necessário efetuar os registos iniciais na Classe 0 relativos a:

- ➢ Liquidações transitadas de períodos anteriores;
- ➢ Receita de períodos futuros;
- ➢ Compromissos a transitar;
- ➢ Obrigações a transitar;

- Despesa de períodos futuros, e
- Retenções.

A NCP 26, no seu §2, refere que a presente Norma *"aplica-se a todas as entidades sujeitas ao SNC-AP, devendo o relato consubstanciar-se nas demonstrações orçamentais que se destinam a satisfazer as necessidades de utilizadores que não estejam em posição de exigir relatórios elaborados para ir ao encontro das suas necessidades particulares de informação. Os utilizadores dessas demonstrações orçamentais de finalidades gerais incluem cidadãos em geral, membros do Parlamento e do governo nos seus diferentes níveis, financiadores, fornecedores, órgãos de comunicação social e trabalhadores. Tais demonstrações incluem as que são apresentadas separadamente ou em conjunto com outro documento público"*.

Esta norma aplica-se às entidades de regime geral, regime simplificado e micro-entidades.

6.4 Regime Simplificado

6.4.1 Introdução

O SNC-AP foi desenvolvido tendo presente que o universo das administrações públicas engloba entidades da mais variada natureza e dimensão e com atividades e transações das mais simples às mais complexas podendo, assim, ser aplicado por todas elas independentemente de qualquer um destes fatores distintivos.

Justifica-se, porém, que a algumas entidades possa ser permitido fazer uma aplicação simplificada dos sistemas desde que essa simplificação esteja assente nos mesmos princípios, conceitos e critérios para permitir consistência e comparabilidade entre as diversas instituições e facilitar a consolidação quando apropriado.

Foi nesta base que foi elaborado o Regime Simplificado do SNC-AP (doravante apenas Regime Simplificado), já previsto no artigo 5.º do Decreto-Lei n.º 192/2015, de 11 de setembro, e aprovado pela Portaria n.º 218/2016, de 9 de agosto.

O Regime Simplificado é uma opção que é concedida a dois tipos de entidades de menor dimensão e risco orçamental definidas nos artigos 3.º (Pequenas Entidades) e 4.º (Microentidades) da acima citada Portaria:

Pequenas Entidades	Microentidades
Entidades que durante dois exercícios anuais consecutivos apresentem um total de despesa orçamental paga **superior a 1 milhão de euros e inferior ou igual a 5 milhões de euros**.	Entidades que durante dois exercícios anuais consecutivos apresentem um total de despesa orçamental **inferior ou igual a 1 milhão de euros**.

Os artigos 5.º e 6.º da Portaria também estabelece quais os elementos do SNC-AP a que estas entidades estão sujeitas como se resume no quadro seguinte:

Pequenas Entidades	Microentidades
As pequenas entidades aplicam: • Uma única norma de contabilidade financeira – a NCP-PE; • A NCP 26 do SNC-AP – Contabilidade e Relato Orçamental; • A NCP 27 do SNC-AP – Contabilidade de Gestão; • O Plano de Contas Multidimensional (PCM).	As pequenas entidades aplicam: • A NCP 26 do SNC-AP – Contabilidade e Relato Orçamental E fazem a divulgação do inventário do seu património.

Quer isto dizer que as Microentidades que apliquem o Regime Simplificado não são obrigadas a manter contabilidade financeira, devendo apenas aplicar a Norma relativa à contabilidade orçamental nos termos previstos na NCP 26. Para isso, devem cumprir os requisitos que constam dessa Norma tal como qualquer outra entidade pública.

6.4.2 Estrutura e conteúdo da Norma de Contabilidade Pública para Pequenas Entidades (NCP-PE)

Esta Norma utiliza os mesmos princípios e requisitos básicos das NCP do SNC-AP concentrando-os numa única Norma de leitura e aplicação mais simples. Por exemplo, relativamente a uma entidade que aplique o regime geral, é reduzida substancialmente a quantidade de divulgações que estão previstas na NCP 1, é privilegiada a mensuração ao custo e reduzidas as opções de utilização do justo valor, e as opções de depreciação e amortização são limitadas a um método, entre outras matérias.

Para além disso, não foram incluídas todas as NCP que constam do regime geral, por exemplo, a NCP 4 (Concessões de Serviços), a NCP 12 (Contratos de construção) e as NCP 21 a 24 relativas a interesses e investimentos financeiros e consolidação.

Por isso, é possível que uma Pequena Entidade se confronte com lacunas quando aplica a NCP-PE numa situação em concreto. O artigo 9.º da Portaria n.º 218/2016 que aprova o Regime Simplificado prevê que quando a NCP-PE não contemplar resposta a um tratamento contabilístico de determinada transação ou acontecimento, atividade ou circunstância, a entidade deve socorrer-se:

- Primeiro às Normas de Contabilidade Pública (NCP) que integram o regime geral do SNC-AP; e
- Depois às Normas de Contabilidade e Relato Financeiro (NCRF) que integram o SNC empresarial.

6.4.3 Modelos de Relato

Para efeitos de relato orçamental qualquer entidade, seja do regime geral, seja do regime simplificado, deve utilizar os modelos de demonstrações orçamentais constantes da parte final da NCP 26 – Contabilidade e Relato Orçamental.

Estes modelos fazem parte do conjunto completo de demonstrações orçamentais previsto no §46 da NCP 26, que compreende:

a) Para as entidades obrigadas a apresentar demonstrações orçamentais individuais:
   - Demonstrações previsionais:
     - O orçamento, enquadrado num plano orçamental plurianual
     - O plano plurianual de investimentos

   - Demonstrações de relato:
     - Demonstração do desempenho orçamental
     - Demonstração de execução orçamental da receita
     - Demonstração de execução orçamental da despesa
     - Demonstração da execução do Plano Plurianual de Investimento
     - Anexo às demonstrações orçamentais

b) Para as entidades obrigadas a apresentar demonstrações orçamentais consolidadas, para além das anteriores:
   - Demonstrações orçamentais consolidadas:
     - Demonstração consolidada do desempenho orçamental
     - Demonstração consolidada de direitos e obrigações por natureza

Para efeitos de relato financeiro as Pequenas Entidades que apliquem o Regime Simplificado, devem utilizar os modelos de demonstrações financeiras constantes da parte final da NCP-PE.

Estes modelos fazem parte do conjunto completo de demonstrações financeiras previsto no §14 da NCP-PE, que compreende:

- Balanço
- Demonstração dos resultados por natureza
- Demonstração de fluxos de caixa
- Demonstração das alterações no património líquido
- Anexos às demonstrações financeiras

6.5 Normas de Contabilidade Pública

6.5.1 Introdução

O SNC-AP integra uma estrutura conceptual da informação financeira pública, as normas de contabilidade públicas e o plano de contas multidimensional, conforme a seguir se detalha:

Normas Contabilísticas e de Relato Financeiro do Setor Público	
Estrutura Conceptual	
NCP 1	Estrutura e Conteúdo das Demonstrações Financeiras
NCP 2	Políticas Contabilísticas, Alterações em Estimativas Contabilísticas e Erros
NCP 3	Ativos Intangíveis
NCP 4	Acordos de Concessão de Serviços: Concedente
NCP 5	Ativos Fixos Tangíveis
NCP 6	Locações
NCP 7	Custo de Empréstimos Obtidos
NCP 8	Propriedades de Investimento
NCP 9	Imparidades de Ativos
NCP 10	Inventários

Normas Contabilísticas e de Relato Financeiro do Setor Público	
NCP 11	Agricultura
NCP 12	Contratos de Construção
NCP 13	Rendimento de Transações com Contraprestação
NCP 14	Rendimento de Transações sem Contraprestação
NCP 15	Provisões, Passivos Contingentes e Ativos Contingentes
NCP 16	Efeitos de Alterações em Taxas de Câmbio
NCP 17	Acontecimentos após a data de Relato
NCP 18	Instrumentos Financeiros
NCP 19	Benefícios dos Empregados
NCP 20	Divulgações de Partes Relacionadas
NCP 21	Demonstrações Financeiras Separadas
NCP 22	Demonstrações Financeiras Consolidadas
NCP 23	Investimentos em Associadas e Empreendimentos Conjuntos
NCP 24	Acordos conjuntos
NCP 25	Relato por segmentos
NCP PE	Norma de Contabilidade Pública – Pequenas Entidades
Normas Contabilísticas e de Relato Orçamental	
NCP 26	Contabilidade e relato orçamental
Normas Contabilísticas para o sistema de contabilidade de custos e de gestão	
NCP 27	Contabilidade de Gestão

Plano de Contas Multidimensional

- Quadro síntese de contas das Classes 1 a 8 lista codificada de contas (Código de Contas) das Classes 1 a 8;
- Quadro de correspondência entre as rubricas orçamentais e as contas do PCM;
- Quadro de correspondência entre as contas do PCM e as principais contas do SEC;
- Classificador de entidades (Classificador complementar 1);
- Classificador dos ativos fixos e respetivas vidas úteis (classificador complementar 2).

O SNC-AP é constituído pelos subsistemas de contabilidade orçamental, de contabilidade financeira e de contabilidade de gestão recorrendo-se, para o efeito, da aplicação das normas de contabilidade pública referidas.

6.6 Notas para Preparação do Anexo às Demonstrações Financeiras

As divulgações a fazer no Anexo devem ser claras, objetivas e concisas. Informação pouco clara, não objetiva ou imprecisa e em excesso pode comprometer uma das características fundamentais da informação financeira que é a compreensibilidade.

As divulgações devem ser feitas em função da materialidade das quantias envolvidas e da importância dos assuntos a relatar.

As Notas para a preparação do Anexo às Demonstrações Financeiras são 20 e apresentam-se sucintamente na tabela que se segue:

Notas para preparação do Anexo às Demonstrações Financeiras	
Nota 1	**Identificação da entidade, período de relato e referencial contabilístico** Requer divulgação de informação que permita a identificação da entidade. Esta informação pode ser complementada por outra como a que a seguir se exemplifica, desde que não conste já de outros documentos publicados em conjunto com as demonstrações financeiras (por exemplo, no relatório de gestão ou relatório equivalente): Estrutura organizacional, nomeadamente anexando o organograma, com as principais unidades orgânicas; Recursos humanos; Órgãos de gestão, órgãos de fiscalização, órgãos consultivos e outros.
Nota 2	**Principais políticas contabilísticas, alterações nas estimativas contabilísticas e erros** Todas as divulgações sobre políticas contabilísticas devem estar concentradas nesta Nota 2 independentemente de a exigência de divulgação estar referida em outras notas. Relativamente às bases de mensuração utilizadas na preparação das demonstrações financeiras, a entidade deve indicar, para cada rubrica significativa de ativos e passivos, a base e mensuração inicial e subsequente utilizada, por exemplo, o custo de aquisição, o justo valor, o custo amortizado, o custo de reposição, etc.
Nota 3	**Ativos Intangíveis** Relativamente aos métodos de amortização utilizados, a entidade deverá justificar, quando for o caso, o porquê da utilização de métodos de amortização diferentes do da linha reta.
Nota 4	**Acordos de concessão de serviços: concedente** Os acordos de concessão de serviços são regulados pela legislação relativa às concessões, nomeadamente pelo Decreto-Lei n.º 111/2012, de 23 de maio, que define as normas gerais aplicáveis à intervenção do Estado na definição, concessão, preparação, lançamento, adjudicação, alteração, fiscalização e acompanhamento global das parcerias público-privadas (art.º 1.º, a)).

Notas para preparação do Anexo às Demonstrações Financeiras	
Nota 5	**Ativos Fixos Tangíveis** Relativamente aos requisitos de divulgação a entidade deve indicar para cada classe de ativos fixos tangíveis, o critério de mensuração usado, nomeadamente no reconhecimento inicial. De acordo com os §18 a 2 da NCP 5, esse critério será fundamentalmente o custo (aquisição ou construção). Quando não se conhece o custo (designadamente em transações sem contraprestação), são admitidos o Valor Patrimonial Tributário para os imóveis e o valor de mercado para os restantes ativos, este último também em conformidade com a Estrutura Conceptual do SNC-AP.
Nota 6	**Locações** Nos casos em que, por aplicação dos requisitos previstos na NCP 6, o contrato de locação seja classificado como <u>locação financeira</u> ou <u>locação operacional</u> e a entidade pública esteja na condição de locatário, a entidade deve divulgar a informação constante e exigida nos quadros anexos respetivos e de acordo com a natureza da locação.
Nota 7	**Custo de empréstimos obtidos** A entidade deve divulgar informação sobre todos os empréstimos obtidos, preenchendo o quadro 7.1 que consta desta Nota 7. O quadro 7.1 está preparado para o caso de empréstimos bancários. Caso a entidade tenha outro tipo de empréstimos, por exemplo, empréstimos do Estado, empréstimos por obrigações ou outros, deve preparar quadros equivalentes para esses tipos de empréstimos. O quadro deve ser segregado entre empréstimos de curto prazo e empréstimos de médio e longo prazo. Deve ser criada uma linha para cada empréstimo relevante, sendo os restantes englobados numa linha de "Outros".
Nota 8	**Propriedades de Investimento** A entidade deve divulgar e preencher os quadros respetivos consoante as propriedades de investimento estejam mensuradas de acordo com o <u>modelo do justo valor</u> ou o <u>modelo do custo</u>.
Nota 9	**Imparidades de Ativos** Grande parte das informações quantitativas relativas à imparidade de ativos previstas na Nota 5 do Anexo já está divulgada nos quadros apresentados na Nota 3 (ativos intangíveis) e/ou na Nota 5 (ativos fixos tangíveis). Assim, na Nota 9 deve ser divulgada outra informação que não conste já dessas outras notas, por exemplo: Os critérios desenvolvidos para distinguir ativos não geradores de caixa e ativos geradores de caixa; os acontecimentos e circunstâncias que conduziram ao reconhecimento de peras por imparidades e de reversões de perdas por imparidade, isto é, os indícios de imparidade; os principais pressupostos e modelos usados para determinar a quantia recuperável dos ativos.
Nota 10	**Inventários** Devem ser divulgadas as informações relativamente às quantias brutas dos inventários, imparidades acumuladas e a quantia recuperável dos mesmos, bem como os movimentos efetuados no período. Entenda-se por inventários: mercadorias, matérias-primas, subsidiárias e de consumo, produtos acabados e intermédios, subprodutos, desperdícios, resíduos e refugos e produtos e trabalhos em curso.

Notas para preparação do Anexo às Demonstrações Financeiras	
Nota 11	**Agricultura** A entidade deve divulgar os métodos e pressupostos relevantes que utilizou para determinação do justo valor. Se a entidade, por razões que explicará, não mensurar os ativos biológicos ao justo valor mas ao custo, deve indicar o valor das "Perdas por Imparidade" e divulgar, bem como as reversões de perdas por imparidade ocorridas no período. Deve ainda divulgar os principais acontecimentos e circunstâncias que conduziram ao reconhecimento das perdas por imparidades e à reversão de perdas por imparidade.
Nota 12	**Contratos de construção** Deve ser preenchida a tabela prevista nesta Nota 12 e descrever sucintamente os contratos mais significativos, os métodos usados para determinar o rendimento do contrato reconhecido no período e deve ser descrito os métodos usados para determinar a fase de acabamento dos contratos em curso. Para apuramento do rendimento e gastos o contrato, é de todo conveniente que seja utilizada a contabilidade de gestão, conforme descrito na NCP 27 – Contabilidade de Gestão.
Nota 13	**Rendimento de Transações com Contraprestação** As entidades públicas obtêm rendimentos de transações com contraprestação ou sem contraprestação. Nesta Nota 13 devem ser descritos as origens dos rendimentos provenientes de transações com contraprestação.
Nota 14	**Rendimentos de transações sem contraprestação** Deve proporcionar informação sobre o tipo de rendimentos derivados de impostos, nomeadamente deve ser detalhado por impostos relevantes. Deve ser divulgado para as principais classes de rendimentos o justo valor dos recursos que fluíram para a entidade. Descrever se existem ativos reconhecidos que estão sujeitos a restrições e a natureza dessas restrições (por exemplo, transferências ou subsídios com condições).
Nota 15	**Provisões, passivos contingentes e ativos contingentes** Deve ser preenchido o quadro respeitante a esta Nota 15 e em complemento deve ser feita uma breve descrição da natureza da obrigação e o momento esperado de quaisquer exfluxos de benefícios económicos esperados ou de potencial de serviço.
Nota 16	**Efeitos de alterações em taxas de câmbio** Uma entidade que efetue transações ou detenha ativos e/ou passivos em moeda estrangeira significativos deve, para além das quantias já divulgadas nas demonstrações financeiras divulgar outras informações, como por exemplo: Taxas de câmbio utilizadas e, se relevante, deve detalhar as diferenças de câmbio incluídas em rendimentos e gastos.
Nota 17	**Acontecimentos após a data de relato** Uma entidade deve divulgar a data em que as demonstrações financeiras foram autorizadas para emissão e quem deu essa autorização. Essa data pode ser divulgada logo na parte inicial do Anexo. Contudo, se uma entidade receber informações após a data de relato, mas antes das demonstrações financeiras serem autorizadas para emissão, a entidade deve atualizar as divulgações que se relacionam com essas condições, à luz das novas informações.

Notas para preparação do Anexo às Demonstrações Financeiras	
Nota 18	**Instrumentos Financeiros** A NCP 18 contém orientações para reconhecimento e mensuração de todos os ativos e passivos financeiros dos quais os instrumentos financeiros são uma parte. Neste sentido, as respetivas divulgações atendem a esta consideração.
Nota 19	**Benefícios dos empregados** Quando uma entidade tiver responsabilidades pós-emprego na forma de planos de benefícios definidos deve começar por fazer uma descrição geral do tipo de plano (planos de benefício definidos). Em relação aos planos de contribuição definidos se não estiver divulgado em outra nota apropriada, a entidade deve divulgar as informações exigidas e onde se evidenciem os gastos relativos a contribuições para planos de contribuição definida e que estão incluídos nos gastos totais do período relativos a pessoal.
Nota 20	**Divulgações de partes relacionadas** Deve ser preenchido algumas tabelas anexas sobre a listagem de entidades controladas e transações entre partes relacionadas.

As notas anteriormente descritas estão direcionadas fundamentalmente para as entidades abrangidas pelo Regime Geral do SNC-AP. Contudo, as pequenas entidades do Regime Simplificado podem utilizar os modelos de quadros apresentados e indicados pelas 20 notas ao Anexo às Demonstrações Financeiras quando for necessário divulgar qualquer das matérias referidas na Estrutura do Anexo constante dos §§ 23 a 26 da NCP-PE.

6.7 O impacto esperado do SNC-AP na *Accountability* Pública

A reforma da Contabilidade Pública e Contas Públicas tem como principais objetivos:

- Aumentar o âmbito dos indicadores de finanças públicas;
- Transparência das Finanças Públicas;
- Melhorar a Gestão Pública;
- Atingir elevados níveis de "accountability";
- Respeitar e utilizar uma contabilidade de acréscimos como a base para as contas nacionais.

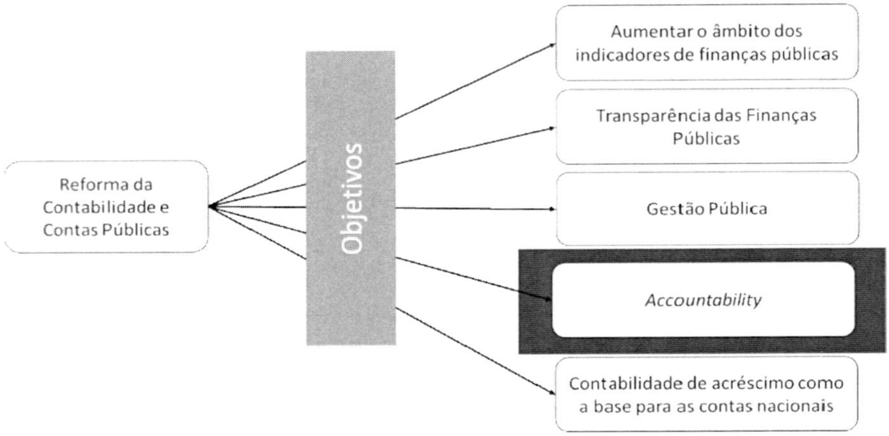

Fonte: Manual de Implementação do Sistema de Normalização Contabilística para as Administrações Públicas, Versão 2

6.7.1 O QUE É A *ACCOUNTABILITY* PÚBLICA?

É uma relação entre uma entidade que presta contas (*accountor*) e uma outra entidade que analisa as contas prestadas (*accountee*) que decorre num fórum público no qual a entidade que presta contas tem a obrigação de explicar e justificar a sua conduta e a entidade que recebe a prestação de contas pode colocar questões e efetuar um juízo, podendo a entidade que presta contas sofrer consequências (Bovens, 2007; Willems and Van Dooren, 2011).

Não existe uma verdadeira democracia se aqueles que atuam em nome e por conta dos cidadãos (políticos, gestores públicos) não puderem ser chamados aos diversos fóruns de *accountability* para publicamente se pronunciarem sobre os seus atos e omissões, políticas adotadas e recursos públicos utilizados (Bovens, 2005).

O FÓRUM DA RELAÇÃO DE *ACCOUNTABILITY*

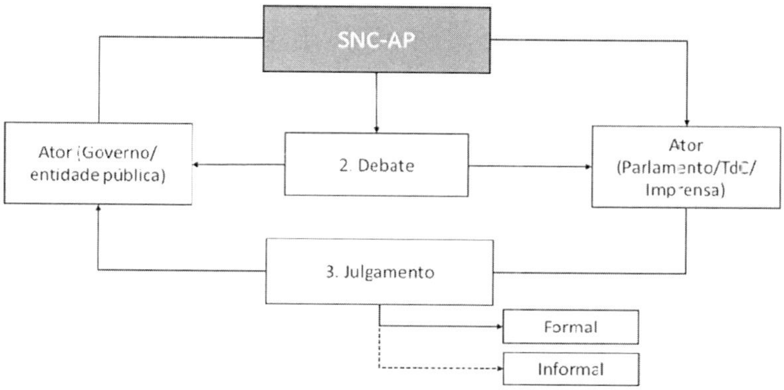

Fonte: Bovens (2007); Willems and Van Dooren, 2011

As novas dimensões da *Accountability* e o SNC-AP correspondem a três dimensões fundamentais:

- Dimensão Orçamental:
  Corresponde a controlar as dotações orçamentais aprovadas pelos órgãos legislativos competentes e diz respeito à Contabilidade e Relato Orçamental.

- Dimensão Económico-Financeira:
  Corresponde à transparência da posição financeira, do desempenho económico-financeiro e fiabilidade das contas nacionais e diz respeito à Contabilidade e Relato Financeiro.

- Dimensão Políticas Públicas:
  Corresponde à mensuração dos custos e avaliação dos resultados das políticas públicas e diz respeito à Contabilidade e Relato de Gestão.

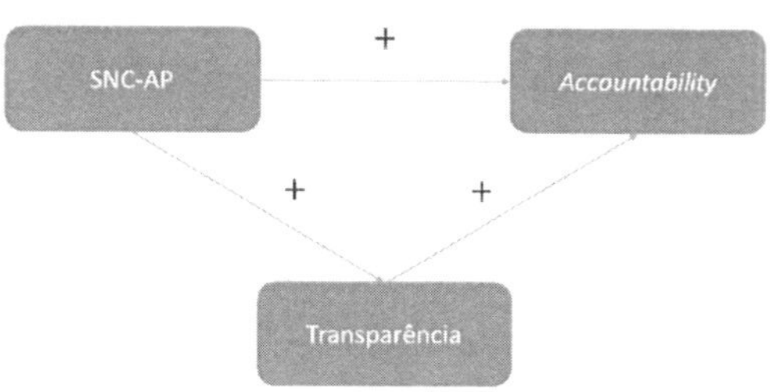

Tal como já foi referido anteriormente, as bases legais para a reforma da Contabilidade e Contas Públicas são:

- A Nova LEO (Lei n.º 151/2015, de 11/09 e Lei n.º 37/2018, de 7/08), que se caracteriza por:
  - Criação da Entidade Contabilística Estado;
  - Demonstrações financeiras previsionais;
  - Subsistemas contabilísticos;
  - Custos e resultados das políticas públicas;
  - Relato intercalar;
  - Consolidação de contas;
  - Imagem verdadeira e apropriada;
  - Transparência;
  - Certificação da Conta Geral do Estado (CGE).

- O SNC-AP (Decreto-Lei n.º 192/2015, de 11/09 e Decreto-Lei n.º 85/2016, de 21/12), que se caracteriza por:
  - Um único referencial contabilístico;
  - Substância económica sobre a forma jurídica;
  - Estrutura conceptual;
  - Convergência com as IPSAS;
  - Modelos de demonstrações orçamentais;
  - Modelos de demonstrações financeiras;
  - Plano de Contas Multidimensional (alinhamento com o Sistema Europeu de Contas Nacionais e Regionais, SEC 2010).

Resumindo, as principais características deste novo paradigma da Contabilidade e Contas Públicas são:

- Plano de contas central (instrumento de normalização para o processo de consolidação e emissão do relato consolidado);
- Recolha de informação orçamental e económico-financeira através de integração direta de ficheiros XML exportados a partir dos softwares contabilísticos locais (processo independente face à tecnologia usada pelo sistema local);
- Portal para a integração de informação contabilística;
- *Webservices*;
- Mais de 200 regras de validação (qualidade da informação contabilística);
- Requisitos funcionais e técnicos que as *software houses* devem acomodar nas soluções informáticas de suporte ao SNC-AP.

6.7.2 Entidade Contabilística Estado (ECE)

A Entidade Contabilística Estado (ECE), passará a executar uma contabilidade orçamental (Contabilidade e Relato Orçamental), pois terá um orçamento que será objeto de execução, e uma contabilidade financeira (Contabilidade e Relato Financeiro), reconhecendo as transações e outros eventos nos termos do SNC-AP, bem como prestará contas, nos termos do artigo 65.º da LEO.

A falta da definição do Estado como entidade contabilística conduz a que ativos, passivos, rendimentos e gastos com elevada materialidade não sejam registados em qualquer diário de partidas dobradas, o que impossibilita a obtenção de uma imagem verdadeira e apropriada das Finanças Públicas de acordo com os princípios contabilísticos geralmente aceites (só são objeto de registo em unigrafia e na base de caixa). Pelo que se tornou necessário criar no sistema contabilístico uma entidade que reconheça as transações e outros eventos que se reportem ao Estado Português como entidade soberana, tais como os rendimentos fiscais, a dívida direta, as Parcerias Público Privadas (PPP), a tesouraria do Estado, as participações financeiras e o património mobiliário e imobiliário do Estado.

Neste sentido, o SNC-AP contempla requisitos para o reconhecimento em base de acréscimo destas operações.

A Entidade Contabilística do Estado (ECE) como entidade de relato:

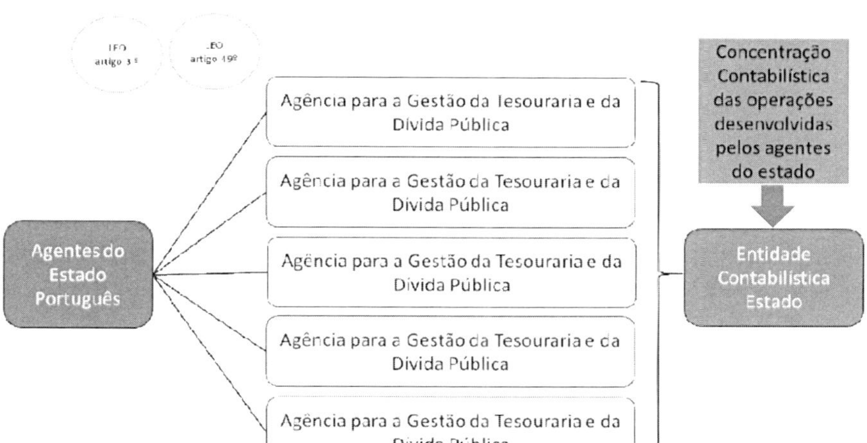

Fonte: Manual de Implementação do Sistema de Normalização Contabilística para as Administrações Públicas, Versão 2

7. Conclusões

A Nova LEO e o SNC-AP representam uma mudança no modelo de gestão das Finanças Públicas. Os impactos institucionais desta reforma não podem ser descurados.

Novas competências terão de ser adquiridas para todas as fases do ciclo de gestão financeira pública. O envolvimento de todas as entidades públicas constitui um fator crítico de sucesso.

Atualmente, dada a existência dos vários planos de contas setoriais, impossibilitando a consistência técnica, e consequentemente levando à falta de eficiência nas contas públicas nacionais, faltando uma perspetiva estratégica em termos de relato orçamental e financeiro. Adicionalmente, os decisores políticos tomam decisões, na maioria das vezes, com base em informação que não espelha uma imagem fiel da realidade ou intempestiva, assentando sobretudo na ótica de caixa, sendo disso ilustração a ausência de demonstrações financeiras consolidadas.

É neste enquadramento que a proposta apresentada segue uma perspetiva de modelo único de prestação de contas para as entidades das administrações públicas, beneficiando da normalização de critérios na preparação, apresentação e divulgação do relato e, ainda, ao nível dos sistemas de informação. O modelo assenta nas normas legais em vigor e em práticas aceites e utilizadas internacionalmente como as RPG2 e RPG3, o *Integrated Reporting* e a tecnologia XBRL/iXBRL.

A proposta partiu do relatório de gestão, indo muito além do simples conjunto completo de demonstrações orçamentais e financeiras, permitindo que o desempenho das entidades públicas possa ser avaliado no contexto da prossecução dos seus objetivos através dos bens e serviços públicos que desenvolve. Para o efeito são utilizados indicadores quantitativos, qualitativos ou descrições qualitativas, ou ainda a sua combinação.

Por forma a possibilitar esta visão completa e integrada da performance das entidades públicas na sua plenitude, foi proposta a metodologia que é aceite a nível internacional e que consiste no *Integrated Reporting*. Adicionalmente foram consideradas as recomendações RPG 2 e RPG 3 emanadas pelo IPSASB.

Adicionalmente, é proposto um novo suporte tecnológico, o XBRL/iXBRL, que vem permitir que os documentos de prestação de contas cumpram com um conjunto normalizado de regras e requisitos, alimentando automaticamente os sistemas de informação, servindo assim finalidades distintas. A disponibilização de documentos padronizados, através do XBRL/iXBRL, para além de levar a entidade à redução de custos, oferece aos seus utilizadores, uma informação mais disponível e acessível.

Por conseguinte, a proposta de um modelo único de prestação de contas para as entidades públicas, assente neste novo suporte tecnológico resulta numa racionalização da comunicação entre diferentes tecnologias, permitindo que estas funcionem de uma forma mais integrada, aumentando a qualidade de dados e disponibilização mais rápida.

Por outro lado, a contabilidade de acréscimo apresenta-se como uma fonte para a preparação de novos indicadores de gestão das Finanças Públicas e as contas consolidadas como a base essencial para a elaboração das contas nacionais.

Por fim, realça-se a ideia de que as entidades públicas, aos mais diferentes níveis, terão de efetuar uma revisão profunda dos processos atuais.

Adicionalmente, torna a comunicação mais eficaz entre as entidades e os seus *stakeholders*, reforçada pela transparência, integridade e confiança das informações. Por fim, a precisão dos dados e o menor volume de informações leva a que as entidades reguladoras e os governos tenham maior eficácia e eficiência na sua atuação, designadamente, porque a informação é mais fiável e precisa.

CAPÍTULO VIII

—

O TRIBUNAL DE CONTAS E OS DESAFIOS DO FUTURO

* Texto base: Rosa Sá. Texto publicado também, "O Tribunal de Contas e os desafios do futuro. Pode o Tribunal de contas ser o agente da mudança?", *Revista de Finanças Públicas e Direito Fiscal*, novembro 2020 – Inverno, Faculdade de Direito da Universidade de Lisboa.

"Public sector auditing provides both comfort and discomfort. It provides comfort by allowing people to know those responsible for public funds are monitored and improvements, presumably, are suggested when necessary. Discomfort it provides by revealing ineffective and inefficient use of public funds, revelations which enable... to hold those responsible to account." (Thomas Carrington, 2017)[1].

1. Introdução

Num mundo em constante mudança, em que as formas de governação tradicional dão lugar a formas de Governança (também elas, cada dia mais complexas), sem que alguém saiba muito bem onde nos irão conduzir e, em particular, como evoluirão os modelos para o seu controlo, em que a Administração Pública, e o controlo financeiro público por arrastamento, está numa corrida contra o tempo para o "Digital-total" por força dos compromissos assumidos no quadro da UE (implicando desmaterialização de processos, partilha de dados entre administrações nacionais e internacionais), em que as questões da sustentabilidade, entre as quais, a climática, nos interpelam diariamente à premência duma intervenção mais do que cívica, civilizacional, numa sociedade em que são precisos *"agentes de mudança"* credíveis, *como se preparam as Instituições Superiores de Controlo para estes desafios? Como compaginar flexibilidade e criatividade, necessárias a ajustamentos cada vez mais rápidos, com um modelo institucional de tipo "Tribunal" como é o caso português?*

Nas pesquisas realizadas, procurámos ser o mais exaustivos possível (naturalmente, atentos o tipo de trabalho e as limitações de tempo). Tentámos, também, apresentar as mais recentes posições sobre o tema, apoiando-nos por isso quase exclusivamente em textos produzidos a partir de 2010. Os autores nacionais e internacionais a cujas opiniões recorremos são referenciados a par-e-passo ao longo do texto.

Para compreender para onde se vai, pareceu-nos essencial contextualizar o papel do Tribunal de Contas no âmbito do Controlo da Administração Financeira do Estado, abordando os vários tipos de controlo, as entidades que os exercem, as responsabilidades que podem daí advir, etc. Detivemo-nos, depois, mais aturadamente, no

[1] A auditoria do sector público dá conforto e desconforto. Dá conforto na medida em que permite saber que os responsáveis por fundos públicos estão a ser monitorizados e que quaisquer melhorias necessárias estão a ser sugeridas. Dá desconforto quando se detecta que os fundos estão a ser usados de forma ineficiente e ineficaz, revelações que permitem exigir contas e responsabilizar aqueles gestores.

Tribunal de Contas e no que já fez neste século. Finalmente, partimos ao encontro da resposta (ou, pelo menos, a tentativa de equacionar respostas) para as questões que elegemos neste trabalho.

2. Controlo da Administração Financeira do Estado (CAFE)

2.1 Que tipos de controlo? Quem os exerce?

Na Lei de Enquadramento Orçamental em vigor (Lei n.º 151/2015, de 11 de setembro), sistematizam-se os vários tipos de controlo públicos existentes, bem como os responsáveis pela sua execução. Assim, a execução do Orçamento do Estado, incluindo o orçamento da segurança social, é objeto de: *i) controlo administrativo*; *ii) jurisdicional* e *iii) político*.

O *controlo administrativo* compreende os *níveis operacional, sectorial e estratégico*, definidos em razão da natureza e âmbito de intervenção dos serviços que o integram[2]. O controlo administrativo pressupõe a atuação coordenada e a observância de critérios, metodologias e referenciais de acordo com a natureza das intervenções a realizar.

O controlo jurisdicional compete ao Tribunal de Contas (TC) e é efetuado nos termos da respetiva legislação, sem prejuízo dos atos que cabem aos demais tribunais, designadamente aos tribunais administrativos e fiscais e aos tribunais judiciais, no âmbito das respetivas competências.

O *controlo político* é exercido pela Assembleia da República (AR) – enquanto *"assembleia representativa de todos os cidadãos portugueses... "*, *"independentemente da intensidade da sua participação política, económica, social, cultural ou linguística"*... e efetiva a correspondente responsabilidade política, nos termos do disposto na Constituição, no Regimento da Assembleia da República, na LEO e na demais legislação aplicável. A *"responsabilização política parlamentar do Governo exprime a ideia de que, perante a Assembleia da República, o Governo tem o dever de prestar contas pelos seus atos e pelos atos praticados pela Administração Pública dele hierarquicamente dependente..."* (Gameiro, 2004)[3].

---

[2] Constituindo o chamado "Sistema de Controlo Interno da administração financeira do Estado (SCI)".

[3] Gameiro, António Ribeiro, 2004, *O Controlo Parlamentar das Finanças Públicas em Portugal (1976--2002)*, Almedina, pág. 188.

O controlo financeiro público pode também classificar-se de acordo com o posicionamento do órgão que o executa e a natureza dos fins a prosseguir. Neste caso, distingue-se o *controlo externo* – a cargo, no plano político, como já se disse, da Assembleia da República[4] e, no sentido tecnico-jurisdicional, pelo Tribunal de Contas – e o *controlo interno* – aquele que é realizado pela própria Administração, no seu seio.

O *sistema de controlo interno* da administração financeira do Estado (SCI), instituído pelo DL n.º 166/98, de 25 de Junho, esclarece que o *controlo interno* consiste na verificação, acompanhamento, avaliação e informação sobre a legalidade, regularidade e boa gestão, das atividades, programas, projetos, ou operações de entidades de direito público ou privado, com interesse no âmbito da gestão ou tutela governamental em matéria de finanças públicas, nacionais e comunitárias, bem como de outros interesses financeiros públicos nos termos da lei.

O SCI, como já se disse, é estruturado em três níveis de controlo (*operacional, sectorial e estratégico*), definidos em razão da natureza e âmbito de intervenção dos serviços que o integram.

O *controlo operacional* é centrado sobre as decisões dos órgãos de gestão das unidades de execução das ações e é constituído pelos órgãos e serviços de inspeção, auditoria ou fiscalização inseridos no âmbito da respetiva unidade.

O *controlo sectorial* centra-se preferencialmente na avaliação do controlo operacional e na adequação da inserção de cada unidade operativa e respetivo sistema de gestão nos planos globais de cada ministério ou região, sendo exercido pelos órgãos sectoriais e regionais de controlo interno.

O *controlo estratégico* incide sobretudo na avaliação do controlo operacional e do controlo sectorial[5], bem como sobre a realização das metas traçadas nos instrumentos provisionais, designadamente, o Programa do Governo, as Grandes Opções do Plano e o Orçamento do Estado. O *controlo estratégico*, de carácter horizontal relativamente a toda a administração financeira do Estado é exercido pela Inspeção-Geral de Finanças (IGF), pela Direção-Geral do Orçamento (DGO) e pelo Instituto de Gestão Financeira da Segurança Social (IGFSS), de acordo com as respectivas atribuições e competências.

---

[4] Note-se que idêntico papel é desempenhado pelas Assembleias Legislativas das Regiões Autónomas.

[5] Tal não significa que as entidades que o fazem não efetuem, elas próprias, auditorias a beneficiários, a quaisquer entidades públicas ou privadas, mas fazem-no justamente, para avaliar a performance dos sistemas de controlo operacional e sectorial.

Não pode deixar de se fazer uma referência aos "*controlos cruzados*", uma das mais potentes e eficazes ferramentas ao serviço do controlo[6]. As entidades responsáveis pelo controlo dispõem de poderes de controlo sobre quaisquer entidades, públicas ou privadas, nos casos em que estas se mostrem imprescindíveis ao controlo, *por via indireta e cruzada*, da execução orçamental. Este controlo cruzado é efetuado apenas quando se revele indispensável e na medida do estritamente necessário ao controlo (LEO em vigor).

Finalmente, como corolário do controlo, a questão das *Responsabilidades no âmbito da execução orçamental*. Nos termos conjugados da CRP com a atual LEO, os titulares de cargos políticos respondem política, financeira, civil e criminalmente pelos atos e omissões que pratiquem no âmbito do exercício das suas funções de execução orçamental, e demais legislação aplicável e os dirigentes e os trabalhadores das entidades públicas são responsáveis disciplinar, financeira, civil e criminalmente pelos atos e omissões de que resulte violação das normas de execução orçamental e da legislação aplicável.

A responsabilidade financeira é efetivada pelo Tribunal de Contas, nos termos da legislação. O TC tem competências jurisdicionais para tornar efetivas responsabilidades financeiras emergentes de factos evidenciados em relatórios das suas próprias ações de controlo ou em relatórios dos órgãos de controlo interno. Tal poderá passar pela condenação i) na reposição de determinadas quantias nos cofres do erário público (*responsabilidade reintegratória*) ou ii) na aplicação de multas aos responsáveis (*responsabilidade sancionatória*).

2.2 Reforço da interação entre AR e TC no quadro do CAFE

Os poderes de controlo financeiro dos Parlamentos têm vindo a reforçar-se e o Parlamento português não é exceção[7]. Também a relação entre o Parlamento e o

---

[6] Os controladores sabem bem como é frequente, sobretudo quanto mais se aproximam de formas de criminalidade complexa e elaborada, que os controlos junto dos beneficiários de subsídios públicos, por exemplo, revelem dossiês irrepreensíveis tanto técnica como financeiramente, ações que atingiram o objetivo, impactos mensuráveis, etc. Em suma, tudo aquilo que é legítimo esperar. Contudo, muitos destes controlos, quando estendidos a fornecedores de bens, prestadores de serviços, clientes, utentes, etc., (controlos cruzados) revelam que as ações não tiveram lugar, que os projetos só foram parcialmente realizados, que os inputs utilizados não coincidem, que os projetos existem, muitas vezes, só "no papel". São típicos os casos do FSE (sem formação e sem formandos), do FEDER (com autoestradas com 5 camadas, quando se pagaram 7), do FEOGA (com oliveiras de plástico, em num dos EM do Sul), etc.

[7] *Cfr.*, Gameiro, *ob. cit.*, publicação mencionada, sobre o desenvolvimento aturado desta temática no que toca a Portugal.

Tribunal de Contas se tem intensificado, à semelhança do que se passa internacionalmente, não obstante o caminho apresentar, por vezes, alguns engulhos[8].

No âmbito do controlo político, está atualmente previsto – LEO em vigor – que a AR acompanha a execução do Orçamento do Estado e dos demais orçamentos da administração central e da ECE[9] e, aprova a Conta Geral do Estado. O Governo informa anualmente a AR dos programas de auditoria que promove por sua iniciativa, no âmbito dos sistemas de controlo da administração financeira do Estado, acompanhados dos respetivos termos de referência. A AR determina em cada ano ao Governo duas auditorias e solicita ao TC a auditoria de dois organismos do Sistema de Controlo Interno (SCI), sem prejuízo de poder solicitar auditorias suplementares. O TC envia à AR os relatórios finais referentes ao exercício das suas competências de controlo orçamental.

A AR pode solicitar ao Governo, nos termos previstos na Constituição e no Regimento da Assembleia da República, a prestação de quaisquer informações suplementares sobre a execução do Orçamento do Estado. Para além dos Pareceres que já presta, o TC deve fornecer à AR, se solicitado:

- Informações técnicas relacionadas com as respetivas funções de controlo financeiro;
- Relatórios intercalares e pareceres sobre os resultados do controlo da execução do Orçamento do Estado ao longo do ano;
- Quaisquer informações técnicas ou esclarecimentos necessários ao controlo da execução orçamental, à apreciação do Orçamento do Estado e do parecer sobre a Conta Geral do Estado (note-se que, a partir de 2019, não será mais um parecer, mas sim uma certificação).
- Note-se que segundo a LEO, os prazos de entrega da CGE ao Tribunal bem com a emissão do respetivo parecer sofrem alterações: a CGE 2021 deverá ser entregue a 15/05/2022 e o Parecer sobre a CGE e a respetiva certificação serão emitidos até 30/09/2022. Ver Lei n.º 37/2018 (2.ª alteração à LEO).

---

[8] *Vide*, Santiso, Carlos, "*Why Budget Accountability Fails? The Elusive Links Between Parliaments and Audit Agencies in the Oversight of the Budget*", Brazilian Journal of Poltical Economy, vol. 35, n.º 3 (140), July/September, 2015, págs. 601-621.

[9] A DGO desenvolveu um sistema integrado de informação e gestão que dá corpo à entidade contabilística representativa do Estado – a Entidade Contabilística Estado (ECE). Esta solução permitirá aos organismos autónomos efectuarem a respectiva solicitação de transferências de fundos (STF), por conta das dotações inscritas no OE, cuja autorização pela DGO despoletará uma transferência de fundos para uma conta titulada pelo organismo no IGCP. Permite igualmente a submissão à DGO dos processos relativos à gestão dessas dotações, designadamente alterações orçamentais, descativações e reposições abatidas aos pagamentos, garantido o reflexo destas operações na dotação disponível.

Cabe aqui recordar aquele que muitos consideram ter sido o marco histórico na viragem para o aprofundamento de relações entre a AR e o TC – uma intervenção do Prof. Doutor António Luciano Sousa Franco, em 1996, na AR, então na qualidade de Ministro das Finanças[10]:

> *"Sem fiscalização política, isto* [o controlo externo, técnico e independente] *será sempre imperfeito e incompleto, mas sem uma boa assessoria técnica independente, que o Tribunal de Contas deve dar ao Parlamento, a fiscalização política perder-se-á em generalidades, não tendo capacidade de assentar em bases sólidas".*

2.3 Aprofundando o que é e como funciona o Tribunal de Contas

O Tribunal de Contas é um Tribunal superior, consagrado na Constituição como órgão supremo de controlo externo independente das finanças públicas.

A missão do TC é, nos termos da Constituição e da Lei, fiscalizar a legalidade e regularidade das receitas e das despesas públicas, julgar as Contas que a Lei mande submeter-lhe, dar parecer sobre a CGE e sobre as Contas das Regiões Autónomas, apreciar a gestão financeira pública, efetivar as responsabilidades financeiras e exercer as demais competências que lhe forem atribuídas pela Lei (Artigo 214.º da Constituição; Artigo 1.º da LOPTC).

A jurisdição do TC abrange: todos os serviços e entidades públicas administrativas e empresariais, aos níveis central, regional e local; as empresas e outras entidades privadas concessionárias de serviços e obras públicas ou que recebam dinheiros públicos (incluindo-se nestes as verbas provenientes da União Europeia).

Não existem conflitos de competência com outras entidades do panorama judicial português. O TC é único e autónomo na sua categoria constitucional. A responsabilização pela prática de ilícitos financeiros não exclui a possibilidade do mesmo agente ser condenado por outros tribunais, pelos mesmos factos, por responsabilidades de outra natureza que não financeira[11].

Para efetivar a sua missão, o Tribunal pode exercer três tipos de *fiscalização: i) prévia* (visto), *ii) concomitante* ou *iii) sucessiva*.

A *fiscalização prévia* exerce-se através do visto ou da declaração de conformidade e *"tem por fim verificar se os atos, contratos ou outros instrumentos geradores de despesa ou*

---

[10] Gameiro, *ob. cit.*, pág. 213.

[11] *Vide*, nesta matéria por todos, Nogueira da Costa, Paulo Jorge, *ob. cit.*, pág. 235 e segs.

representativos de responsabilidades financeiras diretas ou indiretas estão em conformidade com a lei e se os respectivos encargos têm cabimento em verba orçamental própria", sendo que relativamente aos instrumentos geradores de dívida pública a fiscalização prévia visa *"verificar a observância dos limites e sublimites de endividamento e as respectivas finalidades, estabelecidas pela Assembleia da República"* (artigo 44.° n.° 1 e 2, da LOPTC).

A *fiscalização concomitante* (simultânea) traduz-se no acompanhamento da execução dos atos, contratos, e da atividade financeira, em geral, sob a sua jurisdição. Esta atividade é exercida através de auditorias, as quais podem incidir sobre: i) os procedimentos e atos administrativos que impliquem despesa, aos contratos não remetidos para fiscalização prévia, bem como à execução de contratos visados; ii) atividade financeira exercida antes do encerramento da gerência.

A *fiscalização sucessiva* é uma fiscalização feita *a posteriori*, i.e., exercida em momento ulterior ao do desenvolvimento da atividade financeira. Ocorre após o fim do exercício ou gerência e de serem elaboradas as contas anuais. De acordo com o artigo 50.° da LOPTC, neste âmbito, o TC: *i)* verifica as contas das entidades previstas no artigo 2.°, incluídas as das autarquias locais; *ii)* avalia os respectivos sistemas de controlo interno; *iii)* aprecia a legalidade, economia, eficiência e eficácia da sua gestão financeira; *iv)* assegura a fiscalização da comparticipação nacional nos recursos próprios comunitários e da aplicação dos recursos financeiros oriundos da UE.

O Tribunal de Contas está organizado em cinco Secções:

- Três na Sede (a 1a, vocacionada para a fiscalização prévia e concomitante; a 2a, orientada para a fiscalização concomitante e sucessiva (Auditoria); a 3a, especializada na efetivação de responsabilidades financeiras, através de julgamentos).
- Duas Secções Regionais (Madeira e Açores) com competências genéricas nos três mencionados domínios de ação.

O TC é coadjuvado, na sua missão, por Serviços de Apoio dotados de recursos humanos qualificados, que suportam as atividades de fiscalização prévia e de auditoria e a gestão dos recursos humanos, financeiros, patrimoniais e informacionais que lhe estão afetos.

As Administrações deverão, ainda em 2019, acabar de implementar um novo sistema contabilístico (SNC-AP). A certificação das contas apresentadas ao Tribunal deverá generalizar-se e a gestão orçamental deverá passar a organizar-se por programas suscitando novas formas de acompanhamento por parte do Tribunal. As alterações para a gestão orçamental e para a contabilidade pública decorrentes da nova LEO e da introdução do SNC-AP são substanciais e impõem alterações muito relevantes nas práticas do Tribunal em matéria de apreciação das contas públicas[12].

3. O Tribunal de Contas e o século XXI

"Creativity is the most important factor in future. Learning and development is getting more and more important in the public sector. Today we are faced with unpredictability, flexibility, the need to learn..."

(Carotti, R, 2005, audit expert do NAO Sueco, citado por John Sweeney[13])

3.1 De onde veio, para onde vai?

Em Junho de 2009, por ocasião da celebração dos 160 anos do Tribunal de Contas[14], o seu então Presidente, Guilherme d'Oliveira Martins, afirmava que, embora o Tribunal de Contas já tivesse evoluído muito desde os anos 80-90 do século XX[15], designada-

---

[12] Nem tudo está a correr bem. Vejam-se as conclusões do Relatório 8/2018 do TC, datado de 3 de julho de 2018:

"A Conta da Administração Central e a Conta da Segurança Social de 2016 estão afetadas por erros materialmente relevantes. O Tribunal formula reservas sobre a legalidade, a contabilização, o controlo interno e a correção financeira enfatizando, ainda, um conjunto de deficiências que persistem de anos anteriores. A CGE continua a não apresentar o balanço e a demonstração de resultados da Administração Central, após duas décadas sobre a aprovação do Plano Oficial de Contabilidade Pública (POCP), baseando-se, ainda, em diferentes sistemas contabilísticos e não refletindo devidamente a situação financeira do Estado.

Embora a aplicação do Sistema de Normalização Contabilística para as Administrações Públicas (SNC-AP) – o novo referencial contabilístico que substitui o POCP, esteja prevista para 1 de janeiro de 2018, as auditorias realizadas identificaram constrangimentos e atrasos, com organismos a reconhecer a impossibilidade de efetuar a transição no prazo fixado. Caso não sejam tomadas ações reforçadas, fica em risco, também, a elaboração das demonstrações orçamentais e financeiras da CGE de 2019, por aplicação do novo referencial, inviabilizando a respetiva certificação pelo Tribunal."

[13] Sweeney, John, *"A Short History of Performance Audit at the ECA and the Challenge of Adding Value"*, *Journal of European Court of Auditors*, March 2016, n.º 3, pág. 6.

[14] Colóquio Internacional, "A Moderna Gestão Financeira Pública: uma resposta à crise económica?", *in celebrações dos 160 anos do Tribunal de Contas*, Fundação Calouste Gulbenkian, Lisboa, 19 de junho de 2009, onde participámos como orador.

[15] O Presidente do Tribunal de Contas, identificava muito do que já se fizera (ou estava em curso), nomeadamente: *i) a nova Contabilidade Pública*; *ii)* a LEO (da altura), que incluía normas que reforçavam a obrigatoriedade de atender a aspectos, como gestão por objetivos (visão *"new public management"*); orçamentação por programas; *etc.* Verificara-se também uma *reforma do controlo*, traduzida no reforço do sistema de controlo interno (SCI). O ordenamento jurídico vigente passara a incluir os mecanismos necessários a garantir e eficácia das recomendações e a permitir a sua elevação a instrumento privilegiado de atuação do TC. O não acolhimento reiterado e injusticado das

mente com a introdução, na gestão pública e no seu controlo, de conceitos como *"New Public Management"* ou *"Era Digital"*, era preciso continuar a definir metas face aos novos desafios que se lhe colocavam, designadamente, a *mudança do papel do Estado* (considerado, de acordo com as modernas teorias de *Governança*, um *"catalisador de iniciativas, planeador, regulador"*) e a necessidade de incorporação de novos conceitos como os de *"sustentabilidade financeira e ambiental"*.

E dizia mais, o Presidente do Tribunal de Contas:

"Porque o controlo da atividade financeira tende a idenficar-se não apenas com uma verificação de legalidade, mas com o controlo do respeito por critérios económicos ou de gestão, a intervenção do Tribunal deve ser encarada mais numa perspectiva preventiva, correctiva e pedagógica do que propriamente sancionatória..." (não estando aqui incluído, naturalmente, o julgamento das contas, mas outrossim, as auditorias de rotina que o TC realiza).

Proféticas palavras, na nossa modesta opinião, claro, que nos parecem sintetizar os grandes desafios que, então como agora, se colocam às Instituições Superiores de Controlo (ISC)[16] e, muito especialmente, àquelas que configuram um modelo institucional do tipo *"Tribunal"*, como é o nosso caso, a saber:

- como adaptar o controlo às novas formas de Governança em Rede (sem esquecer a maior dificuldade de identificação da responsabilidade dos vários agentes)?
- como controlar a *Administração Pública Digital*, face, nomeadamente, à desmaterialização de processos e à crescente complexidade tecnológica dos procedimentos?
- como vai o TC assumir o papel de "auditor da sustentabilidade" no quadro da Agenda 2030?
- vai o TC enveredar por uma ação mais pedagógica, menos "repressiva"?

---

recomendações formuladas pelo Tribunal fora tipificado como infração financeira. Identificavam-se, ainda, as linhas do processo de reforma do TC (Lei n.º 48/2006, de 29 de agosto), na sua maioria, reforçando a "responsabilização":

- novo regime da fiscalização prévia e da fiscalização concomitante;
- novo regime de efectivação da responsabilidade financeira;
- alargamento da jurisdição (a todos quantos gerem ou utilizam dinheiros públicos);
- clarificação da responsabilidade reintegratória;
- reforço da responsabilidade financeira sancionatória;
- clarificação legislativa sobre a culpa e a prova;
- relevância dos relatórios dos órgãos de controlo interno em sede de responsabilidade financeira, que surge da nova dinâmica desenvolvida entre órgãos de controlo interno e Tribunal de Contas;
- intensificação da eficácia das recomendações do Tribunal de Contas.

[16] Ou SAI (*Supreme Audit Institutions*) de acordo com a nomenclatura anglo-saxónica.

No caso português, juntam-se, ainda, àqueles desafios, a assunção de formas mais consistentes de *"apoio técnico-parlamentar à Assembleia da República, num desdobramento jurídico-constitucional da sua própria natureza... na linha de evolução das funções de outros tribunais e órgãos de controlo, como o NAO, o GAO, e o Tribunal de Contas alemão"* (Gameiro, 2004[17]).

Sobre esta matéria, ver o debate sobre o Parecer do Tribunal de Contas quanto à Conta Geral do Estado de 2017, na Comissão Parlamentar de Orçamento, Finanças e Administração Pública[18].

3.2 O TC como auditor nos novos modelos de *Governance*

A evolução para os modelos de *Governance* (interativa, horizontal, vertical e diagonal) vem colocar novos desafios ao controlo, face a uma Administração Pública desafiada pela mudança constante e pela complexidade crescente das relações entre os vários níveis de governo, entre agentes públicos e privados, organizações sem fins lucrativos e organismos transnacionais e, por outro lado, escrutinada por cidadãos cada vez mais informados e atuantes[19].

Power, reconhecia, já em 1992[20], a existência duma certa insatisfação com o *primado da auditoria*, designadamente, face aos custos que esta impunha aos auditados[21], bem como, face à *questionável eficácia das auditorias tradicionais numa sociedade e numa administração pública que operavam em rede.* Admitia, porém, não ser fácil, face ao enraizamento da ideia de *auditoria* na cultura de controlo, combater aquele primado.

---

[17] Gameiro, António Ribeiro, *ob. cit.*, pág. 211.

[18] WWW.parlamento.pt

[19] *Cfr.*, Jacob Torfing, B. Guy Peters, Jon Pierre e Eva Sørensen, *"Interactive Governance – Advancing the Paradigm"*, Oxford University Press, 2012: O foco da governança interativa é a mobilização e coordenação dos atores com interesse num ou num conjunto de assuntos. A questão do formalismo entre instituições esbate-se, relevando, sobretudo, quais os recursos que cada uma pode disponibilizar. O foco colocado nas relações entre atores confere grande importância ao tempo e ao contexto. As instituições são normalmente perenes, os atores vêm e vão, o contexto define quais os atores que são úteis em cada momento... O tipo de governança interativa vai evoluindo e transformando-se...

Na governança interativa os papéis institucionais dos atores públicos perdem peso, há uma maior ênfase na negociação, partilha de informação, reciprocidade e defesa dos interesses comuns/colectivos. O Estado perde capacidade de *controlo* direto, sendo esta substituída por uma *capacidade de influência.*

[20] Power, Michael, *"From Common Sense to Expertise: Reflections on the Pre-history of Audit Sampling"*, 2012.

[21] Vejam-se, justamente, os emolumentos que as entidades auditadas têm que pagar ao Tribunal de Contas quando são objeto das suas auditorias...

Para ele, havia primeiro que vencer algumas barreiras, como, por exemplo, colocar menos peso na ideia de performance (o que também comportava os seus riscos...) e reabilitar os conceitos de confiança e de autonomia (igualmente não isentos de riscos).

Não se tratava de pôr fim às auditorias, dizia ele, mas de redesenhar as organizações de tal forma que elas se *autogerissem melhor*. Era preciso *"desconfiar"* dos instrumentos de controlo standardizados que operavam *"à distância"* e que não tinham em conta as realidades de contexto; era preciso restaurar a ideia de confiança e o diálogo entre parceiros e encontrar formas de *"accountability"* que não obrigassem à criação de várias camadas onerosas de estruturas, processos e registos só para responder aos critérios de auditoria. A auditoria tinha que passar a ser encarada como uma *prática facilitadora e não como uma filosofia de controlo.*

Se, do ponto de vista abstracto, tudo isto parece muito bem, de um ponto de vista prático, é bem mais complicado.

Numa perspectiva muito mais *"back to earth"*, Baltaci e Yilmez, em 2006, vêm reconhecer que o controlo top-down (e, sobretudo, o *alinhamento top-down*) não pode, pura e simplesmente, desaparecer[22]. Mas também, segundo eles, o fundamental é *repensar a filosofia de controlo de forma a tornar as entidades internamente mais resilientes, isto é, investir no controlo interno (autocontrolo)* em lugar de estar sempre aumentar o número de entidades de controlo e a reforçar os mecanismos de controlo ao nível central.

Curiosamente, esta ideia vai ao encontro da preocupação visionária de Guilherme de Oliveira Martins (2009) – *"a intervenção do Tribunal deve ser encarada mais numa perspectiva preventiva, corretiva e pedagógica...."* – a que voltaremos mais adiante.

O controlo interno, na nossa perspectiva, tem que ser visto como um sistema organizacional que garante que uma entidade, qualquer que seja, não incorre em riscos que possam prejudicar, acima de um nível admissível, a organização. O tipo de riscos e os níveis de risco são variáveis em função do tipo de entidade, da sua atividade, dos seus clientes, fornecedores, stakeholders, opinião pública, etc.. Os riscos podem ser de várias ordens (orçamentais, financeiros, falta de conformidade com a lei, repu-

---

[22] Baltaci, M. And Yilmaz, S., 2006, "Keeping an Eye on Subnational Governments: Internal Control and Audit at Local Levels", in *World Bank Publications*, págs. 7-15.

Segundo os autores, nos últimos anos, no quadro da Governance Vertical, os governos passaram, por exemplo, para os níveis locais, mais responsabilidades pela prestação de serviços (antes assegurados pela administração central) e mais recursos financeiros (nomeadamente, através da possibilidade de se imporem taxas e impostos a nível local). A falta de mecanismos efetivos de controlo, tanto top-down como locais, levou, muitas vezes, a desequilíbrios financeiros graves, ao agigantar das dívidas públicas e a ameaças às economias nacionais. O caso português e as dívidas das autarquias locais, é um bom exemplo.

tacionais, etc.) e conduzem a diversas consequências: perdas financeiras, económicas e patrimoniais, perda da reputação da entidade, dos seus responsáveis e do Estado, erosão do erário público, aumento da dívida do Estado, falta de eficiência e eficácia na prestação de serviços, prejuízo para as populações, sanções e procedimentos criminais, etc.

O reforço da cultura de controlo interno (autocontrolo, com alinhamento top-down) pode, assim, representar uma *nova filosofia de controlo no quadro das governanças em rede*.

Importa, porém, não escamotear um problema com o qual as entidades esbarram recorrentemente na tentativa de aplicar este tipo de políticas/medidas: a falta de recursos humanos e técnicos, qualificados, para as pôr em prática.

Linnas (2007)[23], vem, a justo título, colocar a questão da falta de meios no que concerne aos "departamentos" de Auditoria Interna nas administrações locais, acrescentando, nós, que a própria segregação de funções (noção tão querida ao controlo), se encontra, as mais das vezes, comprometida face ao reduzido número das equipas. Também ele, sublinha a importância das orientações e da supervisão global.

Parece-nos importante fazer aqui também uma referência aos "perigos" que os modelos de Governance, em particular a Governança multinível, podem acarretar para a "*accountability*" democrática. Negociação e compromisso são o principal *modus operandi* da governança em redes. Prometendo maior eficiência, maior inclusão e maior pluralismo, os modelos de *Governance* podem também ter consequências negativas para as democracias: composição difusa das redes, falta de visibilidade dos atores, falta de compromisso com as instituições representativas, etc[24], ou seja, é preciso estar alerta para os riscos destes novos modelos em termos das dificuldades que comportam ao nível do apuramento de responsabilidades e efetivação das mesmas.

O reforço da resiliência das entidades, através do desenvolvimento de uma cultura de controlo interno com um quadro organizacional e procedimental coerente e estruturado, que previna riscos, é sem dúvida essencial, tal como é importante a questão da dotação em meios exigidos por tal cultura. Parece igualmente inequívoco que o alinhamento top-down não pode desaparecer. O fomento de uma cultura de controlo interno poderá, afigura-se-nos, reconduzir, de facto, as auditorias um papel facilitador.

---

[23] Linnas, Raivo, "*Audit in Small Local Government Units, Theoretical and Pratical Problems Related to the Audit, Control and Supervision of Local Governments*", *(based on the case of Estonia)*, 2007.

[24] Papadopoulos, Yannis, "Accountability and Multi-level Governance: More Accountability, Less Democracy?", *Institut d'Études Politiques et Internationales, University of Lausane*, 2008.

Em 2014, a OCDE, através da *Effective Institutions Platform*, reconhecia, num relatório sobre as Instituições Superiores de Controlo e o compromisso com os stakeholders, que as ISC já haviam feito muitos progressos no que tocava à transparência, porém, as relações tanto com os cidadãos como com outras entidades continuavam a ser um desafio. Os mecanismos de *participação* precisavam de ser melhorados, percebendo-se, antes de mais o que isso significava em cada caso, modelando depois essa participação a diferentes audiências, com diferentes ferramentas[25].

O que resulta seguro, no final, é que muito há ainda por explorar e teorizar sobre a reformulação do controlo no quadro dos desafios colocados pelos novos modelos de Governance.

3.3 O TC como auditor da Administração Pública Digital

Na *Sociedade da Informação e do Conhecimento*, as ISC devem estar preparadas para desenvolver o controlo financeiro do *e-government* e para colocar as modernas tecnologias ao seu serviço, nomeadamente as novas auditorias de sistemas informáticos, para o que terão que dotar-se de qualificados meios tecnológicos e humanos. Devem, ainda, comunicar com os cidadãos, promovendo a democracia e contribuindo para assegurar o acesso às Tecnologias da Informação como elemento chave na formação dos mesmos.

A Administração Pública Digital não é mais uma opção, é uma obrigação[26].

Com a Agenda de Lisboa (2000) foi definido o objectivo estratégico de converter a União Europeia "na economia do conhecimento mais competitiva e dinâmica do mundo... capaz de um crescimento económico duradouro acompanhado por uma melhoria quantitativa e qualitativa do emprego e uma maior coesão social". Os estudos demonstravam que a UE estava a perder a batalha da competitividade face aos

---

[25] Effective Institutions Platform (OCDE), "*Supreme Audit Institutions and Stakeholder Engagement Practices*" – A Stocktaking Report", 2014.

[26] Os Estados Membros da UE estão obrigados a evoluir para a Administração Pública Digital, a qual é considerada essencial para o sucesso do Mercado Único. *"A administração pública em linha apoia os processos administrativos, melhora a qualidade dos serviços e aumenta a eficiência interna do sector público. Os serviços públicos digitais reduzem os encargos administrativos para as empresas e os cidadãos, tornando a sua interação com as administrações públicas mais célere e eficiente, mais conveniente e transparente, bem como menos onerosa. Além disso, a utilização de tecnologias digitais como parte integrante das estratégias de modernização da administração pública pode proporcionar vantagens económicas e sociais para a sociedade em geral"* (vejam-se as sucessivas Comunicações da Comissão ao Parlamento Europeu, ao Conselho, ao Comité Económico e Social e ao Conselho das Regiões – a partir de 2000).

EUA e à Asia (nomeadamente, devido à baixa produtividade). A solução escolhida elegeu a inovação como factor gerador de riqueza e a utilização de tecnologias digitais, por parte das administrações públicas, como motor das transformações necessárias[27].

Neste sentido, as instituições europeias têm lançado vários Planos de Ação para a designada *Administração Pública Digital* (Planos de Ação 2006-2010, 2011-2015, 2016-2020).

De acordo com a visão orientadora do último desses Planos[28]: *"até 2020, as administrações públicas e as instituições públicas da União Europeia deverão ser abertas, eficientes e inclusivas, prestando serviços públicos em linha integrais, sem fronteiras, personalizados e de fácil utilização a todos os cidadãos e empresas na UE..."*

As iniciativas a lançar pelos Estados-Membros, como parte deste plano de ação, devem levar as respectivas administrações públicas a observar, entre outros, os seguintes princípios: *i) Digital por definição* (prestação de serviços por via electrónica e, além disso, através de um único ponto de contacto); *ii) Abertura e transparência* (partilha de informações e dados entre administrações; os cidadãos e as empresas *acedem, controlam e corrigem* os próprios dados e acompanham os respetivos processos administrativos); *iii) Transfronteiriço por definição* (serviços públicos digitais relevantes *disponibilizados a nível internacional*, evitando fragmentação e facilitando a mobilidade no MUD), *iv) Interoperabilidade por definição* (os serviços públicos *trabalham uniformemente* no Mercado Único, *com base na livre circulação de dados e serviços digitais* na União Europeia).

Vai interessar-nos aqui, sobretudo, a relação das TIC com a Administração, já que, como vimos, as Administrações Públicas dos Estados-Membros da UE *estão obrigadas* (como se fosse possível, neste Mundo Global, fazer diferentemente) a seguir este caminho...

Hoje, o exercício da atividade administrativa, e das funções de controlo, é, diariamente, impactado pelas TIC, obrigando a encarar de nova forma os atos, contratos e procedimentos utilizados. Os atos já são hoje, em larga escala, automatizados, as assinaturas são digitais, as compras públicas são feitas em plataformas digitais, a contratação de obras públicas e prestações de serviços é feita através de plataformas digitais, as licitações são feitas online... Hoje, são máquinas e aparelhos que praticam a ação, causando impacto na esfera de direitos dos indivíduos ou na das próprias

---

[27] Recomendação do Conselho da UE sobre estratégias para a administração pública digital, OCDE, 2014.

[28] COM (2016) 179 final – Comunicação da Comissão ao Parlamento Europeu, ao Conselho, ao Comité Económico e Social Europeu e ao Comité das Regiões.

administrações. Para além da prática de atos isolados, a administração pública digital oferece hoje inteiros *"processos"* online, com as máquinas a gerirem todo o procedimento, por exemplo, ao nível tributário, com os apuramentos e liquidação de IRS, ou na fase de avaliação curricular dos concursos para dirigentes da CRESAP. Hoje, os arquivos são guardados na *"nuvem"*.

As TIC tanto podem gerar benefícios nas relações intra e inter administrações (facilitando a cooperação administrativa, ajudando ao reforço dos poderes de controlo do Estado)[29], como podem comportar graves riscos que, quando não acautelados, fragilizam as próprias administrações.

As questões da segurança da informação na partilha de dados entre administrações, a possibilidade de manipulação digital dos documentos, a usurpação de identidades, a clonagem de cartões de identificação electrónicos (designadamente de altos dirigentes), colocando em causa a garantia de autenticidade de documentos assinados digitalmente... A lista é longa.

Esta problemática tem-se revelado, de resto, uma das maiores dificuldades e um dos principais desafios à capacidade reguladora das Instituições Europeias e dos Estados-Membros na implementação da estratégia conducente à Administração Pública Digital.

Como diz Maria Eduarda Gonçalves[30], *"Uma das características distintivas da sociedade contemporânea consiste na penetração das novas tecnologias da informação e comunicação na vida social, económica e política. Estas tecnologias vêm afectando profundamente os modos de organização das relações económicas e sociais e as condições da realização de valores fundamentais como a liberdade e a democracia"* e que *"... a sociedade da informação vem desafiando princípios e regras de há muito consolidados, pensados para uma sociedade assente em bens físicos ou corpóreos"*.

Num mundo em que os produtos, os documentos, os atos, se desmaterializam, em que tudo é volátil, "partilhado em rede" (e, por vezes, nas redes[31]...), como assegurar,

---

[29] Veja-se, no caso português, como o recurso às TIC tem influenciado o controlo exercido pela administração pública, por exemplo, ao nível fiscal e ao nível do Serviço Nacional de Saúde, ao facilitar o cruzamento de dados entre vários programas/Bases de Dados que permitem detetar incongruências ou mesmo ilegalidades (cruzamento de informações para o IRS, obrigação de emissão de facturas e e-factura, falsas prescrições de medicamentos, etc.).

[30] Gonçalves, Maria Eduarda, "Informação e Direito na Era Digital: um Novo Paradigma Jurídico?", *in https://www.fd.unl.pt/docentes_docs/ma/meg_MA_17707.pdf*

[31] Em 21 de Dezembro de 2017, *a revista "Sábado" e a RTP avançaram que milhões de dados informáticos portugueses tinham sido roubados e estavam na internet: "Os resultados, como se conclui na investigação da revista, indicam que praticamente todas as áreas sensíveis do Estado e do sector privado terão sido alvo de ataque informático. Mais de mil endereços terminados em "gov.pt" foram identificados... As listas incluem funcionários*

p.e., a genuinidade dos dados existentes nas BD públicas, ou a segurança dos dados partilhados entre administrações. A reformulação do exercício do controlo parece ainda incipiente.

Algo parece inexorável, porém. O futuro do controlo, e o futuro da auditoria como forma privilegiada de o exercer, terá de incluir as auditorias de sistemas informáticos.

Nesse sentido, o Tribunal de Contas, tal como qualquer outro órgão de controlo, terá que contemplar, nos seus mapas de pessoal, um número adequado de profissionais com aquelas qualificações, tanto para a integração das equipas de auditores, como para a realização, nas instalações do Tribunal, de muito do trabalho de verificação de bases de dados, seleção de áreas de risco (a partir de indicadores previamente definidos), etc., libertando pessoal com outras qualificações para outras áreas.

3.4 O TC como "Auditor da Sustentabilidade"[32]

Já em 2009, Guilherme D'Oliveira Martins afirmava que as questões da sustentabilidade iam desempenhar um papel fundamental.

Um aspecto de grande relevo é, claro, o da *sustentabilidade financeira*, que se traduz na responsabilidade dos executivos perante as gerações futuras. A equidade intergeracional tem que ser devidamente considerada, designadamente, face à chamada *"regra de ouro das finanças públicas"* que obriga a considerar o endividamento apenas para a realização de investimentos reprodutivos. Mas, também, em matéria de *sustentabilidade ambiental*, é essencial reequacionar intervenções.

"Trata-se de contribuir para assegurar o desenvolvimento sustentável através do equilíbrio entre o crescimento económico, o progresso social e a proteção do ambiente, apoiando os esforços desenvolvidos com vista à importante mudança estrutural que se projeta nos planos comunitário e nacional no sentido de uma economia de baixo carbono. Uma correta execução de políticas de desenvolvimento sustentável, isto é, de preservação do ambiente na perspectiva de salvaguarda do nosso futuro comum, satisfazendo as necessidades do presente sem comprometer as neces-

de áreas sensíveis da administração pública, como ministérios, Parlamento, Forças Armadas e a própria Polícia Judiciária, juízes, Autoridade Tributária e Comissão Nacional de Eleições... Na lista estão também "emails e palavras-passe de nove pessoas que trabalham no Centro de Gestão de Rede Informática do Governo (CEGER), organismo responsável pela rede informática que serve o executivo...".

[32] "Auditor da Sustentabilidade" – Título "retirado" do artigo de Van Widen, Evalinde, "Exploring the Role of Supreme Audit Institutions in the Implementation of the Sustainable Development Goals", in *Sustainable Development: Environmental Governance*, Utrech University, 2017.

sidades das gerações futuras, no respeito pelo princípio da solidariedade intergeracional, é fundamental"[33] (Guilherme d'Oliveira Martins, 2009)

E concluía, o presidente do TC:

"no sentido de defender a proteção do ambiente como imperativo da melhoria da qualidade de vida dos cidadãos, deverá o Tribunal de Contas consagrar a eficácia, a economia e a eficiência ao serviço da defesa do ambiente".

Proféticas palavras, como se confirmaria seis anos mais tarde, quando a Organização das Nações Unidas (ONU) fixou os *Objetivos de Desenvolvimento Sustentável* (ODS), também conhecidos por *Agenda 2030*, na tentativa de transformar a sociedade, a economia e o ambiente, à escala mundial, entre 2015 e 2030, erradicando a pobreza, promovendo a prosperidade e o bem-estar social de todos e combatendo as alterações climáticas, elegendo como atores privilegiados desta grande mudança, justamente, as Instituições Superiores de Controlo, como é o caso do TC.

3.4.1 Os Objetivos de Desenvolvimento Sustentável

Os Objetivos de Desenvolvimento Sustentável (ODS), fixados em 2015 numa cimeira da Organização das Nações Unidas (ONU)[34] – também conhecidos por *Agenda 2030* –, são uma das mais recentes e mais abrangentes tentativas internacionais de transformar a sociedade. A agenda 2030 concretiza-se através de 17 objectivos, 169 metas e 230 indicadores globais, abarcando áreas tão diversas, mas interligadas, como: acesso equitativo à educação e a serviços de saúde de qualidade, criação de emprego digno, sustentabilidade energética e ambiental, promoção de instituições eficazes e sociedades estáveis, combate às desigualdades de todos os tipos[35].

---

[33] Discurso do Presidente do Tribunal de Contas, em 2009, aquando do colóquio que assinalou os 160 anos do Tribunal de Contas, já mencionado.

[34] Resolução n.º 70/1 da Assembleia Geral das ONU, de 25 de setembro, *"Transforming our world: the 2030 Agenda for Sustainable Development"*.

[35] Objetivos de Desenvolvimento Sustentável, 2016-2030 (ODS):

1. Acabar com a pobreza em todas as suas formas e em todos os lugares.
2. Acabar com a fome, alcançar a segurança alimentar e a melhoria da nutrição e promover a agricultura sustentável.
3. Garantir uma vida saudável e promover o bem-estar para todos, em todas as idades.
4. Garantir uma educação inclusiva e equitativa de qualidade e promover oportunidades de aprendizagem ao longo da vida para todos.
5. Alcançar a igualdade de género e capacitar todas as mulheres e raparigas.

A dimensão desta ambição colectiva, que surge na sequência de idêntica iniciativa anterior[36], exige um compromisso multinível forte por parte dos governos, das Administrações, do sector privado, da sociedade civil, da ONU, das organizações transnacionais. O processo envolve os Governos de todos os países representados na ONU, incluindo Portugal[37], bem como a UE[38].

Cada País adaptou às suas especificidades, a estratégia de desenvolvimento sustentável que melhor se lhe adequava[39].

---

6. Garantir a disponibilidade e a gestão sustentável da água e saneamento para todos.
7. Garantir o acesso à energia fiável, sustentável, moderna e a preço acessível para todos.
8. Promover o crescimento económico sustentado, inclusivo e sustentável, o emprego pleno e produtivo e o trabalho digno para todos.
9. Construir infraestruturas resilientes, promover a industrialização inclusiva e sustentável e fomentar a inovação.
10. Reduzir a desigualdade dentro dos países e entre eles.
11. Tornar as cidades e os povoamentos humanos inclusivos, seguros, resilientes e sustentáveis.
12. Garantir padrões de produção e de consumo sustentáveis.
13. Tomar medidas urgentes para combater as alterações climáticas e os seus impactes.
14. Conservar e utilizar de forma sustentável os oceanos, os mares e os recursos marinhos, para o desenvolvimento sustentável.
15. Proteger, recuperar e promover o uso sustentável dos ecossistemas terrestres, gerir as florestas de forma sustentável, combater a desertificação, travar e reverter a degradação dos solos e estancar a perda de biodiversidade.
16. Promover sociedades pacíficas e inclusivas para o desenvolvimento sustentável, proporcionar o acesso à justiça para todos e construir instituições eficazes, responsáveis e inclusivas a todos os níveis.
17. Fortalecer os meios de implementação e revitalizar a parceria global para o desenvolvimento sustentável.

[36] Em 2000, os líderes mundiais já tinham, em sede da ONU, aprovado os "Objetivos de Desenvolvimento do Milénio" (a cumprir até 2015). Algumas metas foram atingidas, outras não. Porém, o Mundo mudou, novos desafios se vieram colocar (clima, crises, migrações), e era preciso reequacionar tudo isso e assumir uma nova agenda.

[37] http://www.instituto-camoes.pt/activity/o-que-fazemos/cooperacao/cooperacao portuguesa/mandato/ajuda-ao-desenvolvimento/agenda 2030?highlight=WyJhZ2VuZGEiLDIwMzAsImFnZW5kYSAyMDMwIl0=

[38] O PE, que vê nos ODS um compromisso renovado de erradicação da pobreza e de redefinição e de modernização das estratégias de UE para os próximos 15 anos, monitoriza o grau de implementação efetiva da Agenda 2030, a partir dos dados transmitidos pelos EM, exigindo, da parte da Comissão, a apresentação de uma posição concertada da UE.

http://www.europarl.europa.eu/oeil/popups/summary.do?id=1436985&t=e&l=en

[39] No caso português, foram escolhidos como prioritários os ODS 4, 5 , 9, 10, 13 e 14 (Educação de qualidade, Igualdade de Género, Indústria, inovação e infraestruturas, Reduzir as desigualdades, Ação Climática e Proteção da vida marinha). Cabe ao Ministério dos Negócios Estrangeiros a coordenação global, articulando-se com o Ministério do Planeamento e das Infraestruturas. Diversas ações foram, entretanto, realizadas para progredir no sentido visado: nomeação de pontos focais dentro de cada Ministério, repartição de ODS por Ministério responsável em função das respectivas naturezas, realização de reuniões com autarquias locais, com a sociedade civil, etc.

3.4.2 ISC, INTOSAI e os Objectivos de Desenvolvimento Sustentável

Um dos grupos de atores que foi especificamente chamado a contribuir para os ODS foram as Instituições Superiores de Controlo (ISC), como é o caso do Tribunal de Contas.

Quase todos os países têm uma ISC. Estas, estão agregadas internacionalmente na designada INTOSAI (*International Organization of Supreme Audit Institutions*), que tem contribuído nos últimos 50 anos, através da institucionalização de molduras teóricas, standards profissionais (*ISSAI – International Standards of Supreme Audit Institutions*[40]) e manuais de boas práticas, para a melhoria das auditorias do desempenho a nível mundial.

Reconhecendo que, através da "accountability"[41], as ISC podem "forçar" à obtenção de resultados, fazendo a diferença na vida dos cidadãos, a ONU chamou-as a contribuir ativamente para os ODS, *"Supreme Audit Institutions are the "watchdogs" that help to foster the efficient and effective use of public resources. They will play a critical role in supporting the implementation of this new sustainable development agenda."* (Ban Ki-Moon, outubro de 2013[42]).

A INTOSAI interpretou da mesma forma o papel das ISC quanto à concretização dos ODS, fornecendo-lhes uma orientação transversal no seu plano estratégico para 2017-2022, *"to contribute to the follow-up and review of the Sustainable Development Goals, within the context of each Nation's specific sustainable development efforts and Supreme Audit Institutions Mandate..."*[43].

---

[40] As ISSAI estão em permanente atualização. O princípio original das ISSAI foi o da independência. Os outros surgiram conforme se foram alargando as áreas de incidência das ISC: das auditorias financeiras às auditorias de desempenho.

[41] A *"accountability"* é um conceito que associa duas ideias complementares: por um lado, a obrigação de prestar contas, por outro, a responsabilização por aquilo que se (não) fez.

Segundo Gustavsson, Karlson e Person, 2009, "accountability" é uma relação entre dois atores X e Y, em que X tem o direito de, *i)* monitorizar as ações de Y; *ii)* avaliar as ações de Y e; *iii)* impor sanções a Y. Pode ser vista como uma relação "principal-agente". Os cidadãos, o povo, são, em última instância, os "principais". Foram eles que delegaram poder nos Parlamentos e nos Governos, os quais , por sua vez, delegaram nos agentes para a gestão do dia-a-dia – in *"Examining the illusion of accountability"* – The Illusion of Accountability in the European Union, Routledge, Taylor & Francis Group.

[42] As ISC são os vigilantes que ajudam a forçar o uso eficiente e eficaz dos recursos públicos. Elas jogarão um papel crítico no apoio à implementação dos ODS.

https://www.un.org/sg/en/content/sg/statement/2013-10-22/secretary-generals-message-21st-international-congress-supreme-audit

[43] Cada ISC deve contribuir, no respectivo País e face ao seu mandato específico, para o *follow-up* e revisão dos ODS.

Pode fazer uma comparação dos órgãos de supremos de controlo das finanças públicas nos diferentes países[44] e, por isso pode concluir que há pelo menos cinco elementos comuns a todos eles em que se pode mencionar:

- São órgãos públicos;
- Constituem o nível mais elevado de controlo;
- O controlo desenvolvido é um controlo externo;
- São dotados de independência, embora com garantias de grau variado;
- O parlamento é o destinatário privilegiado da sua atividade (excluindo a atividade jurisdicional, quando exista por isso através de estudos dos doutrinadores quanto a estrutura, organização, poderes e relacionamentos com os outros órgãos do Estado existem basicamente três sistemas de órgãos supremos de controlo financeiro que são:
- O sistema de Tribunal de conta;
- O sistema de Auditor Geral;
- O sistema misto Tribunal de Contas/Auditor-Geral.

Argumentando o que foi dito acima hoje o tribunal de Contas tem como a natureza de exercer a função de fiscalização /auditoria e a função de pagamentos, é da responsabilidade financeira. Mas ainda é visto em alguns casos em que privilegia o controlo da legalidade e da regularidade financeira. No entanto o controlo é exercido a posteriori, ou seja, controlo sucessivo bem como a fiscalização prévia. É de saber que o controlo e aprestação de conta constitui uma ferramenta indispensável para que possamos ter uma boa gestão dos recursos público.

Mas, também se pode salientar que um órgão de controlo financeiro de natureza mista, uma vez combine com as caraterísticas dos sistemas de tribunal de contas e de auditor geral. Na verdade, há exemplos de poderes jurisdicionais, exercendo apenas a função de auditoria suprema e sem poderes de fiscalização prévia, mas tão só concomitante e sucessiva.

Embora havendo um sistema adotado, mais importante é que todos os órgãos têm pelo menos, as características comuns apontadas, que são as essências, por isso, foi criado em 1953, uma organização internacional na órbita da Organização das nações

[44] Estes órgãos são internacionalmente conhecidos, nomeadamente, pelas expressões Supreme Audit Institutions (SAI), Institutions Suprêrmes de Contrôle des Finances Publiques (ISC), e Entidades Fiscalizadoras Superiores (EFS).

Unidas, visando promover a troca de informações e de experiências, bem como a discussão de temas de interesse comum:

A INTOSAI – International Organisation of Supreme Audit Institutions, de que Tribunal de Contas Português é membro fundador (e, desde 1995, vogal do seu Conselho Diretivo), tendo atualmente 174 membros. A leitura das conclusões dos seus Congressos é, sem dúvida, uma das vias mais ricas para o conhecimento destes órgãos, v.g das suas linhas evolutivas.

A nível nacional, as relações e a colaboração do Tribunal de Contas com o Parlamento, o Governo, o Ministério Público e os órgãos de controlo interno da AP contribuem para uma melhor gestão da "coisa" pública.

No que diz respeito à relação entre o TC e o Parlamento, o primeiro assiste tecnicamente o segundo no que diz respeito ao parecer sobre a Conta Geral do Estado, consistindo num juízo sobre a regularidade e a legalidade da execução orçamental, bem como sobre a eficiência e eficácia da gestão efetuada e a fiabilidade do sistema de controlo interno. Por sua vez, o Parlamento e o Governo podem solicitar auditorias de qualquer tipo ou natureza, a determinados atos, procedimentos ou aspetos da gestão financeira desenvolvida por qualquer entidade sujeita ao seu poder de controlo[45].

O Ministério Público acompanha os processos de fiscalização prévia desenvolvidos pelo TC, sendo-lhes também remetidos todos os procedimentos jurisdicionais em que considerem haver indícios suficientes de factos de que resulte responsabilidade financeira, propondo as ações de julgamento de contas e de julgamento de responsabilidades financeiras[46].

No âmbito internacional, o Tribunal de Contas tem mantido relações bilaterais com instituições congéneres dos Estados membros da União Europeia e mantendo igualmente contactos regulares com outras instituições da América Latina, da Europa de Leste e do extremo oriente. O Tribunal de Contas tem ainda cooperado com os órgãos de controlo financeiro da NATO, da OCDE e, ainda, com o Banco Mundial. O TC é membro fundador da Organização das Instituições Superiores de Controlo/Comunidade de Países de Língua Portuguesa (OISC/CPLP), da *International Organisation of Supreme Audit Institutions* (INTOSAI) e da sua seção regional, *European Organisation of Supreme Audit Institutions* (EUROSAI).

---

[45] Serra, Rute, *Controlo Financeiro Público e Responsabilidade Financeira*, Universidade Autónoma, Lisboa, 2015, pág. 29.

[46] *Cfr.*, *Relatório de Atividades e Contas de 2017*, Lisboa, 2018, pág. 28. (Disponível em http://www.tcontas.pt/pt/actos/rel_anual/2017/ra2017.pdf) [Consultado em 10-07-2018].

A INTOSAI fundada em 1953 por 34 ISC, entre as quais a ICS portuguesa[47], é uma organização que muito tem contribuído para a evolução das ISC, através das suas recomendações e conclusões[48].

Destaca-se em especial a Declaração de Lima, de 1977, que representa a filosofia e o enquadramento concetual da mesma, e com a Declaração do México, em 2007, sobre a independência e que realça os valores democráticos. A INTOSAI publica normas internacionais e orientações sobre auditoria financeira de conformidade e de desempenho, e presta assessoria para uma boa governança.

A estrutura da INTOSAI divide-se em dois grupos: as *Innternational Standards of Supreme Audit Institutions* (ISSAI) que visam promover a realização de auditorias independentes e eficazes pelas ISC e as INTOSAI *Guidance on Good Governance* (INTOSAI GOV) que visam guiar as autoridades administrativas, isto é, os sistemas de controlo interno e auditoria. As normas profissionais da INTOSAI estão agrupadas em quatro níveis. O nível 1 contém os princípios fundamentais da estrutura. O nível 2 (ISSAI 10-99) estabelece pré-requisitos para o funcionamento adequado e a conduta profissional das ICS, como independência, transparência e *accountability*, ética e controlo de qualidade. Os níveis 3 e 4 tratam da realização de cada tipo de auditoria e incluem princípios profissionais geralmente reconhecidos que dão suporte a uma auditoria eficaz e independente das entidades do setor público[49].

Em 1992, a INTOSAI publicou um guia para as normas de controlo interno do setor público, INTOSAI GOV 9100[50], com ênfase no conceito de boa governança, desenvolvido pelo COSO (*Committee of Sponsoring Organizations of the Treadway Commission*).

---

[47] *Idem*, pág. 31.

[48] *Vide*, Martins, Guilherme, O., *A independência das ICS à luz da Declaração de Lima e da Declaração do México da INTOSAI*, in INTOSAI, Conference on strengthening external public auditing, Viena, 26-27 maio, 2010 pág. 3.

[49] *Vide*, *Normas Internacionais das Entidades Fiscalizadoras Superiores* (ISSAI), Tribunal de Contas da União, 2015, pág. 15.
(disponível em https://www.tcontas.pt/pt/publicacoes/outras/ag_cplp/8assembleia_isc_cplp.pdf) [Consultado em 10-07-2018].

[50] INTOSAI GOV 9100 resulta no primeiro guia para a boa governança publicado por esta entidade (*Guidelines for Internal Control Standards for the Public Sector*), sendo que o acrónimo INTOSAI GOV corresponde a guias de boa governança. De acordo com este guia (disponível em http://www.issai.org/media/13329/intosai_gov_9100_e.pdf) [Consultado em 18.07.2018]. A boa governança resulta de um "*processo pelo qual as organizações públicas e gestores da coisa pública, são responsáveis pelas suas decisões e ações, incluindo a gestão de fundos públicos, a equidade e todos os aspetos do desempenho. Isto será realizado pelo desenvolvimento, manutenção e disponibilização de informações financeiras e não-financeiras fiáveis e relevantes e por meio de uma comunicação eficaz das informações contidas nos relatórios, divulgados interna e externamente. As informações não financeiras deverão estar relacionadas com a economia, eficiência e eficácia das políticas e operações (informação de desempenho), e do controlo interno e sua eficácia.*" (Tradução livre).

No âmbito da EUROSAI, cuja Presidência foi assumida pelo Tribunal de Contas de Portugal, em maio de 2011, para o período de 2011-2014, e tendo em vista o desenvolvimento do seu Plano Estratégico 2011-2017, o Tribunal contribuiu para o desenvolvimento do Objetivo Estratégico 1 – Capacitação Institucional; Objetivo Estratégico 2 – Normas Profissionais; Objetivo Estratégico 3 – Partilha de Conhecimentos; Objetivo Estratégico 4 "Governação e Comunicação". Dentre estes realça-se o objetivo estratégico 2, por ter como desígnio a promoção e implementação das ISSAI e das INTOSAI GOV[51].

No Congresso Internacional, realizado em dezembro de 2016, a INTOSAI sintetizou o papel das ISC, no que toca ao tema em apreço, em quatro grandes linhas[52]: i) auditar os sistemas nacionais de acompanhamento; ii) realizar auditorias de desempenho a programas que contribuem para os ODS; iii) avaliar e apoiar o Objectivo 16 (Paz, Justiça e *Instituições fortes*) e iv) serem elas próprias organizações-modelo no que toca à transparência e *"accountability"*.

As ISC, enquanto órgãos independentes, designados para assegurar a *"accountability"* pública, foram consideradas especialmente bem posicionadas para *exercer influência* no que toca à monitorização do grau de implementação dos ODS. Será o TC uma ISC capaz de influenciar?

3.4.3 É o Tribunal de Contas português capaz de influenciar a aplicação dos ODS?

Baseando-nos na grelha de análise usada num estudo comparativo internacional[53], de 2017, que se debruçou sobre as variáveis que podem impactar o nível de influência das ISC ("forte" ou "fraca") e como essa percepção pode representar um poder de influência (no que toca aos ODS, p.e.), fomos verificar como, em nossa opinião, pontuaria o TC português (face à LOPTC, Relatórios disponíveis, comunicação, Web, etc.

[51] *Vide, Eurosai Strategic Plan* 2011-2017, 2011, pág. 11. (disponível em: https://www.eurosai.org/handle404?exporturi=/export/sites/eurosai/.content/documents/strategicplan/Eurosai_Strategic_Plan062014_en.pdf) [Consultado em 18.07.2018].

[52] http://www.intosai.org/fileadmin/downloads/downloads/5_events/congresses/EN_AbuDhabiDeclaration.pdf.

[53] Van Widen, Evalinde, Julho 2017, *"Sustainable Development: Environmental Governance"*, www.Intosai.org.

Para cada característica, definiu-se, no estudo, uma pontuação de 1 a 5, do seguinte modo: i) "**1**" - nível *baixo*; ii) "**2**" - nível *baixo a médio*; iii) "**3**" - nível *médio*; iv) "**4**" - nível *médio a alto*; v) "**5**" - nível *alto*.

Os países europeus selecionados foram a França e Espanha (ambas com o modelo institucional Tribunal), a Dinamarca e o Reino Unido (com o chamado modelo de "Westminster"[54]) e a Holanda e a Alemanha (ambas com o modelo de *Board*/ Conselho).

Face às semelhanças reconhecidamente existentes entre o TC francês e o português[55], usámos os resultados desta ISC como contraprova para os resultados obtidos para o Tribunal de Contas português. No quadro seguinte reproduzimos as variáveis analisadas, tendo posicionado o TC francês (resultado do estudo) e o português (segundo a nossa apreciação) em cada uma delas.

Indicadores e Qualidades Analisadas	Indicadores	Fraco	Médio	Forte
INDEPENDÊNCIA	Base Legal	Criação, independência e mandato não previstos na Constituição	Criação e independência previstos na Constituição, mas não o mandato	Criação, independência e mandato fazem parte da Constituição
Portugal : 5	Mandato	Autonomia Limitada	Autonomia em algumas decisões, mas também algumas restrições	Autonomia quanto ao processo de tomada de decisão
França : 4	Sistema de Follow-up	Nem a ISC nem a entidade auditada reportam as conclusões da auditoria (nem do follow-up)	Há um follow-up mas a obrigatoriedade de reporte das suas conclusões não é clara	Há folow-up; a resposta às recomendações é obrigatória; as medidas adoptadas são monitorizadas

[54] Modelo de Westminster – é um modelo misto, em que o Tribunal funciona em conjunto com um Comité de Contas Públicas que limita a sua influência.

[55] Veja-se a alocução de Danielle Lamarque, substituindo o 1.º Presidente da Cour des Comptes, M. Philippe Séguin, na celebração dos 160 anos do TC: "*La Cour et le Tribunal de Contas sont comme deux sœurs. Elles ne sont pas jumelles, puisque vous m'accorderez, le privilège de l'âge... A l'heure où la Cour des comptes connaît de profondes mutations, elle se tourne vers sa sœur cadette... et nous sommes attentifs à votre exemple pour moderniser notre propre organisation*".

O Tribunal de Contas francês e o português são como dois irmãos. Não são gémeos porque ao TC francês terá de acordar-se o privilégio da idade... Na hora em que o TC francês enfrenta profundas mudanças, vira-se para o seu irmão mais novo... e está atento ao seu exemplo para modernizar a sua própria organização.

TRANSPARÊNCIA **Portugal : 5** **França : 4**	**Acessibilidade**	Não há acesso público aos relatórios	Os sumários e alguns relatórios são tornados públicos	Todos os relatórios estão facilmente acessíveis
	Garantia de Qualidade	Não há mecanismos de controlo de qualidade ou são fracos	Controlo de qualidade limitado	Sistema de Controlo de qualidade implementado e a funcionar
PODERES **Portugal e França : 5**	**Acesso à Informação**	A informação a que têm acesso não está prevista na Lei; pode ser limitada	A Lei prevê acesso total, mas na prática não está a funcionar	A Lei prevê acesso ilimitado à informação
	Tipo de Auditoria	Auditorias Financeiras e Auditorias de *Compliance*	Auditorias Financeiras, Auditorias de *Compliance* e algumas (espécies) de Auditorias de Desempenho	Auditorias Financeiras, Auditorias de *Compliance* e Auditorias de Desempenho
COMUNICAÇÃO **Portugal : 4**[56] **França : 5**	**Site Web**	Não existente, não acessível ou com falta de informação	Contém informação, mas é constituída por publicações; não apresenta conclusões das auditorias realizadas	Atualizado, grande variedade de informação, relatórios disponíveis, consulta fácil e acessível
	Media	Não há cooperação; não há uso de relatórios; baixo nível de percepção e conhecimento	Baixo nível de colaboração; relatórios usados pelos Media	Bastante cooperação; a ISC usa os Media para alertar o público para as conclusões das suas auditorias
	Estratégia	Não há estratégia	Há alguma estratégia	Existe uma estratégia em pleno funcionamento
CAPACIDADE ORGANIZACIONAL **Portugal e França : 5**	**Meios Financeiros**	Insuficientes	Razoáveis	Suficientes
	Meios Humanos	Insuficientes	No limite do aceitável	Suficientes
	Expertise	Pouca formação, pouca expertise em auditorias	Têm em conta as técnicas de auditoria e a formação	Auditores tecnicamente habilitados e com diferentes backgrounds; fazem formação e treinam skills

[56] Note-se que, no Plano trienal para 2017/19, o TC afirmava que entre os elementos potenciadores de um maior impacto da ação do Tribunal se destacava uma comunicação cada vez mais eficaz junto dos seus principais destinatários, maxime os cidadãos.

COMMITMENT	**Objetivos de Desenvolvimento Sustentável**	Não desenvolvem ação ao nível dos ODS	Desenvolvem atividade no quadro da sustentabilidade, mas não dos ODS	Os ODS são parte do Plano Estratégico e incluídos nos Planos de Ação programada
Portugal e França : **1 quanto aos ODS e cooperação;** **5 quanto ao compromisso nacional**	**Cooperação**	Não há colaboração nem atividade no que toca a temas de sustentabilidade	Há colaborações, Grupos de Trabalho em matéria de sustentabilidade	Lideram-se Grupos de Trabalho, organizam-se fóruns de discussão, contribui-se ativamente para o trabalho da INTOSAI no que toca aos ODS
	Compromisso Nacional	Não há evidência de ação do Governo em matéria de ODS	Os ODS são mencionados, mas quase não se identifica qualquer ação	Os ODS estão incluídos na estratégia e planos nacionais

Fonte: Elaborado a partir de Van WIDEN, Evalinde, Julho 2017, *"Sustainable Development: Environmental Governance"*

A nossa avaliação do TC português parece-nos adequada face ao modelo comparativo usado (o francês). Pensamos que o TC português pode ser qualificado – à semelhança do francês no estudo referenciado – como uma ISC "forte", capaz de influenciar a aplicação dos ODS.

Curiosamente, à semelhança da *Cour des Comptes* francesa, não se obteve evidência de intervenções operacionais do TC mencionando explicitamente os ODS, não obstante se registar a incorporação do tema nas preocupações do Tribunal.

Com efeito, logo em novembro de 2016, o Tribunal de Contas assumia, no seu Plano trienal para o período 2017-2019, o propósito de *"Intensificar a realização de auditorias de resultados tendo em conta o impacto no desenvolvimento sustentável e centrar o exame do impacto das políticas públicas nas áreas e programas de maior relevância e risco apreciando... a pertinência, a solidez e a consistência dos indicadores de gestão adotados"*.

E, em setembro de 2017, o Tribunal de Contas juntamente com as restantes ISC da Comunidade de Países de Língua Portuguesa (CPLP) que seguem o mesmo modelo organizacional (jurisdicional), acordaram (Declaração do Funchal), sob o lema *"A Agenda 2030 para o Desenvolvimento Sustentável – que papel para os Tribunais de Contas?"*, que era importante promover e obter resultados concretos no quadro do acompanhamento dos ODS, por forma a apoiar o escrutínio por parte dos cidadãos sobre como são utilizados os recursos públicos na esse fim, investindo na capacitação profissional, na avaliação do impacto das políticas públicas, etc.

O facto de não se ter encontrado evidência de auditorias do TC relativas ao seu papel enquanto *"auditor da sustentabilidade"* poderá dever-se, nomeadamente, às seguintes razões:

- o largo horizonte temporal dos ODS (até 2030), poderá significar que as entidades operacionais diretamente ligadas à implementação daqueles objetivos ainda não concretizaram iniciativas passíveis de ser objecto de auditorias do TC;
- sendo as auditorias de desempenho realizadas à posteriori, sempre se pode admitir que, mesmo que já existam ações a decorrer nos Ministérios, ainda é muito cedo para arrancar com um programa consistente de avaliações;
- finalmente, sempre se poderá dizer que o TC desenvolve variadas ações, nomeadamente, dentro do sector da Educação e do Ambiente, duas das áreas definidas como estratégicas no caso português para implementação dos ODS, e que, qualquer ação desenvolvida dentro destas áreas, acaba por visar o objetivo final de cumprimento da Agenda 2030.

O resultado obtido para Portugal não se afasta, porém, das conclusões a que o estudo chegava em julho de 2017, ao reconhecer que o compromisso das ISC com os ODS era ainda muito limitado. Em 2018, porém, a ONU incluía Portugal entre os Países que já tinham organização montada para responder aos ODS[57].

3.5 O TC como "Consultor" – mais pedagogia?

March e Olsen afirmavam, já em 1995, que a *"accountability"* podia ser uma faca de dois gumes. Mais tarde, Bovens (2005) e Heald (2006) enfatizaram os riscos do excesso de *"accountability"* e os perigos da *"sobre-exposição"*: o sufoco gerado pela permanente necessidade de se justificar[58], pode levar a subterfúgios de vária ordem numa atitude defensiva em que se procuraram evitar "complicações" (*name and shame*), por exemplo, escudando-se atrás de procedimentos excessivamente cautelosos que inibem o

[57] *"Working Together: Integration, Institutions and the Sustainable Development Goals – World Public Sector Report 2018"*, United Nations, Economic and Social Affairs, pág. ix.

[58] Não era invulgar, há bem pouco tempo, três ou quatro diferentes equipas de auditoria coincidirem num serviço público: Tribunal de Contas (apreciando p.e., empreitadas), Inspeção-Geral de Finanças (apreciando p.e. a aplicação do SIADAP), Inspeção Setorial (atuando no quadro da verificação da Lei de Compromissos, p.e.), Auditores da UE (apreciando a legalidade e regularidade de algum subsídio atribuído à entidade)...

pensamento criativo, a vontade de inovar, ou fazendo só aquilo que se sabe os outros esperam ver (não assumindo quaisquer riscos)[59].

Em 2016, o Tribunal de Contas Europeu (TCE) introduziu um programa de Reforma, dotando aquela organização de maior flexibilidade e agilidade, nomeadamente ao nível das equipas (constituídas de acordo com a tarefa específica a realizar) e da (re)focagem da atividade (menos "processos" e mais "outputs de qualidade")[60].

O TCE reconhecia, então, que as *auditorias de desempenho* tinham características distintivas fundamentais: pretendiam acrescentar valor, identificar boas práticas, propor melhorias nos sistemas de gestão; tal só era possível colaborando com as entidades auditadas, comprometendo-as eficazmente na procura das melhores práticas. Era tempo, segundo o TCE, de reequilibrar a relação "*accountability*/melhorias", favorecendo a aprendizagem e o papel das auditorias do desempenho (note-se a coincidência de pontos de vista com o que se referiu acima a propósito do controlo nos novos modelos de Governance, e da necessidade de reforço do autocontrolo tornando as organizações mais resilientes aos riscos).

E, algo inesperadamente, admitia-se que, por vezes, *"focusing on "what works right" about a process or system rather than on what doesn't work heightens the positive potencial of managers and decision-makers. Perhaps accountability and auditing would be best served by a "name, shame and aclaim" policy*[61].

Num interessante artigo, publicado em 2017, no "*The Sweedish Journal of Political Science*", questionava-se se a Instituição Superior de Controlo sueca (Riksrevissionen) devia incidir mais na "*consultoria*" ou na "*responsabilização*", tema acutilante e oportuno numa altura em que aquela ISC tinha passado duma intervenção focada na "*accountablity*" e na "*compliance*" para uma intervenção baseada nos tradicionais "*3Es*" da auditoria do desempenho e lhe era pedido para se focar no suporte em vez de na

[59] Papadopoulos, Yannis, *Accountability and Multi-level Governance: More Accountability, Less Democracy?*, Institut d'Études Politiques et Internationales, University of Lausane, 2008.

[60] Sweenwy, John, *A Short History of Performance Audit at the ECA and the Challenge of Adding Value, Journal of European Court of Auditors*, March 2016, n.º 3, pág. 6.

[61] *"...focar naquilo que "funciona bem" num processo ou num sistema em vez de naquilo que não funciona, estimula o potencial positivo dos gestores e dos decisores (Veja-se David Cooperrider sobre o "Appreciative Inquiry" – o modelo de liderança nos Sistemas Abertos). Talvez a "accountability e a auditoria fossem melhor servidas por uma política de "nomear, envergonhar e aclamar...".* Numa referência ao modelo adoptado pelo Reino Unido, no período Tony Blair, no quadro do New Public Management, que passava pela definição de objetivos aos gestores públicos e vergonha pública para os que não atingiam as metas fixadas (name and shame) – ver Gwyn Bevan e Christopher Hood, *"What's measured is what matters: Targets and Gaming in the English Public Health Care System"*.

"responsabilização"[62]. De forma breve, de que que angulo aquela ISC impactava mais, era um mais influente agente de mudança, na Administração Pública Sueca? E concluía-se, com base nos resultados do estudo efectuado, que quanto mais a entidade auditada percepcionava o *Riksrevisionen* como um consultor, maior a sua propensão para mudar. Uma relação positiva foi também determinada entre a pressão exercida pela *"accountability interna"* e a mudança; pelo contrário, não foi possível estabelecer uma relação entre *"accountability externa"* e mudança.

Neste mesmo sentido se pronunciara, dez anos antes, o conceituado autor Dagomar Lima, especialista em controlo externo e autor do Manual de Controlo Operacional do Tribunal de Contas da União (Brasil)[63]:

> *"O ambiente em que se desenvolve a responsabilização por desempenho é menos previsível e padronizável do que o ambiente de comando e controle da responsabilização mediante controlos procedimentais... Procedimentos burocráticos rotineiros permanecem e são necessários, mas o atendimento das necessidades sociais, isto é, a geração de valor público, em ambiente de escassez de recursos para o setor público, exige comportamentos criativos, maior contacto com os grupos sociais cada vez mais organizados e exigentes e adaptação à tecnologia...*
> *No caso das ISC que assumem a forma de tribunais de contas, a forma de apreciação dos trabalhos também se altera. Essas transformações podem gerar tensão com os estáveis modos de realizar o controlo procedimental... A ISC pode buscar aliados no Legislativo, na sociedade civil organizada e na mídia... no entanto, os maiores aliados das ISC são os próprios gestores. Caso os auditados se convençam de que as recomendações são fruto de trabalho competente, baseado em metodologias sólidas e apropriadas, e de que a sua implementação melhorará o desempenho... eles se apropriarão do trabalho de auditoria. Além disso, como eles são os maiores conhecedores da operação dos programas, suas contribuições para a avaliação são imprescindíveis.*
> *A primeira e mais evidente mudança de estilo é que os auditores devem assumir uma posição cooperativa com os gestores e, mais além, conquistar a cooperação deles. Não é possível realizar com sucesso um trabalho que ambiciona introduzir melhorias... fechado em uma sala e mantendo sob sigilo seus procedimentos e opiniões".*

---

[62] Carrington, Thomas, *Consulting or Holding to Account? Riksrevisionen as an Agent of Change in the Sweedish Public Administration*, Innheal, 2017/1, The Sweedish Journal of Political Science, 2017, págs. 91-110.

[63] Lima, Dagomar Henriques, *"Responsabilização por desempenho e controle externo da Administração Pública"*, Doutrina, *in Revista do TC*, jan/abr/2008, págs. 35-41.

Ainda na mesma linha, pronunciou-se Reichborn-Kjennerud (2013), na sequência do estudo desenvolvido junto da Administração Pública norueguesa, a propósito da utilidade das auditorias de desempenho realizadas pelo *Norwegian Office of the Auditor General* (NOAG), concluindo que o estudo dava substância à tese de que os resultados destas auditorias tinham maior probabilidade de ser utilizados quando as entidades auditadas os consideravam úteis[64]. A autora alertava, porém, para alguns possíveis riscos deste tipo de intervenção das ISC: a *"possibilidade das ISC se tornarem controversas e poderem ser vistas como atores políticos"*.

4. E, como Corolário, veja-se o Plano Trienal de Médio Prazo do TC

E como corolário de tudo o que se expôs, não podia deixar de se analisar o atual Plano Trienal do TC (2017/2019) e ver em que medida ele expressa as preocupações enumeradas. O Plano Trienal é o instrumento de planeamento estratégico de médio prazo do TC e, na sua preparação, tem-se em conta a vocação da organização, as perspectivas de futuro, a relação face ao país e ao contexto internacional (p.e., responsabilidades com a UE e compromissos face ao INTOSAI), os destinatários do trabalho do Tribunal e os cidadãos em geral.

Os Objetivos Estratégicos e Linhas de Ação definidos refletem as prioridades do Tribunal enquanto Instituição Superior de Controlo externo e independente, bem como o seu alinhamento com as boas práticas internacionais. O TC quer-se exemplar, tanto em processos de governação, como no comportamento ético dos colaboradores ou na administração dos recursos.

Embora o Tribunal continue a atuar em sectores de risco (de que se salientam, pela materialidade, relevância social e impacto financeiro: saúde, educação, e segurança social; endividamento do "sector administrações públicas"; apoios ao sector financeiro; Programas Operacionais do Portugal 2020), destacam-se, pela sua ligação aos pontos anteriores, os seguintes Objectivos Estratégicos (OE) e Linhas de Ação:

OE 1 – Contribuir para a boa governação, a prestação de contas e a responsabilidade nas finanças públicas

[64] Reichborn-Kjennerud, Kristin, *"Political Accountability and performance audit: the case of the auditor general in Norway"*, *in Public Administration Review*, 91(3), 2017, págs. 680-695.

- intensificar a realização de *auditorias de resultados tendo em conta* o impacto no *desenvolvimento sustentável* e centrar o exame do impacto das políticas públicas nas áreas e programas de maior relevância e risco...;
- generalizar a prestação eletrónica de contas a todas as entidades, adaptar e atualizar a respetiva plataforma ao SNC, SNC-AP e ao SNC-ESNL bem como os *procedimentos de controlo automático das contas*, sua tempestividade e validação;

OE 2 – Aperfeiçoar a qualidade, a tempestividade e a eficácia do controlo do Tribunal

- considerar a *inclusão da gestão da ética nas auditorias* às organizações do sector público;
- promover um maior impacto da atuação do Tribunal junto dos órgãos de soberania, dos órgãos executivos e deliberativos, de outros órgãos constitucionais, das entidades auditadas, dos órgãos do controlo interno e dos demais interessados;
- desenvolver uma estratégia de comunicação que consolide a imagem do Tribunal nas suas relações interna, externa e interinstitucional.

Conclui-se, assim que, já em 2016, altura em que elaborou o Plano Estratégico 2017-2019, o TC mencionava, se não de forma explícita, pelo menos implícita, alguns dos desafios que temos vindo a abordar.

5. Conclusão

No Mundo atual *"A mudança é a única constante"*[65] e as formas de Governança são cada dia mais complexas. Nos novos modelos de governação, caracterizados pela negociação, o Estado perde poder, passando a exercer influência. As Administrações Públicas e o controlo financeiro estão numa corrida contra o tempo para o *"Digital-total"*. As questões da sustentabilidade, entre as quais a climática, interpelam-nos a uma intervenção civilizacional. Questiona-se hoje quem influencia mais enquanto agente de mudança – o consultor ou o controlador. *Como lidam as Instituições Superiores de Controlo com estes desafios?*

Prometendo maior eficiência, maior inclusão e maior pluralismo, os modelos de *Governance* podem também ter consequências negativas para as democracias: composição difusa das redes, falta de visibilidade dos atores, falta de compromisso com

[65] Frase atribuída a Heráclito (540 a.C. – 470 a.C.), filósofo pré-socrático. Afinal, o problema é sempre o mesmo...

as instituições representativas, etc. É preciso estar atento aos riscos que estes novos modelos podem acarretar em termos de apuramento de responsabilidades e efetivação das mesmas. No futuro, o reforço dos sistemas de controlo, a nível global, parece depender do aprofundamento de uma cultura de controlo interno, dentro das próprias entidades, com um quadro organizacional e procedimental coerente e estruturado, que contribua para uma maior resiliência aos riscos (financeiros, reputacionais, etc.), É importante, não escamotear, porém, a questão da dotação em meios exigidos por tal cultura. Parece igualmente inequívoco que o alinhamento top-down não pode desaparecer.

Na *Era Digital*, os atos são automatizados, as assinaturas digitais, a contratação pública de bens & serviços é feita nas plataformas digitais, as licitações são feitas online. A manipulação digital de documentos, a usurpação de identidades, etc. colocam em causa a genuinidade dos documentos e das próprias decisões. O controlo financeiro do *e-government* é indissociável do uso das modernas tecnologias e das auditorias de sistemas informáticos. Trabalhar para um desenvolvimento económico sustentável, que concilie prosperidade económica, equilíbrio das finanças públicas, justiça social e respeito pelo ambiente, é um desafio que se coloca aos Estado contemporâneos. As ISC, enquanto órgãos independentes, garantes da *"accountability"* pública, foram consideradas *atores influentes* na monitorização do grau de implementação da Agenda 2030. Embora os resultados explícitos a este nível pareçam ainda muito limitados, o Tribunal de Contas incorporou os ODS no seu Plano Estratégico e poderá fornecer um relevante contributo mediante a futura realização, p.e., de auditorias temáticas (horizontais).

As auditorias de desempenho têm características distintivas essenciais: podem acrescentar valor, identificar boas práticas, propor melhorias nos sistemas de gestão. A colaboração com as entidades auditadas, comprometendo-as na procura das melhores práticas, parece indispensável, contribuindo-se, assim, para o reforço do autocontrolo e tornando as organizações mais resilientes aos riscos.

A análise efectuada sugere que persistem mais dúvidas do que certezas sobre aquilo que será o futuro das Administrações e das Instituições Superiores de Controlo. O Tribunal de Contas português afigura-se, porém, como uma ISC forte, capaz de influenciar o meio que a rodeia, sem prejuízo de possíveis melhorias, por exemplo, ao nível duma melhor percepção, por parte dos cidadãos, da sua intervenção[66].

[66] *Vide*, a intervenção do Deputado António Gameiro (PS), no debate na Comissão Parlamentar de Orçamento e Finanças e Administração Públicasobre o Parecer do Tribunal de Contas relativo à Conta Geral do Estado de 2017 – www.parlamento.pt

Restar-nos-ia uma última e interpelante questão, que justificaria um outro trabalho – *Como é que as Instituições Superiores de Controlo demonstram que são também elas "accountable"? Como é que se justificam, elas próprias, ao seu público? Que contas prestam da sua própria performance?*

E, por contas não pode entender-se o número de auditorias realizadas, o número de contas julgadas, o número de sanções aplicadas, mas sim como contribuíram, como *agentes de mudança, para uma sociedade melhor*, mais justa, mais democrática?

Afinal, quem controla os controladores, em particular quando eles são Tribunais sem qualquer instância superior aos próprios?

CAPÍTULO IX

—

A TEORIA DA ADMINISTRAÇÃO E O CONTROLO FINANCEIRO

* Textos base: Adilson Quintas, Rosa Plicas, Carolina Menino, Aylson Costa e Leonor Cardoso.

Introdução

A aplicação de princípios sobre a qualidade na Administração Pública é uma questão que vem se preocupando as autoridades governamentais e a sociedade em geral. De fato, um bom funcionamento da Administração Pública resume-se numa importante alavanca para o desenvolvimento social económico e cultural e que quando funciona mal haverá de fato um regresso no progresso do desenvolvimento da sociedade.

Portanto o presente trabalho faz uma análise dos nossos serviços públicos de forma a implementar o controlo na Administração Pública, uma vez que o controlo se consubstancia no desempenho contínuo e adequado das organizações, o que leva a que os bens ou serviços produzidos não tenham deficiências que originem consequentemente insatisfações e reclamações dos utentes.

Por outro lado, a prestação de contas, no Estado democrático não são apenas um dever dos cidadãos e governantes, pois também significa envolver os cidadãos nas decisões que lhes dizem respeito, nomeadamente nos assuntos sobre como são regidos o dinheiro público e o património público. Por conseguinte, os mecanismos de controlo devem ser gerados pelo Estado e Governo com vista a abster e reprimir devidamente o mau uso dos dinheiros públicos[1].

Em sentido amplo, os dinheiros públicos devem ser administrados pelo Estado de modo transparente e correto, dado que são bens escassos e resultantes da privação de uma parcela do património individual dos cidadãos. O controlo tem a finalidade de evitar o mau uso dos dinheiros públicos por parte dos decisores públicos, e fazer com que estes sejam responsabilizados pelos atos infracionais no exercício das suas funções.

1. Administração Pública

1.1 Origem e evolução da Administração Pública

Do ponto de vista estrutural há apresentar uma visão simplificada das coisas que a evolução histórica se encaminhou do pequeno para o grande, do mínimo para o máximo de uma administração rudimentar para uma administração tradicional tentacular. a evolução de uma palavra teria sido linear constante e de tipo quantitativo do menor para o mais, sempre a crescer.

---

[1] *Cfr.*, António Gameiro, Nuno Moita da Costa e Ana Manaia, *Finanças Públicas*, Almedina, 2018.

Nessa perspetiva, muito autor há que apostado em sublinhar o contrato entre o século XIX e o XX, considera que evolução se fez do librar para o social, do abstencionismo para o intervencionismo económico, do estado-autoridade para o estado proteção da Administração como mero aparelho incumbido da execução da lei para Administração como conjunto de entidade promotoras do bem-estar, do Estado gradual-noturno para o Estado-providencia.

Contudo não nos parece possível subscrever, pelo menos na íntegra semelhantes conceções. De fato a evolução histórica não foi de sentido linear, antes apresenta avanços e retrocessos, e em qualquer caso não começou no século XX[2] (M. S. Gianini, 231).

1.2 Administração Pública – Modelos de Reforma

Em pleno século XXI, o ritmo de evolução das organizações públicas face às organizações privadas é consideravelmente mais lento. No entanto, a Administração Pública santomense, tem realizado nos últimos anos um esforço considerável na aproximação dos dois setores, público e privado.

Hoje, devido à forte influência da *"Nova Gestão Pública"* procura-se adotar nos organismos públicos, técnicas e instrumentos de gestão característicos das empresas privadas.

Conceitos como por exemplo *balanced scorecard*, política de qualidade total, gestão por objetivos, outsourcing, empowerment ou gestão de competências, são cada vez mais usuais nos organismos públicos.

No entanto, esta nova visão da gestão pública não pode esquecer as limitações que as organizações do setor enfrentam, nomeadamente o controlo do défice orçamental, que restringe o seu campo de atuação.

Não se pode *"fazer mais com menos"*, abolir níveis hierárquicos de chefia ou simplesmente reduzir o número de trabalhadores em funções públicas. Há que investir nas pessoas, mudar o sistema de valores e alterar os modelos de liderança predominantes.

Para isso é necessário implementar um pensamento estratégico claro, apoiado numa liderança adequada, onde os dirigentes dos organismos públicos tenham a capacidade de articular e divulgar uma missão, uma visão e os valores que norteiam a organização[3].

---

[2] *Cfr.*, M. S. Gianini, *Admministrazione Publica – Premessa storica*, EdD, II, 2010, pág. 231.

[3] *Vide*, sobre esta matéria, Nuno Moita da Costa, Ana Manaia e António Gameiro, *Do Orçamento ao Balance Scorecard*, Almedina, 2018.

Ao abordarmos este ponto, consideramos fundamental clarificar o conceito de Administração Pública. São dois os principais sentidos em que se utiliza na linguagem corrente a expressão administração pública: o sentido orgânico (subjetivo) e o sentido material (objetivo).

Quando se emprega a expressão administração pública no sentido de organização, como sinónimo de organização administrativa, estamos perante a sua utilização em sentido orgânico[4]. Freitas do Amaral, refere que a administração pública em sentido orgânico é "*o sistema de órgãos, serviços e agentes do Estado, bem como das demais pessoas coletivas públicas, que asseguram em nome da coletividade a satisfação regular e contínua das necessidades coletivas de segurança, cultura e bem-estar*".

Quando se utiliza a expressão no sentido de atividade (administração pública a surgir como sinónimo de atividade administrativa), estamos a fazê-lo em sentido material ou objetivo.

Em sentido material, a administração pública pode ser definida como "*a atividade típica dos serviços públicos e agentes administrativos desenvolvidos no interesse geral da coletividade, com vista à satisfação regular e contínua das necessidades coletivas de segurança, cultura e bem-estar, obtendo para o efeito os recursos mais adequados e utilizando as formas mais convenientes*"[5].

Ao longo deste trabalho iremos utilizar a expressão nos dois sentidos. Para evitar confusões, optámos por escrever Administração Pública com iniciais maiúsculas quando estivermos a referir o sentido orgânico ou subjetivo e administração pública com iniciais minúsculas quando nos reportarmos ao sentido material ou objetivo.

Uma vez indicada a distinção entre os dois sentidos que o conceito de administração pública pode tomar, consideramos também importante distinguir os conceitos de "*administração*" e "*gestão*".

Nos vários exemplos, constatou-se uma convergência de opiniões no sentido da aplicação do termo "Gestão" ao domínio das organizações do setor privado, enquanto a "Administração" é utilizada no setor público. Por esse facto, existem duas disciplinas diferentes: por um lado a ciência da administração, por outro a teoria de gestão[6].

---

[4] *Cfr.*, Freitas do Amaral, Diogo, *Curso de Direito Adminitrativo*, vol. I, 2.ª Edição, Almedina, Coimbra, 2006, págs. 36-37.

[5] *Idem*, pág. 38 e segs.

[6] Chiavenato, Idalberto, *Introdução à Teoria Geral da Administração*, Editora Manole Lda., 9.ª Edição, 2014, págs. 65 e segs., e Silvestre, Hugo Consciência e Araujo, Joaquim Filipe, *Administração Pública*, Escolar Editora, 2012, págs. 83 e segs.

Ao situarmos a nossa investigação na gestão pública sob influência do movimento *"New Public Management"*, que introduz modelos de gestão privada na realidade do setor público, com o intuito de obter ganhos de eficiência e eficácia, consideramos que não existe qualquer diferença entre os conceitos.

Feita esta distinção, passamos então a apresentar os motivos que conduziram à adoção dos modelos de gestão privada na esfera pública.

1.3 A crise do "Estado de Welfare"

A reforma da Administração Pública cujas linhas orientadoras começaram a formar corpo nos meados da década de 70, visam resolver a crise do *"Estado de Welfare"* ou também conhecido por *"Estado Providência"*.

O Estado de Welfare, procurou proteger os cidadãos dos grandes problemas económicos gerados sobretudo após a 2.ª Guerra Mundial (Rocha, 2009)[7] e da consequente ameaça de exclusão social (Madureira e Rodrigues, 2006)[8].

Ligado ao Estado de Welfare estão segundo Silvestre (2010)[9], as doutrinas Keynesianas, propondo a intervenção do Estado na economia com o propósito de atingir o pleno emprego. Ainda segundo o mesmo autor, esta intervenção era assumida porque *"existia a convicção de um crescimento económico permanente e imutável sob orientação estatal"*.

Este modelo de Estado entrou em crise no começo da década de 70, essencialmente devido a dois fatores: por um lado o forte intervencionismo estatal na regulação da economia provocava um aumento considerável da despesa pública (Rocha, 2009)[10] e, por outro lado, surge a crise petrolífera que atingiu todos os países industrializados, provocando novas tensões sociais e agudizando ainda mais fenómenos como o desemprego ou a exclusão social (Madureira e Rodrigues, 2006)[11].

Várias criticais se levantaram ao Estado de Welfare:

1) aumento da despesa pública, principalmente em períodos de estagnação;

---

[7] *Cfr.*, Rocha, J. A. O. (2009), *Gestão pública e modernização administrativa*, Oeiras, INA editora.

[8] Madureira, C. e Rodrigues, M. (2006), "A administração Pública do século XXI: aprendizagem organizacional, mudança comportamental e reforma administrativa", *in Comportamento Organizacional e Gestão*, vol. 12, n.º 2, págs. 153-171.

[9] *Cfr.*, Silvestre, H. (2010), *Gestão Pública – Modelos de Prestação no serviço público*, Lisboa, Escolar Editora.

[10] *Cfr.*, Rocha, J. A. O. (2009), *ob. cit.*, pág. 67.

[11] *Cfr.*, Madureira, C. e Rodrigues, M. (2006), *ob. cit.*, pág. 182.

2) desumanização da burocracia, a qual na medida em que aumentou o seu poder, perdera a ligação aos seus clientes, tornando os serviços rígidos, distantes e não responsáveis relativamente aos consumidores;
3) falhanço do próprio Estado de Welfare o qual pretendia uma maior igualdade entre as classes sociais.

Em Portugal, ao contrário da generalidade dos países europeus em que o Estado do Welfare foi construído no pós-guerra, o grande salto deu-se a partir do 25 de Abril de 1974, com a aplicação de políticas sociais, sobretudo educação, segurança social e saúde de forma a combater o atraso no desenvolvimento económico e social existente no país.

Estas medidas provocaram o aumento da despesa pública e segundo Rocha (2009)[12], subiram o número de opositores ao Estado de Welfare, forçando os poderes políticos a apresentarem modelos e paradigmas de administração alternativos, os quais estão na "origem daquilo a que se veio a chamar de reforma administrativa" (Madureira e Rodrigues, 2006:155)[13].

Com todo o ambiente critico em redor do Estado de Welfare, surge um novo conjunto de ideias que servem de suporte à reforma administrativa e cuja ênfase é dado pela Escola Managerial.

1.4 O Managerialismo

O managerialismo, afirma-se como opção gestionária, nas palavras de Madureira e Rodrigues[14], para fazer face, à *"inépcia e às ineficiências tradicionalmente conotadas com as organizações burocráticas"*. Para Pollitt[15], o managerialismo consiste num *"conjunto de crenças e práticas, que tem como centro, a assunção raramente testada, de que uma melhor gestão será uma solução eficaz para um amplo campo de males económicos e sociais"*.

Entre as crenças que compõem o managerialismo, refere o autor, estão:

a) O caminho principal para o progresso social reside na obtenção de aumentos contínuos de produtividade;

---

[12] *Cfr.*, Rocha, J. A. O. (2009), *ob. cit.*, pág. 43.
[13] *Cfr.*, Madureira, C. e Rodrigues, M. (2006), *ob. cit.*, pág. 112.
[14] *Idem*, pág. 131.
[15] Polliti, C., (1993), *Managerialism and the public service: the anglo-american experience*, Oxford, Blackwell.

b) Tais aumentos de produtividade resultarão da aplicação de tecnologias cada vez mais sofisticadas;
c) A aplicação e exploração destas tecnologias implicam a existência de uma força de trabalho disciplinada, de acordo com os ideais da produtividade;
d) A gestão é uma função organizacional separada e distinta das demais que possui um papel crucial no planeamento, implementação e mensuração das melhorias de produtividade necessárias;
e) Para que os gestores possam desempenhar esse papel crucial deverão possuir um espaço de manobra considerável para gerir.

Para Rocha[16], desde os finais da década de 70 do século passado que se assiste a uma mudança de foco e de paradigma de gestão: da "*Public Administration*" para a "*Public Management*", sendo a procura de modelos de gestão alternativos aos tradicionais, centrada no setor privado. Para Madureira e Rodrigues[17], os representantes mais importantes e que mais influenciaram a escola managerial foram Peters e Waterman (1982), lançando a ideia de que se poderia adotar um novo modelo de gestão nas organizações, independentemente de serem públicas ou privadas.

A crítica à burocracia e a elevação da superioridade dos sistemas de gestão privados relativamente aos da gestão pública, materializou-se num conjunto de princípios fundamentais: descentralização, desregulação e delegação.

1.5 A Nova Gestão Pública

A partir dos anos 70 assistiu-se à introdução de um conjunto de novas políticas e práticas na Administração Pública de vários países, denominado de "New Public Management" ou Nova Gestão Pública.

Segundo Hood (1991), este termo designa um conjunto de doutrinas globalmente semelhantes que dominaram a agenda da reforma burocrática em muitos países da OCDE, desde o final da década de 70.

Esta reforma do setor público sob a influência do New Public Management iniciou-se segundo Silvestre[18], no Reino Unido com a entrada do Governo de Margaret

[16] *Cfr.*, Rocha, J. A. O. (2009), *ob. cit.*, pág. 48.

[17] *Cfr.*, Madureira, C. e Rodrigues, M. (2006), *ob. cit.*, pág. 157.

[18] *Cfr.*, Silvestre, H., (2010), *Gestão Pública – Modelos de Prestação no serviço público*, Lisboa, Escolar Editora.

Thatcher em 1979, tendo como principal influência teórica as ideologias do *"New Right"*, que se opunha à intervenção do Estado na economia.

Apesar de poder ser teoricamente incluído na escola managerial (Rocha, 2009)[19], o New Public Management demarca-se do management público tradicional uma vez que apresenta uma maior nitidez nas suas características (Madureira e Rodrigues[20].

Para Pollitt[21], existem determinados fatores incontornáveis que distinguem o setor privado e o público:

- Responsabilidade perante os representantes eleitorais;
- Múltiplos e conflituantes objetivos e prioridades;
- Ausência ou raridade de organizações em competição;
- Relação oferta/rendimento;
- Processos orientados para o cliente/cidadão;
- Gestão de pessoal.

1.6 Modelo de New Public Service

O modelo de *New Public Service* tem como ponto focal o cidadão, tomando como ponto de partida da participação e da legitimação da cidadania ativa o que prevalece na governação do direito democrático, assim o objetivo da Administração Pública pauta-se por critérios democráticos e sociais. Para uns autores, a reconfiguração do Estado Previdência e a evolução do modo de entrega de serviços públicos aos cidadãos deverão assentar em critérios sociais e democráticos. Para (Denhardt e Denhardt, 2003a) a vontade da proximidade com os cidadãos e a preocupação com a qualidade dos serviços, iniciativas que assentam no conceito de participação dos cidadãos, enquanto modelo de reforma da administração é, independentemente da sua avaliação concreta, difundida quase por igual em todas as sociedades europeias como uma forma de tornar a administração mais próxima e transparente para com as pessoas. Segundo (Mozzicafreddo, 2001:7)[22]. Ao gerir o pertence sociedade a Administração Públia deve

[19] *Cfr.*, Rocha, J. A. O. (2009:155).

[20] *Cfr.*, Madureira, C. e Rodrigues, M. (2006), *ob. cit.*, págs. 153-171.

[21] *Cfr.*, Polliti, C. (1993), *Managerialism and the public service: the anglo-american experience*, Oxford, Blackwell.

[22] *Cfr.*, Mozzicafreddo, Juan (2001), "Modernização da Administração Pública e Poder Político", em Juan Mozzicafreddo e Salis Gomes (orgs.), *Administração e Política: Perspectivas de reforma da Administração Pública na Europa e Estados Unidos*, Oeiras, Celta Editora.

se colocar ao serviço do mesmo, em respeito a cidadania, assim o New Public Service reconhece que aqueles que interagem com o Governo não são simplesmente clientes nem meros votantes e contribuintes, mas também cidadãos ativos, com direitos e obrigações, a quem a Administração se abre para que possam intervir e ser parte ativa no processo de formulação e implementação de políticas públicas.

Porém, resulta claro que para possibilitar a interação entre Administração e cidadãos não basta somente a accountability e a prestação de informações sobre a performance dos serviços, sendo igualmente necessária a própria intervenção direta no processo de fazer políticas e na sua concretização. Para (Carapeto e Fonseca, 2005: 22), este modelo surge para se tornar o funcionamento da administração pública mais profissional, mais eficiente e mais sensível às condições e as mudanças externas.

Este novo conceito é promovido pela governação em rede (policy network) e não significa a desconsideração ou anulação de outros modelos de gestão pública (burocrático e gestionário), mas sim, representa o ajustamento e reequilíbrio de interesses, na medida em que não se pretende retirar as funções tradicionais do Estado, mas sim uma incorporação de novas tarefas de simplificação e cooperação. Na realidade, a governação não pretende ser universal, mas apenas possibilita o novo paradigma de reformar a nível das estruturas e a nível dos processos em todos os âmbitos da governação, nos quais os modelos, burocrático e gestionários se revelaram ineficazes, (Catalá, 2005).

2. A Relação entre o Estado e a Administração Pública

No século XX, o agente administrativo aplicava as Leis a favor do Estado e não pelo interesse público, devido ao seu poder arbitrário. Como já se havia avançado, a evolução dos Estados – Estado liberal, Estado de Direito, Estado de providência e Estado pós-liberal – marcou o crescimento e a complexidade das funções no cargo da administração pública, ainda que agregando os serviços tradicionais e os seus agentes. Neste caso, o governo não seria capaz de resolver os problemas sociais, sendo inevitável a paralisação do Estado (Moreno, 1997)[23].

No sentido distributivo, a limitação do poder soberano através da submissão ao direito constitui o reconhecimento dos direitos do homem como direitos naturais.

[23] Moreno, Carlos (1997), *O sistema Nacional de controlo Financeiro: Subsídios para a sua apreensão critica*, Lisboa, Universidade Autónoma de Lisboa.

A enunciação concetual do liberalismo delineou a limitação jurídica dentro da esfera do Estado de Direito, que acarretou uma administração pública submissa às Leis que descriminam a base, o âmbito e os limites do seu funcionamento e a Constituição dos mecanismos de controlo jurisdicional (Gomes, 2013)[24].

A evolução do Estado de direito concretizou-se com o Estado democrático, seja a nível político, seja a nível da sua organização estrutural funcional. Neste sentido, o conceito da soberania popular nas organizações da democracia representativa e na ordenação dos métodos de cooperação direta dos cidadãos e das suas instituições em prol da incrementação das políticas públicas é realizada através da existência e funcionamento dos serviços e prestações, destinados a preservar a sociedade de acordo com um extenso repertório de direitos económicos, sociais e culturais.

É fundamental também aqui ressaltar que existe uma união entre o Estado, a administração pública, o governo e os cidadãos. Assim, partilhamos a posição de Madureira (2013), no sentido de ser crucial garantir o equilíbrio e a paz entre as administrações e o governo, em prol do desenvolvimento dos parâmetros de confiança e segurança e da obtenção de respostas com êxito e produtividade para as políticas públicas.

Deste modo, a criação das políticas públicas visa o interesse público, o bem comum da sociedade ou população, conforme o tempo, o espaço e o contexto. Ao interesse público corresponde o modo de prosseguir o interesse geral, segundo a ideologia e opções.

Na administração central, o Estado divide-se em diversas outras entidades, as quais constituem variadas categorias direcionadas para o aprimoramento das suas prestações de serviços para os cidadãos. Deste modo, a finalidade primordial da administração pública é satisfazer as necessidades coletivas e/ou o interesse público, segundo os critérios estabelecidos pelo poder político.

3. Administração Pública e a Administração Financeira

Basicamente administração pública é o interesse público, traduzido na satisfação das necessidades coletivas, enquanto a gestão da administração pública é realizada através de regulamentos e de Leis, excetuando o seu financiamento, que é baseado

---

[24] *Cfr.*, Gomes, J. S. (2013), "Interesse público, controle democrático do Estado e cidadania", citado por César Madureira and Maria Asensio (orgs), *Handbook de Administração Pública*, Lisboa, INA Editora, págs. 17-32.

no Orçamento do Estado. Assumem particular importância os seus objetivos, traduzidos no dever de proporcionar o bem-estar da população, a igualdade, a justiça e a proporcionalidade, não havendo concorrência, (Madureira e Ferraz, 2010).

Segundo (Mozzicalfreddo, 2003)[25], os métodos de controlo da administração pública baseiam-se no controlo hierárquico interno sobre as funções e competências e no controlo da prestação de contas dos programas e políticas, bem como no controlo normativo prévio-orientações que estabelecem os procedimentos administrativos de controlo a serem obedecidos e nas auditorias internas e externas feitas por entidades reconhecidas ou órgãos de soberania à administração pública (Silva, 2010)[26]. Uma questão fundamental, e que não poderia ser esquecida, está relacionada com o suporte organizacional, mais precisamente para que se verifique um desenvolvimento da atividade financeira pública. A preparação, a execução e o controlo da gestão financeira pública competem à administração pública central, ao governo e ao ministro das finanças. A administração financeira do Estado é composta por um grupo de serviços que ajuda o governo constituída por um aglomerado de serviços e de órgãos, objetivando auxiliar o governo na preparação e execução da política financeira e global do Estado, essencialmente nos domínios orçamental, monetário e creditício.

Pode assim dizer que a aquisição da faculdade e afetação dos dinheiros públicos e de outros valores correspondem à atividade financeira pública.

3.1 Controlo Financeiro da Administração Pública

Como o passar de várias décadas o Estado foi evoluir ao longo dos anos o que permiti acompanhar essa mudança que é muito importante nos dias de hoje através de muitas transformações que tem ocorrido em determinando aspetos dentre económicas, sociais, política e jurídicas

Segundo Mozzicafeddo, o século XIX caracterizou-se pelo predomínio das conceções liberais, com o Estado destinado essencialmente a manter a ordem, a segurança interna e a garantir a proteção contra as agressões externas, deixando campo livre para que as relações sociais se modelassem através do mercado. Nos finais do século

---

[25] Mozzicafreddo, J. (2003), "A responsabilidade e a cidadania na administração pública", citado por Juan Mozzicafreddo, João Gomes and João Batista (orgs) (2003), *Ética e Administração- como modernizar os Serviços Públicos?*, Oeiras, Celta, págs. 1-12.

[26] *Cfr.*, Silva, Dinarte (2010), *Fiscalidade aplicada à Administração Pública*, Dissertação de Mestrado em Contabilidade e Administração Pública, Aveiro, Universidade de Aveiro.

XIX, foram dados, em primeiro lugar na Alemanha e mais tarde na França, os primeiros passos na produção de legislação social, através do estabelecimento da legislação sobre a responsabilidade dos acidentes de trabalho (Alemanha 1884, França 1898), que vieram a modelar a matriz de um novo tipo de Estado, o Estado-Providência[27].

Mas, conforme Majone (1997) afirma, a evolução deste modelo de Estado prosseguiu e acentuou-se no início do século XX, ao mesmo tempo que se assistiu à consolidação do governo democrático, estabelecendo-se entre 1903 e 1929 nas principais sociedades industrializadas da Europa os esquemas de segurança social básicos (seguros de acidentes de trabalho, de desemprego, de doença de velhice e invalidez etc).

Segundo Esping-Anderson, (1990). por isso que no contexto que assistimos no decurso do século XX ao alargamento progressivo das funções do Estado, com a sua extensão aos setores socias, com um grande impulso nos pós II Grande Guerra mundial, com os Estados a desenvolver projetos políticos de regulação e redistribuição económica, sustentados nas teorias Keynesianas e com o mercado a ser relegado para o papel de fornecer recursos para pagar a vastidão do Estados. Nessa medida o Estado assumi a legitimidade de dever de provisão de bens e serviços públicos para a satisfação de necessidades coletivas em condições de acessibilidade universais a todos os cidadãos, que se iniciou no século XX e se manteve, de forma desigual de Estado para Estado, durante as décadas de 50, 60 e 70 está na origem de alguns dos grandes problemas do modelo de *Welfare State* ou do esta providência, na generalidade da Organização para a Cooperação e Desenvolvimento Económico (OCDE).

Portanto, pode frisar-se que no início do século XXI a configuração das tarefas fundamentais do Estado *"interventor"* ou *"Estado Regulador"* da economia e da sociedade, vive tempo de muita incerteza e de constante mudança devido à globalização que se faz sentir hoje, que permitindo que administração pública possa modernizar os seus serviços, antes exige e necessita de sistema de controlo financeiro, para que efetivamente, possa vir a ter uma boa gestão publica, pois sem um controlo próximo cada entidade dificilmente poderá atingir os seus objetivos estruturais.

O controlo tem a natureza de fiscalização e de correção sobre a função administrativa, onde os poderes exercem internamente segundo os termos da Constituição. Deste modo, a conformidade da atuação administrativa é assegurada pelo controlo dos princípios determinados pelo ordenamento jurídico posto à disposição dos órgãos

---

[27] Mozzicafreddo, J. (2003), "A responsabilidade e a cidadania na administração pública", citado por Juan Mozzicafreddo, João Gomes and João Batista (orgs) (2003), *Ética e Administração – como modernizar os Serviços Públicos?*, Oeiras, Celta, págs. 1-12.

encarregados da função administrativa. No sentido amplo, o controlo financeiro abrange toda a atividade dos órgãos do Estado e os seus respetivos recursos financeiros (Catarino, 2011)[28].

Sousa Franco, assegura que a predominante posição na teoria e na jurisprudência portuguesa revela o conflito com os padrões de qualidade sobre o modo da organização da gestão e os impactos dos resultados da gestão na utilidade social. O que se quer, portanto, é aperfeiçoar a qualidade dos sistemas de gestão e evitar uma produtividade negativa, ou de eficácia e eficiência extremamente duvidosa e contestável, bem como de relação custo-proveito negativo, considerando sempre o controlo enquanto alicerce do Estado moderno.

Segundo (Sousa Franco 1995)[29], o controlo financeiro desenvolve-se assim em paralelo à atividade financeira, procurando garantir que esta corresponda com interesse público, respeitando regras e critérios a que está sujeita por Lei e os objetivos que lhe são politicamente fixados. Quanto mais complexo a organização social, mais diversificados e complexos são os mecanismos de controlo financeiro, em razão da própria complexidade e de diversificação da atividade controlada a cujo nível de qualidade e de organização têm de se elevar.

O controlo, para ser eficiente, há de ser tao bom como a atividade controlada: nem muito melhor, nem muito pior. Por esta razão, o controlo financeiro avalia a legalidade específica e a regularidade contabilística, analisando, de igual modo, se as receitas foram cobradas de acordo com o Orçamento e se as despesas foram devidamente executadas. Para além do mais, também se analisa a integridade dos valores públicos e a fidelidade dos gestores, com as correspondentes relações de confiança e responsabilidade.

Para Tavares (1996: 4)[30], *"toda a atividade de gestão ou administração exige, para a sua eficiência e eficácia, um adequado sistema de controlo, podendo mesmo considerar-se indissociáveis os sistemas de gestão pública e da gestão privada"*.

O sistema de controlo está relacionado com a gestão que deve ser desempenhada por órgãos e serviços de fiscalização, de modo a possibilitar a legalidade estabelecida

---

[28] Catarino, J. R. (2011), "Princípios de Finanças Públicas", Coimbra: Almedina, citado por Jaqueline Brito (2013), *A administração financeira do Estado: A gestão orçamental em Cabo Verde, em perspetiva comparativa com Portugal*, Dissertação de Mestrado em Contabilidade, Coimbra, Faculdade de Economia, Universidade de Coimbra (UC).

[29] *Cfr.*, Sousa Franco, António L., *Dinheiros públicos, Julgamento de Contas e Controlo financeiro*, Lisboa, Tribunal de Contas, págs. 5-6.

[30] *Cfr.*, Tavares, José F. F. (1996), *Administração, fiscalização e responsabilidade, alguns aspetos relativos ao Tribunal de Contas e à Administração Pública*, Vilamoura.

pela Lei e a dar aos cidadãos e seus representantes no parlamento o conhecimento de como são administrados os recursos financeiros e patrimónics públicos, levando ao apuramento de resultados.

Relativamente ao objeto, o controlo financeiro pode ser orçamental, fiscal, e relativamente ao critério, afigura-se de poder jurídico, extrajurídico ou misto. No que diz respeito aos métodos e procedimentos, diferencia-se dos órgãos ou formas orgânicas, dinheiros, valores públicos e valores privados (Franco, 1995)[31].

Sendo assim, e com base nos argumentos anteriores, é possível concluir que o controlo financeiro é extremamente importante, tanto para pessoas físicas, como jurídicas. É com ele que conseguimos estipular onde podemos investir nosso dinheiro, saber quais despesas ou receitas serão frequentes, e onde exatamente está sendo aplicado cada investimento pessoal ou empresarial por outro lado controlo financeiro é a organização e administração das finanças. Em outras palavras, significa controlar o dinheiro que foi investido, que foi gasto, as dívidas e tudo que estiver relacionado com o capital financeiro de uma empresa ou pessoal.

3.2 Controlo dos Dinheiros Públicos

Conforme o Prof. Sousa Franco[32], «*os dinheiros públicos são fundos ou valores, possuídos ou detidos por uma entidade pública e que pertencem em propriedade aos organismos públicos, adquirindo a característica pública quando são adquiridos em execução de um crédito e perdendo-a quando alienados em cumprimento de uma dívida (ou por outro título legítimo)*», isto sem deixar de notar que, «*por vezes, a realização do seu fim público implica a conversão em dinheiros privados (é o caso dos subsídios) no entanto continua ainda a explicar Sousa Franco em que deve se entender o conjunto do dinheiro em espécie, da moeda escritural bem como outras formas de liquidez imediata baseando de valores, os títulos e créditos realizáveis a curto prazo e também as organizações públicas que devem possuir ou deter os dinheiros públicos, são Estado, os institutos públicos as regiões autárquicas as empresas públicas «ou outros organismos ou entidades formalmente especificados*».

---

[31] *Cfr.*, Sousa Franco, António L., (1995), *Dinheiros públicos, Julgamento de Contas e Controlo financeiro*, Lisboa, Tribunal de Contas.

[32] Sousa Franco, António L., Dinheiro público, julgamento de Contas e Controlo Financeiro..., *ob. cit.*, pags. 2 e 3., *Vide*, igualmente ainda, Paul Gudement, "Deniers publics et deniers prive reglementés", *in Dictionnaire enciclopédique de finances publiques*, 1991, vol. I, págs. 580 e segs. e J. Magnet, "La notion de deniers publics en droit financier français", *in Revue de Science Financiére*, n.º 197, ambos citados por Sousa Franco neste texto.

Sousa Franco afirma, *"fala-se muito no nosso tempo de controlo como função de qualquer organização, a qual consiste em garantir que os atos praticados no âmbito dela e da sua atividade sejam ajustados aos objetivos que visam atingir e às regras e critérios a que deve obedecer"*.

Toda a atividade de gestão exige um sistema de controlo, sendo que a eficácia da gestão (tanto no domínio público como no domínio privado) está diretamente relacionada com a qualidade do sistema de controlo[33]. Para além disso, qualquer sistema de gestão tem de pautar-se, a montante, por um conjunto de princípios orientadores, do mesmo modo que, para o seu bom desenvolvimento, exige controlo e avaliação, sendo completado a jusante pelo princípio da responsabilidade, que assume um carater verdadeiramente estrutural.

O conceito de controlo no Estado social democrático assume uma importância fulcral, visto que a democracia subordina o Estado a regras claras, iguais e públicas para todos os cidadãos (Estado limitado)[34] e, consequentemente, é fundamental a garantia de que os recursos necessários para o bem coletivo serão gastos e aplicados com racionalidade, obtendo o máximo benefício social com o mínimo custo social (Estado racional)[35].

A estas necessidades acresce, hoje, a necessidade de garantia da prestação de contas por todos os entes que exerçam poderes públicos ou gerem recursos financeiros públicos – incluindo gestores que sejam conduzidos pelo ordenamento jurídico privado. A prestação de contas, ou *accountability*, é essencial para os titulares do poder político validarem e reforçarem a sua legitimidade.

Tendo como critério a intervenção institucional resultante do controlo da sociedade através do seu voto eleitoral legislativo, é possível definir-se três tipos de controlo[36]: o político; o jurisdicional e o social. No que diz respeito ao controlo político este é exercido pela Assembleia da República, Assembleias Legislativas Regionais e Assembleias Municipais e de Freguesia. O controlo jurisdicional é levado a cabo pelos Tribunais, que se organizam das mais diversas formas e com as mais diversas compe-

---

33 *Cfr.*, Tavares, José., F. F., *O Tribunal de Contas. Do Visto em especial – Conceito, Natureza e Enquadramento na atividade da Administração*, Livraria Almedina, Coimbra, 1998, pág. 21.

34 *Cfr.*, Gameiro, António, R., *O Controlo Parlamentar das Finanças Públicas em Portugal (1976-2002)*, Livraria Almedina, Coimbra, 2004, pág. 43.

35 *Vide*, Sousa Franco, António L., *O controlo da Administração Pública em Portugal, Tribunal de Contas*, 1993, pág. 120, onde estabelece a noção de um Estado limitado à Lei e à Constituição da República Portuguesa (Princípio da legalidade) e o Estado racional na aplicação dos recursos necessários para satisfazer as necessidades coletivas.

36 *Cfr.*, Gameiro, António, R., *O Controlo Parlamentar das Finanças Públicas em Portugal (1976-2002)*, Livraria Almedina, Coimbra, 2004, pág. 48.

tências, como é o caso do TC, nos termos do artigo 216.º da CRP e da Lei n.º 97/98, de 25 de junho, que avalia a gestão e execução dos dinheiros públicos[37]. A este respeito convêm, desde já, realçar que a natureza jurisdicional, *a posteriori*, do TC não é uma função principal, mas sim complementar às funções de controlo financeiro e de auditoria que a CRP e a lei lhe concede[38].

O controlo feito pela comunicação social e pela opinião pública via informal, é um controlo exercido pela própria coletividade, sustentada pela prática da democracia e a exigência de responsabilidade sobre a gestão da "coisa" pública.

Segundo Moreno (2010)[39], o dinheiro público é composto por notas e moedas em circulação. Todo o tipo de moeda. Desde a metálica até à moeda-escritural (contas bancárias), à eletrónica (cartões de débito e de crédito etc.) e também por todos os demais fundos e valores com liquidez imediata, como por exemplo cheques, letras, livranças e outros títulos de créditos, bem como as ações e obrigações transacionáveis na bolsa de valores ou no mercado de curto prazo. Os dinheiros públicos estão na posse ou são destinadas em regra por qualquer entidade do Estado. Trata-se dos serviços da administração pública. Assim sendo, os meios financeiros, geridos pelas inúmeras empresas estatais e locais, consistem em dinheiros públicos, cujas receitas e despesas não são consideradas enquanto receitas e despesas públicas, visto que são estabelecidas e previstas apenas nos Orçamentos das administrações públicas. Deste modo, as receitas públicas estruturam-se em tributárias, creditícias e patrimoniais.

Para Moreno (2010)[40], as receitas tributárias, consistem na cobrança obrigatória de impostos às famílias, às empresas e aos demais agentes económicos. Contudo, traduzem as receitas creditícias nos empréstimos contraídos pelas diversas entidades públicas nos mercados financeiros, tanto nacionais como internacionais. As receitas patrimoniais estribam-se nos rendimentos provenientes de bens públicos, mormente as rendas de imóveis, os produtos das vendas das árvores de florestas do Estado e os dividendos liquidados por empresas de capitais públicos lucrativos. Na alçada pública, os gestores e os decisores financeiros públicos devem minimizar os gastos e potencializar os benefícios e resultados positivos para os cidadãos.

---

37 *Cfr.*, Tavares, José, F. F., *O Tribunal de Contas. Do visto em especial – Conceito, Natureza e Enquadramento na atividade da Administração*, Almedina, 1998, pág. 168.

38 *Vide*, Tavares, José, F. F., "Sistema Nacional de controlo: O controlo externo e controlo interno", *in Revista do Tribunal de Contas*, n.º 26, julho-dezembro, 1996, págs. 59-83.

39 Moreno, Carlos, *ob. cit.*, págs. 53-54.

40 Moreno, Carlos (2010), *Como o Estado Gasta o Nosso Dinheiro*, Alfragide, Editora Caderno.

Moreno (1998)[41], defende que os dinheiros públicos devem ser administrados de um modo adequado e correto, pois consistem num bem escasso, derivando da privação dos cidadãos de uma parte do seu património individual, que é confiado ao Estado para administrar em nome e a favor dos cidadãos. Para (Franco,1995)[42], a constituição dos dinheiros públicos a perda de uma parcela do património dos cidadãos para o Estado gerir em prol da sociedade. A representação política é a democracia representativa, pois vivemos num Estado de Direito Democrático, onde os cidadãos pagam os impostos, com vista a financiar as despesas públicas. Na verdade, resulta o direito de saber como estão a ser geridos os seus dinheiros, chamando, assim, a democraticidade às finanças públicas, motivo pelo qual as contas devem ser declaradas com responsabilidade pública. Segundo o Moreno, (2010)[43], o Estado deve aplicar o dinheiro dos contribuintes da melhor maneira possível, sem proceder a qualquer tipo de desperdício. Posto isto, torna-se necessário evitar uma má aplicação dos recursos financeiros, motivo pelo qual se deve recorrer aos critérios de eficácia e eficiência, de racionalização global das políticas públicas e de economia. Constata-se, pois, que os dinheiros públicos só devem ser gastos com base numa boa gestão e que entram em conformidade com os princípios de concorrência, transparência, publicidade e com observância da Lei (Moreno, 2010:75). Se os governos responsáveis pela administração dos dinheiros públicos tivessem o poder de ordenar quem controla a sua gestão, o povo não iria atribuir credibilidade às funções do controlador, pois regra geral, ninguém é "bom juiz em causa própria".

Perante estes fatos podemos concluir que aos dinheiros públicos são da responsabilidade dos agentes públicos (governo) e, tem como a obrigação de prestar contas para quais devem ser apresentadas com base na regularidade da atividade financeira. Por outro lado, a contabilidade pública deve obedecer às regras mínimas da correção formal ou aceitável, pois estas estão de acordo com as normas financeiras da contabilidade pública. Desta forma conclui-se ainda que o principal objetivo desta regularidade é controlar a administração dos bens, e em conformidade com a fidelidade dos gestores, a integridade dos valores públicos, a confiança e a responsabilidade.

---

[41] Moreno, Carlos (1998), *Finanças públicas – Gestão e controlo dos Dinheiros públicos*, Lisboa, Universidade Lusófona de Lisboa.

[42] Sousa Franco, António L., (1995), *Dinheiros públicos..., ob. cit...*

[43] Moreno, Carlos (2010), *ob. cit.*, pág. 203-211.

3.3 Controlo Financeiro no contexto do Estado

Segundo (franco 1995), a atividade financeira é essência inessencial nas finanças públicas, portanto a satisfação das necessidades coletivas do Estado quanto à pretensão do poder administrativo e político sobre os bens e serviços. Importa referir que esses bens podem ser classificados por dois grandes grupos: existência de bens, isto é, o património; a entrada e a saída de dinheiro público para a aquisição de recursos.

Neste sentido, as funções e as competências financeiras dos órgãos e agentes do Estado serão exercidas através da prática de atos de decisão financeiros ou execução financeira: o poder de legislar e aprovar os Orçamentos cabe aos parlamentos, enquanto os governos delimitam as políticas e decisões financeiras a nível das decisões parlamentares e as decisões subordinadas e a garantia da execução competem às administrações.

Para (Tavares, 1996), toda a atividade administrativa deve ser devidamente desenvolvida, sob pena de os atos dela serem considerados inválidos e com as respetivas consequências, é também necessário instituir mecanismos que visem garantir a obediência pela ordem jurídica e que salvaguardem os direitos e interesses definidos, sendo importante ressalvar que o controlo financeiro serve para verificar se esses atos estão devidamente aplicados para proporcionar o uso adequado dos dinheiros públicos sempre em beneficio dos interesses públicos. Sousa Franco (1995), refere que o controlo se classifica em três granes grupos a saber:

1) O autocontrolo: o controlo é uma conscientização da própria organização, realizado pelos órgãos ou agentes com poder de decisão;
2) O controlo interno: feito no âmbito de uma organização subordinada por um poder organizacional supremo, agentes, órgãos ou departamentos especializados, sempre que houver Inspeção-Geral de Finanças;
3) O controlo externo: atua com independência quanto aos órgãos supremos da organização controlada, sendo efetivado externamente da organização.

O controlo externo é feito com publicidade dos atos, mas as informações são vinculadas pelo sistema de comunicação social. Para além do mais, antes da tomada de decisão haverá a abertura dos processos, por ser audiência pública, a intercessão orientadora e crítica dos grupos de interesse público, a ação e o funcionamento do mercado, apesar da sua relevância elevada sobre o controlo exterior do sistema administrativo não ser satisfatória para enrevesar a deficiência da credibilidade em assunto de responsabilidade na administração pública e autoridade pública.

Conclui, que não podemos falar de controlo sem falar da gestão nem tão pouco administração por tanto a função do controlo encontra-se em vários panoramas, que podem atribuir maior domínio de poder, disciplina, processo de vigilância, controlo financeiro, controlo social, entre outros.

De acordo com o artigo 1.º da Declaração de Lima[44], o controlo financeiro não é um fim em si mesmo, mas parte de um processo regulatório cujo objetivo é a deteção de infrações ou desvios aos princípios da legalidade, economia, eficiência e eficácia da gestão financeira pública, exercido atempadamente de forma a permitir ações corretivas em casos individuais e a efetivar responsabilidades. Hoje o controlo financeiro público assume como noções essenciais a vigilância, a verificação de conformidade e desvio, mas extravasa as expressões tradicionais que normalmente lhe são atribuídas, tais como as de fiscalização, inspeção, acompanhamento, avaliação, correção, censura ou aplicação de sanções[45].

Controlo financeiro pode definir-se em torno de três fatores essenciais: o objeto – nomeadamente o controlo orçamental, fiscal, entre outros; o critério – se se trata de controlo jurídico, extrajurídico ou misto; e os órgãos/serviço do controlo – controlo interno ou externo. Um quarto fator pode ser identificado, de natureza inorgânica – exercido pelos cidadãos.

Desta forma, numa abordagem mais precisa é possível identificar diferentes tipos de controlo: o controlo jurídico e não jurídico; o controlo preventivo e sucessivo; o controlo administrativo, financeiro e técnico e o controlo interno e externo[46].

O controlo jurídico, ou não, depende do objeto de análise, sendo que este tipo de controlo existe quando as matérias são eminentemente jurídicas, e, consequentemente, esse controlo pode ser preventivo ou sucessivo, consoante for exercido antes ou depois da execução dos atos. O controlo administrativo diz respeito à análise da legalidade e regularidade administrativa da atividade controlada; o controlo financeiro analisa e verifica a legalidade, regularidade e economicidade das receitas e despesas de uma dada atividade; o controlo técnico diz respeito à especialização do controlo em uma área de ação ou atividade específica[47].

---

[44] Documento aprovado no Congresso da *International Organisation of Supreme Audit Institutions* (INTOSAI) realizado no Peru, em 1977, que consagra as diretrizes de controlo financeiro.

[45] *Vide*, Moreno, Carlos, *O Sistema Nacional de Controlo Interno*, 1997, pág. 119.

[46] *Cfr.*, Gameiro, António, R. *O Controlo Parlamentar das Finanças Públicas em Portugal (1976-2002)*, Livraria Almedina, Coimbra, 2004, pág. 50.

[47] *Idem*, pág. 60.

O controlo interno e externo pode ser distinguido consoante o posicionamento do órgão/serviço de controlo relativamente à realidade controlada e da natureza dos fins a prosseguir[48].

O controlo interno é desenvolvido por órgãos/serviços quase sempre inseridos na estrutura interna da entidade, organismos ou instituição em causa, tendo como objetivo avaliar os riscos e contribuir para a prossecução dos objetivos gerais desse organismo e para o cumprimento das respetivas missões. Como órgãos de controlo interno destacam-se as Inspeções-Gerais, os Auditores Jurídicos dos Ministérios e os Gabinetes de Auditoria Interna nas diferentes instituições da Administração Pública (AP).

Contudo, se a AP for vista como uma macro organização, alguns órgãos de controlo, como por exemplo, a Inspeção-Geral de Finanças, estarão a exercer um controlo interno; enquanto se for percecionada relativamente ao controlo exercido sobre as micro organizações, nomeadamente um instituto público ou uma autarquia local, o controlo exercido pela Inspeção-Geral de Finanças será interno. Ao invés, o controlo exercido pelo TC é sempre, de acordo com o mesmo critério, controlo externo, devido à sua natureza de órgão soberano atribuído pela CRP[49].

Desta forma, o controlo externo é caraterizado por uma independência traduzida no poder de determinar o seu próprio plano de ação, por um estatuto próprio, por um autogoverno e sem possibilidade de ingerências de outros órgãos[50], como são o caso do Tribunal de Contas e da Assembleia da República, um vocacionado para o controlo técnico e jurisdicional e o outro para o controlo político.

Tavares (1996), identifica um terceiro critério de distinção, nomeadamente a legalidade, a boa gestão financeira e a natureza jurisdicional do controlo, mas não o considera como um critério decisivo, visto que o autor entende que o controlo exercido pelo Tribunal de Contas, sendo um controlo de legalidade *stricto sensu* e de boa gestão financeira (legalidade substancial ou material), não pode ser confundido com o controlo político, o qual é exercido exclusivamente por órgãos políticos, segundo critérios e com objetivos de natureza política.

Por outro lado, como já foi referido, resumir o controlo exercido pelo Tribunal de Contas apenas como controlo jurisdicional, é inadequado, uma vez que, para além

---

48 *Vide*, Tavares, José, F. F., "Sistema Nacional de controlo: O controlo externo e controlo interno", in Revista do Tribunal de Contas, n.º 26, julho-dezembro, 1996, págs. 66 e segs.

49 Nos termos do n.º 1 do art.º 110.º, da CRP, são órgãos de soberania, «o Presidente da República, a Assembleia da República, o Governo e os Tribunais.».

50 *Vide*, Tavares, José, F. F., "Sistema Nacional de controlo: O controlo externo e controlo interno", *in Revista do Tribunal de Contas*, n.º 26, julho-dezembro, 1996, págs. 66 e segs.

das funções jurisdicionais acometidas ao Tribunal, o mesmo exerce outras de natureza não jurisdicional - como por exemplo a função opinativa de emissão de Parecer sobre a Conta Geral do Estado.

Vallés Vives[51], apresenta uma distinção entre controlo interno e externo através de um elemento temporal, isto é, o controlo interno é caraterizado por um exercício de controlo *a priori*, e o controlo externo pelo exercício de um controlo *a posteriori*. Contudo, como o próprio autor reconhece, este critério não é válido para caraterizar o controlo exercido pelas diferentes Instituições Superiores de Controlo (ISC), devido ao exercício nos dois momentos de controlo, como é no caso da ISC portuguesa, mas realça a necessidade de exercerem um controlo *a posteriori*, podendo complementar-se pela a execução de um controlo *a priori*.

O controlo em geral, faz a avaliação de resultados, avaliação da eficiência, orientação, correção pedagogia. Partindo sempre da premissa da existência de controlo, toda a estrutura organizativa e funcional do sistema nacional de controlo financeiro se apoia em duas realidades distintas - o controlo interno e o controlo externo Moreno (1997). É de todo necessário diferenciar o controlo externo do controlo interno.

3.4 Instrumentos do Controlo Interno

Segundo (Franco, 1995), os órgãos de controlo derivam de a autoridade central exercer o controlo interno do Estado. Já os Estados, que vivenciaram o absolutismo, não eram coordenados pelo princípio de separação dos poderes, sendo o controlo estava apenas subordinado ao Executivo. Noutros termos, é submetido à autoridade do governo e desempenhado por departamentos especializados da administração pública, como por exemplo a Inspeção-Geral de Finanças. Para Marçal e Marques (2011: 13), o controlo interno é uma forma de organização que pressupõe a existência de um plano e de sistemas coordenados destinados a prevenir a ocorrência ou minimizar as suas consequências e maximizar o desempenho da entidade em que se insere.

Por outro lado, Tavares (1997), enfatizou que o método do posicionamento do órgão/serviço de controlo é considerado indispensável e traduz-se na distinção ostentada pelo órgão de controlo segundo os factos da organização controlada. Para tanto, o controlo interno é preparado e incrementado por cada órgão/serviço incorporado

[51] *Cfr.*, Vallès Vives, Francesc, *El control externo del gasto público: Configuración e garantía constitucional*, Madrid, 2003, pág. 140.

na estrutura da organização controlada, para além de constituir o próprio autocontrolo. Assim, poder-se-ia dizer que a finalidade do controlo interno é proporcionar a confiança, a plenitude e a integridade da informação fornecida, a consonância com as políticas, planos, procedimentos, Leis e regulamentos, bem como a prevenção e a proteção dos ativos, a aplicação económica e a utilidade devida dos recursos e a execução dos propósitos direcionados às operações ou programas.

Não obstante, o controlo interno não agrega satisfatoriamente as condições sistemáticas de separação e de independência do governo e dos decisores e gestores financeiros públicos para garantir a informação e granjear a integral confiança dos seus contribuintes, por isso existência dos órgãos do controlo externo, pois exercem as suas funções de forma independente do governo e das administrações públicas.

A função de controlo ou fiscalização dos atos do governo e da administração pública esta consagrada na nossa Lei Fundamental[52]. A CPR no seu artigo 101.º[53], refere que o sistema financeiro é formado por lei, de forma a garantir a formação, a apreensão e a segurança das poupanças, da mesma maneira a aplicação dos meios financeiros precisos ao desenvolvimento económico e social, bem como a satisfação das necessidades públicas coletivas. No mesmo sentido, o artigo 103.º da CPR, estabelece que o sistema fiscal visa a satisfação das necessidades financeiras do Estado e outros entes públicos bem como a repartição rendimentos e da riqueza de maneira equitativa.

Os governos exercem as suas funções com o dinheiro dos cidadãos, como tal quando recebem ou dispendem do dinheiro dos contribuintes, atuam em nome destes e por conta destes[54]. Assim sendo torna-se uma necessidade inevitável de saber, de controlar tudo acerca da forma como os governos gerem o dinheiro que é dos cidadãos, dando origem ao real controlo externo da gestão de dinheiros públicos, Moreno (2010).

Gameiro (2004), salienta, que além de uma necessidade e exigência, o controlo parlamentar apresenta uma importância relevante e reconhecida por parte de teóricos e políticos, como também faz parte de uma autêntica função da Assembleia nas sociedades recentes. Por outro lado, (Tavares, 1995), alega que não há uma boa ges-

---

[52] Artigo 162.º da CRP, *"Compete à Assembleia da República, no exercício de funções de fiscalização: a) Vigiar pelo cumprimento da Constituição e das leis e apreciar os atos do Governo e da Administração."*

[53] O artigo 101.º da CPR afirma, *"O sistema financeiro é estruturado por lei, de modo a garantir a formação, a captação e a segurança das poupanças, bem como a aplicação dos meios financeiros necessários ao desenvolvimento económico e social"*.

[54] Moreno, Carlos, *ob. cit.*, 2010.

tão sem um bom controlo. O controlo financeiro dos dinheiros públicos, boa utilização na gestão pública, uma vez que são sempre os dinheiros dos contribuintes que fazem operar todas as entidades públicas Moreno (2010).

A complexidade dos tempos presentes, a natureza do órgão fiscalizador e a diversidade e particularidades das variadas estruturas subjetivas e orgânicas, sujeitos passivos da fiscalização ou controlo, promovem dificuldades acrescidas, provocando uma necessária e desenvolvida análise, também em termos doutrinais, dos princípios constitucionais e de outras instituições, Fontes (2008).

O Direito Constitucional em geral e o Direito Parlamentar em particular, estão hoje, mediante a obrigação efetiva de legitimar mecanismos de controlo ou fiscalização política do poder, independentemente da sua natureza legislativa, administrativa ou judicial.

A função de fiscalização ou de controlo aparece, na sua origem e com base em teorias mecanicistas de separação dos poderes, como uma função residual; mais tarde e na sequência da invasão da função legislativa pelos gestores, assume uma importância relevante, como uma das principais funções dos parlamentos do país, (Fontes, 2008).

A noção de controlo é um conceito complexo, não assume um significado homogêneo pode ter vários conteúdos, mas estes podem assumir contornos instrumentais e contornos jurídicos, logo por si próprio não é de fácil análise. Do ponto de vista jurídico, impõe e exige uma rigorosa precisão, a diversidade de significados que assume, mesmo em diferentes ramos do Direito. Pode abarcar uma atividade de mera verificação e confronto com padrões de conformidade, autorizar, impedir, substituir e revogar.

Para Fontes (2008), a palavra controlo tem origem francesa e deriva da expressão *contrôle* tem como sinonimo-as palavras de *"verificação"*, *"orientação"*, *"revisão"* e *"fiscalização"*. Controlo, aparece como sinonimo de fiscalização. Por outro lado, (António Sousa franco citado por fonte 2008:43)[55], *"controlar"*, consiste na suscetibilidade de avaliação critica, tendo em atenção padrões de natureza distinta. Do mesmo modo, (Tavares, 1996), carateriza o sistema nacional de controlo como uma conexão unida e coerente de todos os ingredientes que o compõem, tendo em conta as diversas finalidades ou interesses, apesar da natureza e as funções específicas de cada elemento do sistema. Com efeito, o conceito de controlo apropria-se como a verificação das

[55] *Cfr.*, Fontes, José, *ob. cit.*, 2008 pág. 43, que segundo Sousa Franco, *"controlar"* consiste na suscetibilidade de avaliação critica, tendo em atenção padrões de natureza distinta e, ainda, na suscetibilidade de revisão quando o título jurídico-publico fundamentador assim o permitir.

ações das estruturas subjetivas e orgânicas, sujeitos passivos da relação parlamentar jurídico-pública de fiscalização, Não obstante no cumprimento pelos princípios da separação e da interdependência de poderes constitucionalmente previsto como princípios organização do Estado Português, (Fontes, 2008).

Nesse sentido, Tavares[56], refere que controlo interno é o desenvolvido por um órgão/serviço inserido, na estrutura de um instituto público, podendo ser denominado por *autocontrolo*[57].

O Controlo Interno encontra-se em todos os órgãos da administração central direta e indireta, tem por função a fiscalização de utilização dos dinheiros públicos, auditorias gerais, inspeções gerais, controles financeiros, revisores oficiais de contas parecer dos técnicos oficiais de contas (Gameiro, 2018). O controlo interno, depende dos gestores[58], está inserido na organização da gestão e tem por missão auxiliar de maneira técnica aqueles a concretizar as previsões financeiras anuais, a adequadamente desenvolver a gestão financeira Moreno (2010).

Em Portugal, na administração central, o controlo interno esta na dependencia do Governo e faz parte da estrutura orgânica dos serviços e entidades subordinadas de forma hierárquica aos vários ministérios, auxiliando os ministros e o governo a melhor realizar as provisões continuadas do Orçamento do Estado e de uma maneira geral a condução da gestão financeira global de cada ministério.

Por serviços de controlo interno, nos termos da disposição do n.º 1 do art.º 12.º da Lei de Orgnização e Processo do Tribunal de Contas (LOPTC)[59], falamos de "*inspeções gerais ou quaisquer outras entidades de controlo ou auditoria aos serviços e organismos da Administração Pública, bem como das entidades que integram o sector público empresarial*"[60].

O controlo interno não atua numa base da separação e de independência do Governo e dos decisores e executivos financeiros públicos, Moreno (2010) e por isso mesmo, é designado de controlo interno, já que apenas é controlo externo, quando o mesmo é realizado por entidades públicas, expressamente designadas por lei para o

---

56 Tavares, José, *ob. cit.*, *In Revista Tribunal de Contas*, n.º 26.

57 *Cfr.*, Artigo 53.º n.º 1, alínea a), do D.L. n.º 155/92, de 28 de julho.

58 Moreno, Carlos (2010), *ob. cit.*.

59 Lei n.º 98/97, de 26 de agosto, Lei de Orgnização e Processo do Tribunal de Contas.

60 *Cfr.*, Relatório de Atividades de 2013 do Tribunal de Contas. Em 2013, os organismos que remeteram relatórios ao Tribunal de Contas, por indícios de infrações financeiras, foram a IGF (Inspeção-Geral de Finanças), IGAS (Inspeção-Geral de Atividades em Saúde), DGCI/ATA (Direção-Geral de Impostos/Autoridade Tributária e Aduaneira), IGSJ (Inspeção-Geral dos Serviços de Justiça), IGDN (Inspeção-Geral da Defesa Nacional), IGAC (Inspeção-Geral das Atividades Culturais) e IGAMAOT (Inspeção-Geral da Agricultura, do Mar, do Ambiente e do Ordenamento do Território).

efeito, às quais aquelas concedem e garantem independência e separação dos outros poderes e órgãos do Estado e particularmente dos governos.

A independência técnica, também a escolha por si só das entidades e os assuntos que controlam, o momento em que vão fazer a auditoria, a sua natureza, extensão e metodologias, assim como a divulgação pública dos respetivos resultados. De forma sucinta, quem decide fazer o controlo é um responsável pela gestão e não a entidade pública nacional com competência para o efeito, em Portugal é o Tribunal de Contas.

De acordo com (Serra, 2016:29), evidência que a boa gestão é o escopo final do controlo interno da atividade administrativa do Estado[61]. Na mesma linha, Tavares (1996), refere que o controlo tradicional do setor público tende à verificação face a uma determinada norma, a mesma deverá ser bastante precisa para instituir um termo de comparação válido[62].

Efetivamente, toda a fiscalização intenta, especialmente, contrariar a prática de atos desconformes ou irregulares, da mesma maneira conduz a que as variadas estruturas, sujeitos passivos de uma relação de controlo, atuem de acordo com o quadro constitucional ou jurídico estabelecido e intentando o interesse público definido pelo poder político, (Fontes, 2008).

Sucintamente, apraz-nos afirmar que o controlo dos dinheiros públicos, não é apenas uma questão de legitimidade política, mas também um problema de gestão inteligente dos recursos públicos, pois o controlo das finanças é uma ferramenta de melhoria da utilização do esforço comum, de reorientação dos dinheiros e das políticas públicas, (Juan Mozzicafreddo, *in* Gameiro 2004).

Para haver um bom controlo interno da atividade administrativa financeira do Estado tem de haver uma boa gestão. Pode-se definir controlo interno como sendo uma atividade de controlo financeiro que é organizada e funciona no interior da organização a que pertence a entidade controlada. Este tipo de controlo costuma ser dependente dos órgãos da organização que engloba a entidade controlada.

Pode-se dizer que este "*controlo*" é recente na administração financeira do Estado, pois só apareceu na era da moderna gestão pública portuguesa. O Decreto-Lei n.º 166/98, de 25 de junho, acentua a "cultura de controlo", sendo que este elabora o sistema nacional de controlo interno da Administração financeira do Estado e que devem de concorrer a este sistema todas as instituições da administração e que independentemente dos vários níveis da administração financeira do Estado todos

---

[61] *Vide*, Moreno (2010:64), *A boa gestão é conhecida pela gestão dos três E, economia, eficiência e eficácia.*

[62] *Cfr.*, Tavares, José, *ob. cit.*, *in Revista do Tribunal de Contas*, pág. 135.

devem ter uma compreensão do quão importante é o controlo, sendo este uma melhoria de gestão.

O referido diploma legal explicita no n.º 1 do art.º 2.º os tópicos que este sistema nacional de controlo engloba, entre os quais: domínio orçamental, económico, financeiro e patrimonial.

No n.º 2 do seu art.º 2.º existe uma explicação de qual é a finalidade do controlo interno: existem diversas etapas que devem ser executadas para que se possa atingir a legalidade, regularidade e boa gestão. A entidade de direito público ou privado devem ser verificadas, acompanhadas e avaliadas, entre outros.

Em 1992, foi apresentada pela COSO uma definição de controlo interno, sendo que esta atual é uma atualização dessa mais antiga: *"Controlo Interno é um processo, executado pela Conselho de Administração, Direção e outros membros da organização, com o objetivo de proporcionar um grau de confiança razoável, na concretização dos seguintes objetivos – eficácia e eficiência dos recursos, fiabilidade da informação financeira e cumprimentos das leis e normas estabelecidas"*[63].

Sendo que com base naquela definição, também, a Comissão Europeia, apresentou um modelo especialmente dedicado aos Governos, ou seja, para que estes conseguissem perceber qual o tipo de controlo interno praticado nos seus países.

Em relação ao controlo interno nacional, este baseia-se em três níveis de controlo. De acordo com o Decreto-Lei n.º 99/94, de 19 de abril, o art.º 37.º diz que o sistema nacional de controlo interno dos fluxos financeiros comunitários, e apenas estes, iriam ser compostos por órgãos que iriam fazer um controlo de alto nível, de segundo nível e de primeiro nível.

Mais tarde veio a existir um Decreto-Lei n.º 166/98, de 25 de junho, sobre a criação de uma lei-quadro, ideia que também já tinha sido dada por Moreno em 1997, que era composta por três níveis: o primeiro denominava-se de controlo micro-gestionário, era realizado por serviços, unidades técnicas, órgãos colegiais, conselhos fiscais, entre outros. Estes tinham de estar integrados numa organização controlada, fosse esta do setor público ou empresarial do Estado; o segundo denominava-se de controlo interno setorial, por norma eram executadas por organizações que não pertenciam às micro-organizações gestionárias que fazem parte do setor. Este tipo de nível focava-se mais na organização, funcionamento, articulação e fiabilidade dos sistemas de controlo interno do primeiro nível; o terceiro é o controlo global de toda a atividade financeira pública. É executado por organizações da administração finan-

---

[63] *Cfr.*, Frazão Serra, Rute (2016), *ob. cit.*, pág. 149-256.

ceira, ou seja, a Inspeção-Geral de Finanças e a Direção Geral do Orçamento, sendo que tinham sempre de reportar para o Ministério das Finanças.

O Decreto-Lei n.º 166/98, de 25 de junho, no seu art.º 4.º estabelece quais são, então, os três níveis do sistema de controlo interno, entre os quais:

- Operacional – Este é constituído por órgãos ou serviços de inspeção, auditoria e fiscalização da unidade em questão e têm a função de verificar, acompanhar e informar as decisões dos órgãos de gestão das unidades de execução das ações;
- Setorial – Como o nome indica, é realizado por órgãos setoriais e regionais do controlo interno e estes têm de realizar a avaliação do controlo operacional;
- Estratégico – Traça certos tipos de metas em vários instrumentos, como o Programa de Governo, Grandes Opções do Plano e o Orçamento do Estado e foca-se, sobretudo, na avaliação do controlo operacional e setorial. Em relação aos outros, este último nível, encontra-se no sentido horizontal em relação à administração financeira do Estado.

Todos os aspetos destes órgãos se devem tentar conciliar, para que haja um funcionamento coerente e racional do sistema nacional de controlo interno e que assente na suficiência, complementaridade e relevância, de acordo com o art.º 5.º do Decreto-Lei n.º 166/98, de 25 de junho.

Para que isto tudo seja realizável, foi criado o Conselho Coordenador do SCI, que era essencialmente composto por inspetores-gerais, diretor-geral do Orçamento, pelo presidente do Conselho Diretivo do Instituto de Gestão Financeira da Segurança Social e por outros titulares que pertencessem aos órgãos setoriais e regionais deste tipo de controlo. O Presidente deste Conselho é o Inspetor-Geral de Finanças.

Apesar de todos estes protocolos da administração financeira do Estado, este não se encontra livre de críticas e lacunas em relação à sua eficácia.

Apesar disto, tanto José Tavares, como Maria Belo[64], apesar dos seus diferentes níveis, os órgãos do controlo interno seguem interesses e finalidades completamente diferentes, mas que apesar disto, não quer dizer que não sei consiga criar um sistema. Estes autores defendem que o Tribunal de Contas e todos os órgãos semelhantes a este, têm de exercer um papel de coordenação geral, tendo de considerar a sua defi-

[64] *Vide*, Tavares, José, Reflexões sobre o conceito, a natureza e o regime das Recomendações do Tribunal de Contas, in *Estudos de Administração e Finanças Públicas*, Almedina, 2014, 2.ª edição atualizada e Belo, Maria Aurélia, "A articulação em Portugal do sistema de controlo financeiro, político, técnico e jurisdicional, Galileu", *Revista de Economia e Direito*, 2002.

nição como órgãos supremos de controlo das finanças públicas. Também é necessário, que haja, uma conexão forte entre os órgãos nacionais de controlo e os órgãos comunitários de controlo.

Um dos autores que também faz criticas é Costa (citado por Rute Frazão em *"Controlo Público e Responsabilidade Financeira"*), pois para ele o sistema de controlo é ineficaz, sobretudo porque não existe uma grande distinção entre controlo externo e controlo interno.

As organizações internacionais têm-se vindo a mencionar acerca do controlo interno, como é o caso, do VIII Congresso da INTOSAI, em 1974, em que na altura já as organizações mencionavam que os órgãos do controlo interno deviam realizar uma continua criação e melhoria de sistemas e unidades de controlo interno. Já em 1977, na Declaração de Lima no Perú no art.º 3.º, já se antecipava que os órgãos do controlo externo tinham a obrigação de apreciar a eficácia do controlo interno, sendo que estes deviam restringir ao Tribunal de Contas e aos órgãos de controlo interno certas funções, e sem haver qualquer tipo de problema, em relação, ao Tribunal de Contas possuir um controlo total.

Houve um estudo por parte da Comissão da INTOSAI, em 1992, que tinha o objetivo de estabelecer linhas para elaboração de normas de controlo interno, sobretudo, sobre conceitos e objetivos. Com este estudo, chegou-se à conclusão que o controlo interno é vital para garantir os objetivos do gestor se possam concretizar, tornando-o consciente pela implementação, adequação, avaliação e atualização para ser possível haver um sistema de controlo interno eficaz.

No 3.º Congresso da EUROSAI, em 1996, deliberou a importância de se desenvolver relações entre instituições superiores de controlo e órgãos de controlo interno, sendo necessário criar e melhorar, os já existentes, métodos de colaboração, respeitando sempre a liberdade do controlo interno.

O Tribunal de Contas, de acordo com o Tribunal de Contas Europeu, decidiu utilizar a seguinte definição de controlo interno: *"é o conjunto de processos e meios que permitem respeitar os orçamentos e os regulamentos em vigor, salvaguardar os ativos, assegurar a validade e autenticidade dos registos contabilísticos e facilitar as decisões de gestão, especialmente através da colocação à disposição, no momento oportuno, da informação financeira"*[65].

[65] *Vide*, Frazão Serra, Rute (2016), *ob. cit.*, pág. 149-256.

3.5 O Controlo Externo e o Tribunal de Contas

Analisamos a importância do controlo externo financeiro na gestão pública como sendo um aspeto muito relevante da moderna estrutura do estado e também com o objetivo de descrever a forma como é realizado o controlo externo financeiro dos atos administrativos no que concerne aos seus principais aspetos: como a descrição do órgão responsável, a sua composição e a competência e sua respetiva função dentro de cada organização pública. É, sem duvuda, o que se exige aprofundar[66].

A Administração Pública tem lidado com novos desafios e exigências, sobretudo, o rigor da gestão dos bens e do dinheiro público. As finanças públicas são controladas essencialmente pelo Tribunal de Contas, no entanto, nesta perspectiva, visamos analisar o verdadeiro papel do controlo financeiro externo através da administração pública, isto implica dizer também, que o estado terá de pensar numa reforma administrativa, no quadro do que tem acontecido nesses últimos tempos, pois a crise da economia mundial coloca o país a exigir mais qualidade de controlo de tudo quanto é gestão dos bens e dos dinheiros públicos. Isto, porque, o controlo é de extrema importância para o bem de todos.

Segundo Canotilho[67], o Tribunal de Contas (TC) é hoje uma instância dinamizadora do princípio republicano, devido às suas dimensões constituintes, isto é, *(i) o princípio da responsabilidade financeira; (ii) o princípio de transparência na utilização e gestão dos valores públicos; (iii) o princípio de controlo da boa administração no âmbito do erário público, (iv) o princípio da justiça intergeracional na partilha dos recursos públicos; (iv) o princípio da unidade da República garantidor de autonomia financeira aos entes territoriais autónomos com respeito da coesão económica e territorial, da solidariedade interterritorial e dos vínculos comunitários europeus"*.

Nas últimas três décadas, principalmente no contexto sociopolítico europeu, os modelos de governação têm vindo a sofrer mudanças, integrando processos de decisão política mais complexos e participativos. Embora o Estado continue como principal centro do poder político, necessita de cooperar e colaborar com outros atores de forma a responder à falta de recursos, de legitimidade e da crescente complexidade social[68].

---

[66] *Cfr.*, Trindade Pereira, *O Tribunal de Contas*, Lisboa, 1962 e José Tavares, «Tribunal de Contas», in DJAP, pág. 452 e segs. Ver ainda, por último, a publicação, *Tribunais de Contas e instituições congéneres em diferentes em países*, editada pelo Tribunal de Contas português, Lisboa, 1992.

[67] *Cfr.*, Gomes Canotilho, José Joaquim F., "*O Tribunal de Contas como Instância Dinamizadora do Princìpio Republicano*", Revista do Tribunal de Contas, n.º 49, Lisboa, janeiro-junho, 2008, pág. 23.

[68] *Cfr.*, Rodrigues, Miguel, *Do conceito de governança a uma conceptualização da governança em rede*, 2013, pág. 106.

Com as transformações nas finanças públicas advém a necessidade de o TC se adaptar às exigências de um mundo plural, global e multinível, em que a articulação entre o Estado e as finanças públicas, entre "*boa política*" e "*boa finança*", se torna crucial para o desenvolvimento do contexto do Estado de direito democrático-constitucional[69].

A nova *governance* público-financeira aponta para a centralidade do TC no exercício da função de controlo, apesar de correr o risco de dissolver o princípio da legalidade ao controlar os controladores em vez das contas[70]. Esta nova *governance* financeira pública aliada ao aparecimento de novas formas de co-produção, entre o setor público e privado, no Estado democrático implica necessariamente um sistema atualizado de fiscalização que tenha em conta a cultura de *performance* e de eficácia de gestão, e esteja consciente das implicações político-democráticas da sua magistratura financeira.

As atividades de controlo, auditoria e avaliação asseguradas pelo TC estão em sintonia com as dimensões de *responsiveness, value for money* e *accountability* da boa governança financeira pública, visto que promovem uma cidadania mais informada, capaz e exigente[71]. Desta forma, o TC assegura, por um lado a legalidade financeira e combate a prática ilícitas e desperdícios para garantir um Estado racional na execução da despesa, e, por outro, garante a boa governança através da realização de auditorias de desempenho e avaliação de políticas publicas com vista a aumentar a transparência, a prestação de contas e a qualidade dos serviços prestados aos cidadãos.

O nosso objetivo principal é realçar o contributo do TC para a boa governança financeira pública, concretizado através de uma breve caraterização do TC, devido à complexidade do seu envolvimento com a realidade portuguesa e internacional, e um breve enquadramento sobre o conceito de governança, nomeadamente a boa governança de um novo estádio de governação pública.

O Tribunal de Contas é a principal entidade fiscalizadora quando se trata da gestão de dinheiros públicos. Mas, o Tribunal de Contas para além de poder fiscalizar todas as entidades que gozam de fundos públicos após a sua utilização, contribuindo

---

69 *Cfr.*, Gomes Canotilho, José Joaquim F., "*O Tribunal de Contas como Instância Dinamizadora do Princìpio Republicano*", Revista do Tribunal de Contas, n.º 49, Lisboa, janeiro-junho, 2008, pág. 24, em que o autor enaltece a relação entre a "*boa politíca*" e a "*boa finança*" citando o barão Louis, 1830, através da conexão entre a política e a performance financeira: "*faites-nous de bonne politique, je vous ferai de bonne finance*".

70 *Idem*, pág. 35.

71 Ver, Costa, Paulo Nogueira, "*O Tribunal de Contas e a Boa Governança – Contributo para uma reforma do controlo financeiro externo em Portugal*", 2014, Coimbra Editora, pág. 171

preventivamente para a boa gestão dos dinheiros públicos, com uma ação fiscalizadora prévia, concomitante e sucessiva.

A sua larga ação de fiscalização permite-nos um controlo em todas as fases com o objetivo de reduzir ao máximo a má gestão, o uso indevido, o desvio de fundos públicos e outras infrações associadas.

As infrações associadas estão sujeitas a punições, pois quando falamos de dinheiros públicos falamos do dinheiro de todos nós enquanto contribuintes de um Estado estando sempre sujeito duras críticas quem faz uso do dinheiro em benefício próprio. Sendo que à parte das sanções do Tribunal de Contas existe sempre um forte julgamento social proporcionado pela comunicação social.

Desta forma, vamos ao longo desta análise verificar os vários tipos de responsabilidade, assim como os tipos de responsabilização que o Tribunal de Contas tem ao seu dispor. Perante um tipo de responsabilização temos associado um ou mais culpados, sendo importante dar a conhecer os possíveis agentes responsáveis, quer por ter executado a ação ou até mesmo por negligência ou passividade na falta de fiscalização.

O Estado, enquanto figura constitucional e organização administrativa, tem competências e autoridades variáveis conforme as perspetivas que adotamos para o encarar. Há, no entanto, características fundamentais que definem o Estado: a sua soberania (entidade internacional), o seu poder constituinte (entidade constitucional), e o exercício do poder constituído, juridicamente subordinado à Constituição e às leis (entidade administrativa)[72].

Como *"pessoa coletiva pública"* o Estado[73], possui um conjunto de atribuições conferidas pela Constituição da República Portuguesa e pelas leis e dispõe de quatro órgãos de soberania fundamentais para a execução das suas competências – Presidente da República, a Assembleia da República, o Governo e os Tribunais – os quais tomam decisões em nome do Estado.

É neste enquadramento que *"o legislador constitucional posicionou o Tribunal de Contas no âmbito do poder judicial, consagrando-o como uma das categorias de Tribunais (art.º 202.º e 209.º)"*[74], como órgão de soberania[75], ao qual compete exercer funções jurisdicionais e administrar a justiça em nome do povo *"embora com características próprias resultantes*

[72] *Cfr.*, Amaral, Diogo Freitas do, *Curso de Direito Administrativo*, 3.ª ed., 3.ª reimp., Coimbra, 2009.

[73] *Cfr.*, Amaral, Diogo Freitas, *ob cit.*, pág. 237. O Estado *"como as outras pessoas coletivas, públicas e privadas, o Estado tem os seus órgãos – aos quais compete tomar decisões em nome da pessoa coletiva a que pertencem"*.

[74] Tribunal de Contas, *Manual de auditoria de procedimentos*, vol. I.

[75] *Constituição da República Portuguesa* (CRP), art.º 110.º.

da natureza específica das suas funções"[76]. O Tribunal de Contas está, assim, constitucionalmente tipificado, ao nível da sua formação, composição, competência e funcionamento, e, como tal, deve obedecer aos princípios[77] de independência (art.º 203.º); o direito à coadjuvação de outras entidades (art.º 202.º); respeito pela constituição e pelos princípios nela consagrados (art.º 204.º); fundamentação das decisões (art.º 205.º); obrigatoriedade e prevalência das decisões jurisdicionais (art.º 205.º); o princípio da publicidade (art.º 206.º).

Freitas do Amaral[78], caracteriza o Tribunal de Contas como o órgão de controlo do Estado que exerce poderes genéricos de controlo junto da Administração Púbica. Constitui, assim, um órgão do Estado, independente e autónomo, que assume, no contexto do sistema nacional de controlo, a posição de órgão supremo de controlo externo. Para Sousa Franco[79], o Tribunal de Contas é um órgão independente integrado no poder executivo, auxiliar do parlamento ou órgão dependente do poder legislativo, como fiscalizador do Estado. Por ser independente face aos demais tribunais, e não fazer parte de nenhuma hierarquia de tribunais, o Tribunal de Contas assume assim um estatuto especial no sistema jurídico português.

Esta singularidade está devidamente inscrita no art. 214º da Constituição da República Portuguesa (CRP), que estabelece que o Tribunal de Contas *"é o órgão supremo de fiscalização da legalidade das despesas públicas e de julgamento das contas que a lei mandar submeter-lhe"*[80]. Relativamente à sua independência, a CRP e a Lei estabelecem as como garantias o autogoverno (art.º 7.º da Lei 98/97); a inamovibilidade e irresponsabilidade dos seus Juízes (art.º 216.º da CRP e art.º 7.º da Lei n.º 98/97); a exclusiva sujeição dos seus Juízes à lei (art. 203.º da CRP e art.º 7.º da Lei n.º 98/97).

É neste quadro de poderes constitucionalmente consagrados que se distribui a natureza das competências do TC: o poder de controlo financeiro[81] e o poder juris-

---

[76] Tribunal de Contas, *Manual de auditoria de procedimentos*, vol. I.

[77] *Idem*.

[78] *Cfr.*, Amaral, Diogo Freitas do, *ob. cit.*, pág. 238.

[79] Sousa Franco, António L., *Dinheiros públicos, julgamento de contas e controlo financeiro no espaço da língua portuguesa*, Tribunal de Contas, Lisboa, 1995.

[80] Art. 214.º da CRP.

[81] *Vide*, *Manual de Auditoria do Tribunal de Contas, ob. cit., pág. 7*, sublinha que, *"exercidos através de acções de fiscalização em sentido técnico, e destinadas à preparação dos relatórios e pareceres sobre a Conta Geral do Estado e as Contas das Regiões Autónomas, bem como à produção de relatórios autónomos de análise, valoração e avaliação de quaisquer aspectos ligados à actividade financeira das entidades sujeitas aos seus poderes de controlo, os quais podem conter recomendações"*.

dicional[82]. Como José Tavares refere[83], para além do controlo tradicional da regularidade e da legalidade, o controlo da boa gestão financeira (economia, eficiência e eficácia) é também uma função do Tribunal de Contas. Neste sentido, e atendendo ainda ao tipo de função legalmente e constitucionalmente atribuídas, "*O Tribunal de Contas, continuando a ser um tribunal, é, todavia, em razão da matéria, um tribunal com particularidades relativamente às demais categorias ou ordens de tribunais, precisamente porque fixa, como núcleo essencial da sua actividade, o exercício de funções não jurisdicionais*".

É no âmbito desta especificidade que a Lei de Organização e Processo do tribunal de Contas (LOPTC), aprovada pela Lei n.º 98/97, de 26 de agosto, alterada e republicada pela Lei n.º 48/2006, de 29 de agosto, acolhe os princípios constitucionalmente estabelecidos. Enquadrado que está o TC analisaremos de seguida a sua estrutura, organização e funcionamento bem como suas atribuições, funções e jurisdição.

3.5.1 Estrutura, organização e funcionamento do Tribunal de Contas

O TC está sediado em Lisboa, dispõe na sede de três secções especializadas (art.º 15.º da LOPTC): a 1.ª Secção, encarregada da fiscalização prévia e, em certos casos, concomitante; a 2.ª Secção, encarregada da fiscalização concomitante e sucessiva; e a 3.ª Secção, encarregada do julgamento dos processos de efetivação de responsabilidade e de multa. Para além destas secções, existem ainda Secções Regionais do TC a funcionar nas Regiões Autónomas dos Açores e da Madeira funcionam (art.º 3.º, n.º 2).

O TC é composto por 1 Presidente, com um mandato de 4 anos, e 16 Juízes na sede e um em cada Secção Regional. O regime de nomeação e de exoneração do presidente do TC é da responsabilidade do Presidente da República, sob proposta do Governo.

---

[82] *Idem., ob. cit.*, pág. 8, onde se refere que, "*traduzidos na efectivação de responsabilidades financeiras, mediante processos de julgamento de contas, de responsabilidades financeiras ou demais espécies processuais legalmente previstas*".

[83] *Cfr.*, Tavares, José F. F., *Estudos de Administração e Finanças Públicas*, Almedina, Coimbra, 2014.

FIGURA 1. ORGANOGRAMA DO TRIBUNAL DE CONTAS

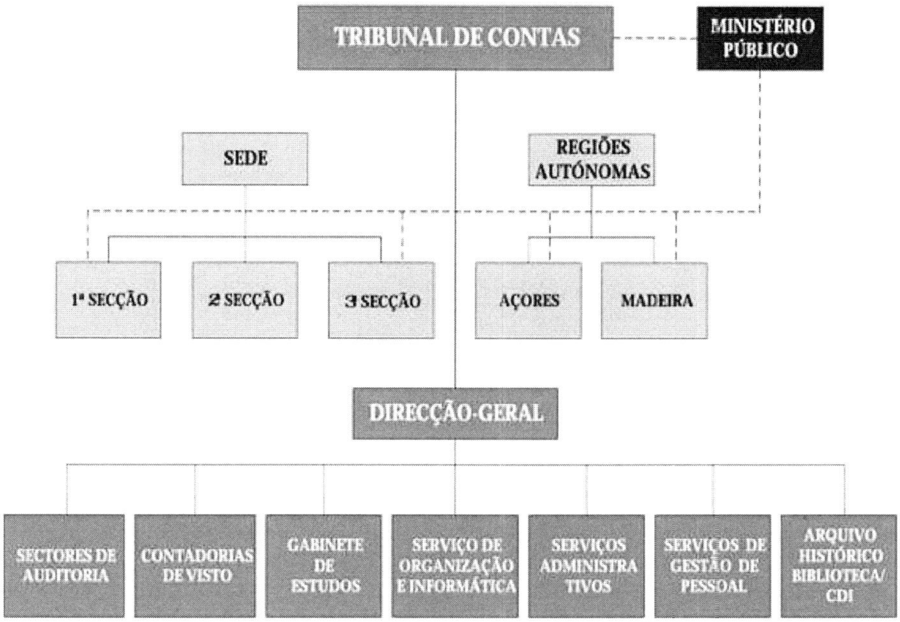

Fonte: Manual de Auditoria do Tribunal de Contas

3.6 Atribuições e jurisdição

A CRP estabelece um conjunto princípios e competências gerais do TC, princípios esses que são desenvolvidos na LOPTC, das quais destacamos as seguintes:

- *"Dar parecer sobre a Conta Geral do Estado, incluindo a da segurança social, bem como sobre a conta da Assembleia da República"* (art. 5.º n.º 1, *alínea a)* da LOPTC);
- *"Dar parecer sobre as contas das regiões autónomas, bem como sobre as contas das respetivas Assembleias Legislativas"* (art. 5.º n.º 1, *alínea b)* da LOPTC);
- *"Fiscalizar previamente a legalidade e o cabimento orçamental dos atos e contratos de qualquer natureza que sejam geradores de despesa ou representativos de quaisquer encargos e responsabilidades, diretos ou indiretos (...)"* (art. 5.º n.º 1, *alínea c)* da LOPTC),
- *"Verificar as contas dos organismos, serviços ou entidades sujeitos à sua prestação"* (art. 5.º – 1/d da LOPTC);
- *(...)*

Segundo José Tavares, as atribuições legalmente cometidas ao TC, fundamentais para o exercício da sua jurisdição são, "*o controlo dos dinheiros públicos, das receitas e das despesas públicas do património público, assegurando ou garantindo a legalidade, a regularidade e a boa gestão correspondentes, ou seja, a conformidade do exercício da atividade de administração daqueles recursos com a Ordem Jurídica, julgando, sendo caso disso, a responsabilidade financeira inerente*"[84].

Estas atribuições sustentam as quatro principais funções do TC apontadas por Freitas do Amaral[85]: (1) função consultiva – "*Dar parecer sobre a Conta Geral do Estado, incluindo a da segurança social e das regiões autónomas*"; (2) a função de fiscalização – "*Fiscalizar a legalidade das despesas públicas*"; (3) a função jurisdicional – "*Julgar as contas dos organismos públicos e efetivar a responsabilidade de dirigentes e funcionários por infrações financeiras*"; e (4) a função fiscalização da aplicação dos recursos financeiros oriundos das Comunidades Europeias – "*Assegurar, no âmbito nacional, a fiscalização da aplicação dos recursos financeiros oriundos das Comunidades Europeias*".

Estas funções equiparam-se ao que Jorge Miranda e Rui Medeiros definem como áreas de competência essencial do TC e que compreendem a "*emissão de parecer sobre a Conta Geral do Estado e as contas da Regiões Autónomas; fiscalização prévia da legalidade e do cabimento orçamental de um conjunto de actos e contratos geradores de despesa pública; verificar as contas das entidades sujeitas à sua prestação, bem como apreciar da legalidade, economia, eficácia e eficiência da sua gestão financeira e realizar auditorias; fiscalizar, no âmbito nacional, a cobrança de recursos próprios e a aplicação dos recursos financeiros oriundos da União Europeia e efectivar a responsabilidade financeira dos gestores e utilizadores de dinheiros públicos*" [86].

É neste quadro que José Tavares define que "*as atribuições do Tribunal de Contas são também a sua razão de ser, consubstanciando-se nas finalidades, no interesse público que a Ordem Jurídica põe a seu cargo, ou, por outras palavras, na sua missão, nas suas tarefas, fins ou incumbências, em suma, na(s) sua(s) função(ões)*"[87].

O exercício de funções jurisdicionais pelo TC, referidas acima e definidas por Guilherme D'Oliveira Martins como "*o poder complexo de julgar as contas e demandar*

[84] Tavares, José F. F., *O Tribunal de Contas: do visto em especial – conceito, natureza e enquadramento na actividade de administração*, Almedina, Coimbra, 1998, pág. 45.

[85] *Cfr.*, Amaral, Diogo Freitas do, *Curso de Direito Administrativo*, 3.ª ed., 3.ª reimp., Coimbra, 2009, págs. 298-299.

[86] *Vide*, Miranda, Jorge e Medeiros, Rui, *Constituição Portuguesa Anotada*, TOMO III, Coimbra Editora, Coimbra, 2007, pág.160.

[87] *Cfr.*, Tavares, José F. F., *O Tribunal de Contas: do visto em especial – conceito, natureza e enquadramento na actividade de administração*, Almedina, Coimbra, 1998.

judicialmente os respetivos responsáveis"[88], em complemento de funções de controlo e auditoria, distinguem-se das restantes funções gerais de controlo do TC, mas tendem a reforçar a autoridade do TC no exercício destas funções[89].

O âmbito da jurisdição do TC pode ser caraterizado em três níveis: *territorial, subjetivo e material*[90]. Ao nível territorial a jurisdição do TC abrange todo o território nacional e os serviços públicos nacionais localizados no estrangeiro[91]. Neste contexto, e conforme descrito no manual de auditoria do TC, *"o Tribunal é o órgão supremo de controlo da atividade financeira do Estado"*[92].

Ao nível subjectivo e de acordo com o artigo 2.º da LOPTC, a jurisdição do TC recai sobre as entidades do setor público administrativo, do setor empresarial, associações públicas e quaisquer entidades que tenham participação de capitais públicos ou sejam beneficiárias a qualquer título de dinheiros ou outros valores públicos estão sujeitos à jurisdição do TC[93].

Por último, a jurisdição *material* do TC, incide sobre as despesas e receitas públicas, atividades de gestão e património[94].

As atribuições de controlo do TC estão organizadas em três critérios[95]:

1. *Posicionamento do órgão de controlo* – externo e independente
2. *Momento do controlo* – pode ser prévio, concomitante ou sucessivo
3. *Conteúdo do controlo* – fiscaliza a legalidade e regularidade das receitas e das despesas públicas e aprecia a economia, a eficiência e a eficácia, segundo critérios técnicos de gestão financeira.

O controlo financeiro externo pode ser caraterizado por três tipos de fiscalização diferente: a fiscalização prévia, fiscalização concomitante e a fiscalização sucessiva. O exercício de fiscalização é feito em momentos diferentes de acordo com o seu propósito.

---

88 *Vide*, Martins, Guilherme D'Oliveira, "A responsabilidade financeira do Gestor da Coisa Pública", *in Estudos em Homenagem ao Professor Doutor Paulo de Pitta e Cunha*, vol. II – Economia, Finanças e Direito Fiscal, Ed. Almedina, 2010, pág. 244.

89 *Idem*.

90 *Cfr.*, Serra, Rute Alexandra de Carvalho Frazão, *Controlo Financeiro Público e Responsabilidade Financeira*, Data Venia – Revista Jurídica Digital, Ano 4 – n.º 5, 2016.

91 *Cfr.*, n.º 2 artigo 1.º da LOPTC, *"O Tribunal de Contas tem jurisdição e poderes de controlo financeiro no âmbito da ordem jurídica portuguesas, tanto em território nacional como no estrangeiro"*.

92 Tribunal de Contas, *Manual de Auditoria – Princípios Fundamentais*, Lisboa, 2016.

93 Lei de Organização e Processo do Tribunal de Contas – Lei n.º 98/97, de 26 de agosto.

94 *Cfr.*, Serra, Rute Alexandra de Carvalho Frazão, *Controlo Financeiro Público e Responsabilidade Financeira*, Data Venia – Revista Jurídica Digital, Ano 4 – n.º 5, 2016.

95 Tribunal de Contas, *Manual de auditoria de procedimentos, ob. cit.*, vol. I.

No âmbito preventivo, o Tribunal de Contas, através da 1.ª Secção, exerce a fiscalização prévia, ou *a priori* (*ex ante audit*), no momento posterior à celebração do contrato sobre que legalmente incide, mas antecedendo o início da produção dos efeitos financeiros. De acordo com o n.º 1 do artigo 44.º, *"A fiscalização prévia tem por fim verificar se os atos, contratos ou outros instrumentos gerados de despesa ou representativos da responsabilidade financeiras diretas ou indiretas estão conformes as leis em vigor e se os respetivos encargos têm cabimento orçamental em verba orçamental própria."*

O ato produzido no âmbito da fiscalização prévia, é a concessão ou a recusa de visto. De acordo com Tavares[96]: *"O visto do Tribunal de Contas é um ato jurídico unilateral no exercício de poderes de autoridade (ou da função) de controlo prévio da validade de atos e contratos de administração, tendo como finalidade essencial a prevenção na realização de despesas públicas em desconformidade com a ordem jurídica."* Segundo o artigo 164.º da Lei n.º 114/2017, de 29 de dezembro, ficam isentos de fiscalização prévia pelo Tribunal de Contas, no ano de 2018, os atos e contratos, considerados isolada ou conjuntamente com outros que aparentem estar relacionados entre si, cujo montante não exceda o valor de 350.000,00€[97]. Em 2017 dos 3.538 processos submetidos a fiscalização prévia, 3.499 processos foram visados, sendo que 18% foram visados com recomendações, correspondendo a um volume financeiro de 755,8M€, e a 49 processos foi recusado o visto, correspondendo um volume financeiro de 118M€[98]. A recusa do visto deveu-se a situações irregulares ou ilegais das diferentes instituições. Desta forma, é percetível que a mais valia deste tipo de controlo consiste na prevenção de factos danosos. Contudo, o controlo prévio requer a mobilização de um número considerável de meios humanos. Acresce o facto de ser impossível sujeitar a um controlo prévio todos os atos da administração que envolvam a realização de despesa pública ou que impliquem a assunção de compromissos financeiros, sendo que, no caso português, é definido um valor que abaixo do qual as entidades ficam dispensadas da fiscalização prévia. No que diz respeito a outras ISC da União Europeia, apenas a Bélgica, Grécia, Itália e Luxemburgo dispõem do poder de fiscalização prévia.

O segundo momento de controlo do TC diz respeito ao controlo concomitante. Este tipo de controlo é exercido durante a execução de certos atos ou contratos, ou

---

[96] *Cfr.*, Tavares, José, F., F., *O Tribunal de contas. Do visto, em especial – Conceito, natureza e enquadramento na actividade de administração*, Coimbra, 1998, pág. 88 e seguintes.

[97] De acordo com a LOPTC, *"as Leis de Orçamento fixam, para vigorar em cada ano orçamental, o valor com exclusão do montante de imposto sobre valor acrescentado que for devido, abaixo do qual os contratos referidos nas alíneas b) e c) do n.º 1 do artigo 46.º ficam dispensados de fiscalização prévia."*

[98] *Vide*, *Relatório de Atividades e Contas de 2017*, Lisboa, 2018, págs. 6-11.

durante uma gerência. A fiscalização concomitante é concretizada através da realização de auditorias pela 1.ª Secção, sempre que estejam em causa a) procedimentos e atos administrativos que impliquem despesa de pessoal; b) aos contratos que não estejam sujeitos a fiscalização prévia, nos termos da lei e c) à execução de contratos visados[99]. A 2.ª Secção do Tribunal realiza, igualmente, fiscalização concomitante, através de auditorias à atividade financeira das entidades sujeitas ao poder de controlo do Tribunal, antes do encerramento da respetiva gerência. O TC exerce este controlo através da realização de ações de acompanhamento da execução orçamental, de auditorias e de verificações externas de contas. Em 2017 foram registados no Tribunal 449 contratos, o que representa um aumento de 17,8% face a 2016 e 7 auditorias (3 na Sede, 1 na Sede Regional dos Açores e 3 na Sede Regional da Madeira)[100].

O terceiro momento (*ex post audit*) corresponde ao controlo sucessivo e é exercido após a realização das operações objeto de controlo[101]. O controlo exercido *a posteriori* pode assumir várias modalidades (como por exemplo, o controlo de legalidade e controlo de mérito) e dar origem a consequências jurídicas, criminais, ou meramente políticas ou sociais[102]. O TC exerce este controlo através de emissão de Pareceres, designadamente sobre a Conta Geral do Estado, incluindo a Segurança Social e as Contas das Regiões Autónomas da Madeira e dos Açores. Em 2017 foram feitas 75 recomendações à Assembleia da República e ao Governo, 80% das quais reiteradas. Das recomendações formuladas no Parecer de 2014[103], 63% foram acolhidas total ou parcialmente[104].

Neste ponto compreendemos a importância das atribuições do TC e a sua jurisdição no sistema financeiro público nacional. Embora este tema tenha uma análise teórica muito ampla entendemos que tendo conta que a delimitação do tema do presente trabalho (fiscalização prévia) iremos centrar a nossa análise na função de

---

[99] Ver alínea a) do n.º 1 do artigo 49.º, da LOPTC.

[100] *Cfr.*, *Relatório de Atividades e Contas de 2017*, Lisboa, 2018, págs. 11-14.

[101] Ver, o n.º 1 do artigo 50.º da LOPTC.

[102] Costa, Paulo Nogueira, *"O Tribunal de Contas e a Boa Governança – Contributo para uma reforma do controlo financeiro externo em Portugal"*, 2014, Coimbra Editora, pág. 77.

[103] *Cfr.*, Tavares, José F. F., *"Reflexões sobre o conceito, a natureza e o regime das Recomendações do Tribunal de Contas", in Estudos de Administração e Finanças Pública*, Almedina, 2014, 2.ª edição atualizada, pág. 323, define recomendações como um ato de um órgão público, neste caso o TC, que no exercício dos seus poderes legais de controlo de legalidade, da regularidade e da gestão financeira aconselha/apela/os órgãos controlados a redefinirem caminhos de forma a suprir ou corrigir ou mesmo evitar a ocorrência de determinadas situações no futuro.

[104] *Cfr.*, *Relatório de Atividades e Contas de 2017*, Lisboa, 2018, pág. 14-36.

fiscalização, atribuição através da qual o TC se pronuncia sobre a legalidade administrativa e financeira da generalidade das despesas pública[105].

4. Tribunal de Contas e Atividade de Controlo Financeiro

a. O controlo financeiro

O controlo financeiro externo é assegurado pela ISC portuguesa – o Tribunal de Contas, conforme resulta do artigo 214.º da CRP e da Lei de Organização e Processo do Tribunal de Contas (LOPTC)[106]. Como já foi referido, a CRP define o TC como um órgão de soberania, sendo sujeito aos mesmos princípios constitucionais que os outros tribunais, nomeadamente o princípio da independência e da sujeição exclusiva à lei (art.º 203.º), o direito à coadjuvação de outras entidades (art.º 202.º), os princípios da fundamentação, da obrigatoriedade e da prevalência das decisões (art.º 205.º), o princípio da publicidade (art.º 206.º). A LOPTC alberga os princípios constitucionais e garante a independência do Tribunal, o autogoverno, a inamovibilidade e irresponsabilidade dos seus Juízes e a exclusiva sujeição destes à Lei.

Nos últimos vinte e sete anos, o Tribunal de Contas foi objeto de três reformas legislativas fundamentais, uma ao nível da independência do Tribunal, concretizada pela Lei n.º 86/89 de 8 de Setembro, outra relativa ao alargamento da jurisdição do Tribunal, da consagração do controlo concomitante e do aperfeiçoamento da fiscalização sucessiva, operada pela da Lei n.º 98/97 de 26 de agosto e por fim, aquela que visou importantes alterações, especialmente no domínio da responsabilidade financeira, nomeadamente a Lei n.º 48/2006 de 29 de agosto.

A primeira reforma fundamental deveu-se à adesão de Portugal às Comunidades Europeias, operacionalizado pela necessidade de colaborar com os órgãos comunitários competentes e de acordo com o direito aplicável[107]. A segunda reforma

---

[105] *Cfr.*, Amaral, Diogo Freitas do, *Curso de Direito Administrativo*, 3.ª ed., 3.ª reimp., Coimbra, 2009, pág. 300.

[106] A LOPTC foi aprovada pela Lei n.º 98/97, de 26 de agosto, que foi alterada pela Lei n.º 87-B/98, de 31 de dezembro, pela Lei 1/2001, de 4 de janeiro, pela Lei n.º 55-B/2004, de 30 de dezembro, pela Lei n.º 48/2006, de 29 de agosto, e pela Lei n.º 35/2007, de 13 de agosto, pela Lei n.º 3-B/2010, de 28 de abril, pela Lei n.º 61/2011, de 7 de dezembro, pela Lei n.º 2/2012, de 6 de janeiro, pela Lei n.º 20/2015, de 9 de março, pela Lei n.º 42/2016 de 28 de dezembro.

[107] Ver o artigo 8.º da Lei n.º 86/89 de 8 de setembro, que atribui ao Tribunal de Contas a competência de "*assegurar, no âmbito nacional, a fiscalização da aplicação dos recursos financeiros oriundos*

fundamental diz respeito à consagração em definitivo da sujeição dos gestores públicos ou beneficiários de dinheiros públicos à jurisdição do TC. Para além de autonomizar as funções de controlo/auditoria no julgamento de responsabilidade financeira, estabelece, também, como instrumentos fundamentais de aferição da boa administração pública o controlo e a avaliação[108]. Antes da terceira reforma fundamental só o Estado, Regiões Autónomas, Autarquias Locais, Institutos Públicos e o Institutos de Segurança Social, estavam sujeitas ao controlo financeiro e jurisdicional, sendo que as entidades de natureza empresarial e associativas e todas as que beneficiarem de dinheiro público estavam apenas sujeitas ao controlo financeiro. Com a Lei n.º 48/2006, de 29 de agosto, estas entidades passam a estar também sujeitas ao controlo jurisdicional[109].

Importa também mencionar que esta reforma introduziu uma importante alteração na relação entre o TC e os órgãos/serviço de controlo interno sujeitos a um especial dever de colaboração com o TC[110]. Desta forma, sempre que os órgãos/serviços de controlo interno detetem indícios do cometimento de infrações financeiras, identificados os eventuais responsáveis e após decisão do órgão competente para apreciar aqueles relatórios, poderão ser introduzidos em juízo, no Tribunal, pelos próprios órgãos/serviços de controlo interno[111].

O Plano Trienal é um instrumento importante no planeamento estratégico a médio prazo do TC. A sua preparação requer uma reflexão sobre o futuro que se pretende para esta organização e a sua envolvência e contributo para o país. Desta forma, a estratégia para o plano trienal tem de contar com os fatores internos e externos, com os pontos fortes e fracos, oportunidades e ameaças para o país.

Com a aprovação em plenário em 16 de maio de 2016, sob proposta da Comissão Permanente, os objetivos estratégicos do TC para o triénio de 2017/2019 são: *(i)* Contribuir para a boa governação, a prestação de contas e a responsabilidade nas finanças públicas; *(ii)* Aperfeiçoar a qualidade, a tempestividade e a eficácia do controlo do Tribunal; *(iii)* Consolidar a capacidade técnica e organizacional para o exame das contas públicas e a certificação da Conta Geral do Estado.

---

das Comunidades Europeias, de acordo com o direito aplicável e em cooperação com os órgãos comunitários competentes".

108 *Cfr.*, Serra, Rute, *ob. cit.*, pág. 23.

109 Ver o artigo 2.º sob a epigrafe "Âmbito de Competência" e ainda alínea e) do artigo 5.º "*Competência material essencial*", da LOPTC.

110 Ver a alínea b) do n.º 2 do artigo 12.º, da LOPTC.

111 *Vide*, Serra, Rute, *ob. cit.*, pág. 25.

Em comparação com o Plano Trienal de 2014/2016 verifica-se a ênfase no objetivo estratégico n.º 1 – Contribuir para a boa governação, a prestação de contas e a responsabilidade nas finanças públicas, e uma alteração no objetivo estratégico n.º 2 – Aperfeiçoar a qualidade, a tempestividade e a eficácia do controlo do Tribunal, sendo que agora pretende aperfeiçoar-se o controlo exercido pelo Tribunal, enquanto no plano trienal anterior pretendia intensificar-se o controlo financeiro nas áreas diagnosticadas com maior risco[112]. O objetivo estratégico n.º 3, diz respeito à necessidade emergente do TC se preparar para a certificação da Conta Geral do Estado, com inicio em 2019.

Os serviços prestados pelo Estado enquanto entidade administrativa, essenciais ao desenvolvimento do bem-estar da sociedade, necessitam de recursos suficientes para atingir um com nível de desempenho de qualidade. É através das receitas públicas[113], que o Estado obtém os recursos necessários para o desenvolvimento da sua atividade enquanto entidade administrativa, através da administração pública, que assume neste contexto um papel fundamental na gestão dos recursos e na prestação dos serviços.

Assim sendo, os dinheiros públicos que estão ao dispor da administração pública para desenvolvimento das suas atividades, e que são geridos pelos inúmeros gestores e decisores financeiros públicos, devem ser aplicados obedecendo aos princípios da eficiência e eficácia e devem, ao mesmo tempo, potencializar benefícios e resultados positivos para os cidadãos[114]. De facto, os dinheiros públicos, obtidos através da cobrança de impostos aos cidadãos, que na prática os priva de uma parte do seu património individual, são escassos, motivo pelo qual devem ser administrados de um modo adequado e correto[115].

É neste contexto que Estado deve evitar o desperdício dos dinheiros público ou a sua má aplicação, recorrendo para isso a critérios de eficácia, eficiência, de racionalização global das políticas públicas através da economia e observando os princípios de concorrência, transparência, publicidade e observância com a leis[116].

---

112 *Vide*, *Plano Trienal do Tribunal de Contas 2014-2016*, Lisboa, 2013, pág. 13. (Disponível em https://www.tcontas.pt/pt/actos/outros/pt-2014-2016-extracto.pdf) [Consultado em 10-07-2018].

113 *Cfr.*, Moreno, Carlos, *Como os Estado gasta o nosso dinheiro, Caderno, 2010*. Estão estruturadas como tributárias, creditícias e patrimoniais.

114 *Idem.*

115 *Cfr.*, Moreno, Carlos (2000), *Finanças Públicas – Gestão e Controlo dos Dinheiros Públicos*, 2.ª edição, Lisboa, Universidade Autónoma de Lisboa.

116 *Cfr.*, Moreno, Carlos. *Como os Estado gasta o nosso dinheiro. Caderno, 2010 e Franco, António de Sousa, Dinheiros públicos, julgamento de contas e controlo financeiro no espaço da língua portuguesa*, Tribunal de Contas, Lisboa, 1995.

Os instrumentos de controlo à disposição do Estado são, assim, determinantes para garantir a todos os cidadãos que os dinheiros públicos são administrados de um modo responsável. Embora toda a Administração Pública esteja sujeita inúmeros controlos, iremos abordar neste trabalho o controlo financeiro, uma vez que está diretamente ligado ao tema em análise (fiscalização prévia).

O controlo financeiro assume, de facto, um importante destaque da gestão dos recursos públicos, uma vez que *"se desenvolve assim em paralelo à atividade financeira, procurando garantir que esta corresponda com interesse público, respeitando regras e critérios a que está sujeita por Lei e os objetivos que lhe são politicamente fixados"*[117].

Como refere Sousa Franco, o controlo das finanças públicas tem o objetivo de verificar se a atividade financeira obedece a normas de legalidade e regularidade, se a gestão dos recursos financeiros públicos está adequada às normas ético-jurídicas, e se atividade financeira realiza os objetivos e resultados esperados, de acordo com critérios de boa gestão, podendo assumir forma de controlo de património, rendimentos, contabilidade e tesouraria[118].

O sistema português de controlo financeiro está estruturado consoante a entidade que exerce o controlo, em dois tipos[119]. Por um lado, o controlo interno, como resposta técnica às exigências da moderna gestão pública, e que consiste *"no conjunto dos processos e meios que permite respeitar o orçamento e o regulamento em vigor, salvaguardar os ativos, assegurar a validade e a autenticidade dos registos contabilísticos e facilitar as decisões, especificamente através da colocação à disposição, no momento oportuno, da informação financeira"*[120].

Por outro lado, o controlo externo, como uma resposta do Estado Democrático aos cidadãos e que corresponde à fiscalização realizada por profissionais de um organismo externo, independente, habilitados com qualificações técnicas e profissionais de elevado nível para exercer auditoria[121]. Ao nível jurídico, o controlo pode caracterizar-se na fiscalização prática de atos necessários para prevenir, apurar ou corrigir

[117] *Cfr.*, Franco, António de Sousa, *Dinheiros públicos, julgamento de contas e controlo financeiro no espaço da língua portuguesa*, Tribunal de Contas, Lisboa, 1995.

[118] *Cfr.*, Sousa Franco, António L., *O controlo da Administração Pública em Portugal*. Revista do Tribunal de Contas, Tomo I, 19/20 1993 e Costa, Paulo Jorge Nogueira da, *O Tribunal de Contas e a boa governança: contributo para uma reforma do controlo financeiro externo em Portugal*. Coimbra Editora, 2014.

[119] *Cfr.*, Moreno, Carlos, *O Sistema Nacional de Controlo Financeiro – Subsídios para a sua apreensão crítica*, Ed. UAL, Lisboa, 1997.

[120] *Cfr.*, *Manual de auditoria de procedimentos*, ob. cit., vol. I, Tribunal de Contas.

[121] *Cfr.*, Marques, Maria da Conceição da Costa et al., *"Auditoria no sector público: um instrumento para a melhoria da gestão pública"*, in Revista Contabilidade & Finanças, 2004, págs. 84-85.

erros ou irregularidades da execução orçamental e na responsabilização, através da averiguação de eventuais erros ou irregularidades[122].

FIGURA 2

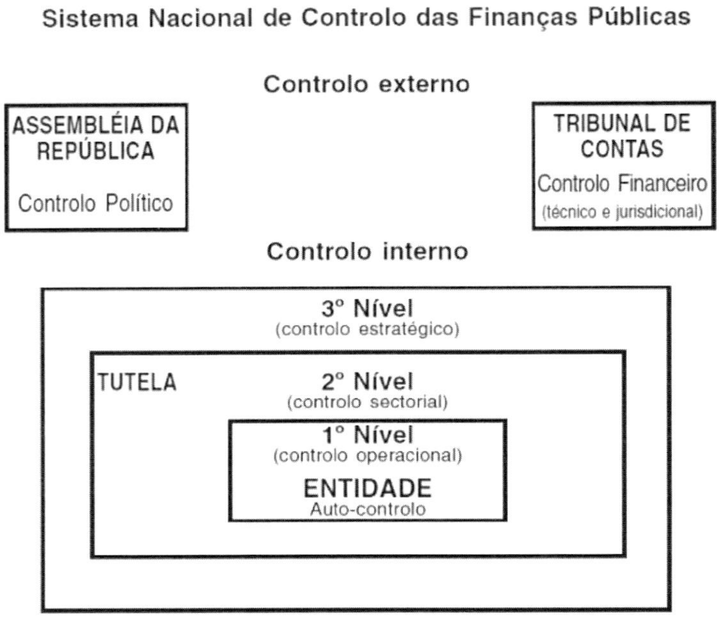

Fonte: Marques, Maria et al., "Auditoria no sector público: um instrumento para a melhoria da gestão pública", apud., *Tribunal de Contas*, 1999, pág. 32

Tendo em conta as definições acima expostas e delimitação do nosso tema só iremos abordar o controlo externo. Importa referir que, como aponta Sousa Franco (1993)[123], o controlo externo pode ser exercido no plano da *fiscalização política*, da competência do Parlamento, através do acompanhamento da execução do Orçamento da discussão e aprovação política da Conta Geral do Estado[124]. No entanto, no plano da *fiscalização*

[122] *Vide*, Sousa Franco, António L., *Finanças públicas e direito financeiro*, Vol. I. Coimbra: Livraria Almedina, 1995.

[123] *Cfr.*, Sousa Franco, António L., *O controlo da Administração Pública em Portugal, Revista do Tribunal de Contas*, Tomo I, 19/20 1993 pág. 8.

[124] *Cfr.*, Art.º 162.º, alínea d) da CRP.

técnico-jurisdicional, sobre a qual incide este trabalho, o controlo é da competência do TC e fundamenta-se em critérios jurídicos, económicos e financeiros.

O controlo externo, na perspetiva da Administração Pública é exercido pelo TC, destaca-se no plano institucional pela sua independência técnica e pelo seu autogoverno face à gestão financeira pública e aos demais órgãos de soberania do Estado[125]. É através desta competência que o TC, no âmbito das suas atribuições, exerce a sua atividade, respondendo aos cidadãos sobre a exatidão da gestão de dinheiros públicos[126].

Explorado que está até agora o conceito de controlo em geral e do controlo financeiro em particular, procederemos a uma análise mais objetiva sobre os poderes de controlo externo legalmente atribuídos ao TC que, de acordo com José Tavares, pode ser exercido em três momentos:

- Poderes de *fiscalização prévia (preventiva ou à priori)*, é realizada no momento posterior à prática do ato/celebração do contrato sobre que legalmente incide, antecedendo, no entanto, o início da produção dos efeitos respetivos, *máxime*, dos efeitos financeiros[127].
- Poderes de *fiscalização concomitante*, que se traduzem na realização de auditorias de fiscalização dos contratos não sujeitos a fiscalização prévia e contratos com concessão do visto com recomendações[128], ou seja, é a fiscalização exercida durante a execução de atos ou contratos ou durante a sua gerência[129].
- Poderes de *fiscalização sucessiva (preventiva ou à posteriori)* que se materializa na verificação interna e externa de contas designada por auditoria de contas, desenvolvidas com objetivo de apurar a boa gestão financeira, através da apreciação da fidedignidade e integralidade, das demonstrações financeiras e da situação financeira e patrimonial da entidade a que respeitam, através da análise ao sistema de controlo interno[130]. José Tavares, descreve a fiscalização sucessiva

---

[125] *Cfr.*, Sousa Franco, António L., *O controlo da Administração Pública em Portugal*, Ed. do Tribunal de Contas, Lisboa, 1993, pág. 8. e Tavares, J. (2004), "*Relações entre órgãos de controlo interno e externo*", *in Estudos de Administração e Finanças Públicas*, Almedina, Coimbra, págs. 423-443.

[126] *Cfr.*, Moreno, Carlos, (2006), *Finanças Públicas. Gestão, controlo e auditoria dos dinheiros públicos*, Lisboa, Universidade Autónoma de Lisboa.

[127] *Cfr.*, Tavares, José F. F., *O Tribunal de Contas: do visto em especial – conceito, natureza e enquadramento na actividade de administração*, Almedina, Coimbra, 1998.

[128] *Cfr.*, Costa, Paulo Jorge Nogueira da, *O Tribunal de Contas e a boa governança: contributo para uma reforma do controlo financeiro externo em Portugal*, Coimbra Editora, 2014.

[129] *Vide*, Serra, Rute Alexandra de Carvalho Frazão, "Controlo Financeiro Público e Responsabilidade Financeira", *in Data Venia – Revista Jurídica Digital*, Ano 4 – n.º 5, 2016.

[130] Moreno, Carlos, *Gestão e Controlo de Dinheiros Públicos*, Lisboa, Ed. UAL, 1998 e Serra, Rute Alexandra de Carvalho Frazão, "Controlo Financeiro Público e Responsabilidade Financeira", *in Data Venia – Revista Jurídica Digital*, Ano 4 – n.º 5, 2016.

> como aquela que é *"exercida em momento posterior ao do desenvolvimento da actividade financeira (controlada) (...) podendo conduzir ao julgamento da responsabilidade financeira"*[131].

Estão assim compreendidos os três momentos de controlo realizados pelo TC no âmbito das suas competências.

4.1 Instrumentos do Controlo Externo

Ao fazer uma abordagem relativamente do controlo externo financeiro pode-se averiguar, por um lado, delimitar a definição de controlo, para que efetivamente possa alcançar o âmbito extensão e limites no que diz respeito das atribuições da Assembleia da República, no entanto a origem da palavra controlo advém do francês *"contre-rôle"* que pode dizer por outras palavras *"contra-livro"* como pode ver essa palavra tem origem latina e provém de *"contrarotulus"*. Todavia, esse termo significava, sobretudo, atividade de uma organização de total controlo que deve ser sempre registada num segundo livro e em contrapartida deveria ser averiguado no livro originais primeiro livro (Gameiro, 2004:33).

Quanto ao conceito de controlo pode-se dizer que resulta de uma expressão *"controle"* como ver na língua portuguesa tem um significado de *"registo"*, *"ter em dobrado ou duplicado"* ou de *"verificação"*, *"orientação"*, *"vigilância"*, *"inspeção"*, fiscalização por está lógica segundo Sousa Franco diz que *"controlar é uma palavra de origem francesa (rôle/conte-rôle), que designa originariamente em segundo registo (ou verificação) organizado para verificar o primeiro, ou o conjunto das ações destinada confrontar uma ação principal (controlada) com os seus objetivos ou metas e com os princípios e regras a que deve obedecer"*. Sousa Franco, diz ainda que é fundamental ter controlo de Estado de Direito democráticos em dois aspetos que faço que pode se salientar por um lado é a democracia que esta acima de quaisquer interesse seja pública ou privada a subordinação do Estado a regras que são imposta logo a que ter um estado muito personalizados e humanistas para serviços dos seus contribuintes.

Por outro lado, a ideia de que o estado esta cada vez mais moderno e acompanhar a evolução dos tempos uma vez que as entidades são meramente complexas ter como

---

[131] *Cfr.*, Tavares, José F. F., *O Tribunal de Contas: do visto em especial – conceito, natureza e enquadramento na actividade de administração*, Almedina, Coimbra, 1998, pág. 51.

objetivos que são definidos e posto em ação com rigor, reduzindo o custo quer financeira e social ter uma maximização dos seus benefícios quer seja económico social que exige uma ação rigorosa e sabedora de controlo do Estado (controlo científico, técnico e financeiro. Quanto a ideia de Carlos Moreno, a palavra controlo na atualidade encontra-se numa expressão mais adequada perante o mundo cada vez mais globalizado, "*toda a amplitude e polivalência abarcada pela moderna atividade de controlo financeiro público*" por isso, "*este vocábulo «controlo» não é sinónimo nem pode ser equivalente, por ser bem mais abrangente, a expressões tradicionais tais como as de fiscalização, inspeção, acompanhamento e supervisão, avaliação, correção, censura ou aplicação de sanções*"[132].

Segundo Tavares (1997), a natureza e os fins a adotar afiguram-se à condição de êxito do sistema de gestão, à subsistência de um sistema de controlo [interno] apropriado executado por órgãos e serviços de fiscalização tecnicamente independentes, apesar de introduzidos numa estrutura interna da entidade, organismo ou instituição. As entidades instaladas externamente podem fiscalizá-los segundo as estruturas da Administração Pública, com as quais incorporam e efetuam o controlo interno. Quanto ao executivo, o controlo externo do Estado é exercido por entidades independentes, a saber: órgãos, entidades ou instituições socais independentes do governo e da administração pública.

Para (Franco, 1995), controlo externo existe quando o controlo político exercido por órgão de representação política, ou seja, a Assembleia da República e o controlo técnico ou jurisdicional, que é desempenhado pelo órgão independente/autónomo, na garantia da correção da atividade financeira por meio da confrontação entre os fatores de avaliação relativos à legalidade, regularidade, adequação, economia e demais essenciais, exercidos pelo Tribunal de Contas[133].

Ao longo da história, surgiu a necessidade, na maioria das nações, de conceber um órgão de controlo financeiro externo e independente (no que diz respeito a todas as entidades fiscalizadas).

Isto, porque nos Estados desenvolvidos e democráticos tem necessidades coletivas básicas (e.g. vias de comunicação, policia ou a justiça) a existência de entidades independentes dos governos para os fiscalizarem, enquanto responsáveis superiores

---

[132] *Cfr.*, Moreno, Carlos, O sistema Nacional de Controlo Interno, *ob. cit.*, pág 119, que distingue os dois conceitos mais utilizados, quer pela legislação, quer pela doutrina, afirmando que, "*Em bom rigor, a fiscalização consubstancia uma ação destinada a prevenir eventuais ilegalidades ou irregularidades ou a repará-las, enquanto a inspeção corresponde a uma ação especialmente dirigida a averiguar factos representativos ou ligados a certa ocorrência ou à atividade de uma determinada entidade*".

[133] *Cfr.*, António Gameiro, *ob. cit.*, pág. 212 e segs.

pela gestão dos dinheiros dos cidadãos, e mais tarde divulgar os resultados dos seus controlos, Moreno (2010.).

Moreno afirma (2010), nos Estados atuais existem dois tipos de controlo externo: o político, pela Assembleia da República exercido pelos deputados. O técnico, concedido aos Tribunais de Contas e desenvolvido por juízes de contas e por auditores públicos.

No âmbito europeu, de salientar que o Tribunal de Contas Europeu, a Comissão Europeia e demais instituições Europeias também realizam controlo externo de natureza técnica.

O Tribunal de Contas Europeu, controla o bom emprego dos dinheiros comunitários e dos recursos europeus gastos em cada Estado membro, por seu turno, a Comissão Europeia e outras instituições, fazem o controlo do défice e da dívida pública excessivos, e também fiscalizam a correção anual da gestão das finanças publicas dos países da moeda do euro, e podem realizar recomendações, através da intervenção na preparação dos orçamentos do Estado Nacional[134].

Moreno, 2010[135], salienta que o controlo técnico externo, também designado por auditoria pública (auditoria financeira e a auditoria da gestão financeira), é um instrumento de grande importância para o cidadão, pois materializa uma análise científica, levada a cado por profissionais qualificados, treinados para executarem a avaliação da legalidade e do mérito da gestão dos dinheiros públicos, de acordo com metodologias internacionalmente reconhecidas, com absoluta autonomia e independência dos governos e dos executivos, garantida pela Constituição ou pela Lei.

É, contudo, necessário que o controle externo avalie a transparência e a sustentabilidade dos bens públicos do país, de maneira horizontal e geral, ou seja abrangendo a integralidade das administrações publicas bem como de todo a esfera das empresas de capitais públicos. O controlo técnico externo de acordo com Moreno (2010), deve apurar em cada ano o valor consolidado do endividamento das administrações públicas, o das empresas estatais e locais e a dos encargos assumidos e acumulados. Também deve determinar, em cada ano, a soma total da despesa que o Estado rejeitou para pagamento das gerações vindouras, quer número de anos e os respetivos valores a pagar em cada ano futuro.

Os principais tipos de auditoria utilizados no controlo técnico externo são a auditoria financeira que tem por objeto verificar a verdade e a integridade das contas

---

[134] *Vide*, Gameiro, António, Nuno Moita da Costa e Belmiro Moita, *Finanças Publicas*, Almedina, 2018.

[135] *Cfr.*, Moreno, Carlos, *ob. cit.*, 2010.

públicas, bem como a legalidade e a regularidade das operações subentendidas aos registos contabilísticos e a auditoria da gestão financeira que analisa a economia, a eficiência e a eficácia do gasto público.

O controlo externo político é outro tipo de controlo externo, diz respeito à Assembleia da República[136], é diferente quer pela natureza da entidade que o executa, bem como por aquilo que significa e pelo resultado promove. De igual modo, tem garantidas pela Constituição, usufruir da separação e de independência do Governo. Este controlo esta conferido ao Parlamento e exprime-se pelos princípios da separação de poderes e da representatividade, traves mestras das atuais democracias representativas.

A separação de poderes[137], ou seja, a independência e não interferência entre os poderes funções do Estado: o legislativo, o executivo ou governo, que definem e conduzem as políticas públicas e gere os bens públicos do povo; o judicial ou seja os tribunais[138], que julgam e dirimam os conflitos de interesses, e do controlo externo, que se representa na fiscalização independente do Governo ou poder executivo. No controlo político, o que está em causa é a apreciação da conduta política das decisões do Governo pelos Deputados, Moreno (2010).

Nos estados modernos e democráticos, o controlo externo é composto e incrementado por entidades públicas categoricamente qualificadas, nos termos da Constituição da República ou da legislação, por disponibilizar e assegurar a independência, autonomia e separação dos poderes e demais órgãos, e em particular os governos, dirigentes da gestão financeira pública (Moreno, 2010).

Neste pormenor, há necessidade da independência técnica para eleger, por iniciativa própria, as entidades e as matérias a controlar, o período a efetuar a auditoria, bem como definir a sua natureza, extensão e metodologias e publicar os resultados. Em Portugal, incumbe ao responsável pela gestão no Tribunal de Contas realizar o controlo, e não à entidade pública nacional (Moreno, 2010).

---

[136] CRP, artigo 161.º, Competência política e legislativa, *"a) Aprovar alterações à Constituição, nos termos dos artigos 284.º a 289.º; b) Aprovar os estatutos político-administrativos e as leis relativas à eleição dos deputados às Assembleias Legislativas das regiões autónomas..."*.

[137] CPR – artigo 111.º, Separação e interdependência, *"1. Os órgãos de soberania devem observar a separação e a interdependência estabelecidas na Constituição. 2. Nenhum órgão de soberania, de região autónoma ou de poder local pode delegar os seus poderes noutros órgãos, a não ser nos casos e nos termos expressamente previstos na Constituição e na lei"*.

[138] CRP artigo 202.º, Função jurisdicional, *"1. Os tribunais são os órgãos de soberania com competência para administrar a justiça em nome do povo. 2. Na administração da justiça incumbe aos tribunais assegurar a defesa dos direitos e interesses legalmente protegidos dos cidadãos, reprimir a violação da legalidade democrática e dirimir os conflitos de interesses públicos e privados"*.

Além disso, e considerando este aditivo, compete ao Tribunal de Contas a fiscalização da legalidade financeira, ou seja, a avaliação dos critérios de boa gestão dos recursos públicos. De salientar, configura-se o mecanismo de análise da Conta Geral do Estado, o Parecer do Tribunal de Contas[139], pois abrange a apreciação da referente atividade financeira, que resulta na transmissão de um conceito sobre a regularidade e a legalidade da execução orçamental, da economia, a eficiência da gestão realizada e a credibilidade dos sistemas de controlo interno. Ora, neste caso, são usados métodos e técnicas distintos para que o Tribunal de Contas execute o controlo financeiro, como por exemplo o controlo sucessivo. Tavares (2014: 174), entende que "*não é possível uma boa gestão sem um controlo e avaliação*".

Para o efeito, os serviços, organismos, entidades e gestores da administração disponibilizam um sistema interno de controlo e de apreciação credível, assim coadjuvando para a tomada das decisões com mais prudência. O controlo e a avaliação correspondem rigorosamente aos mecanismos essenciais, onde os resultados possibilitam o apuramento de possíveis responsabilidades resultantes da atividade de administração. Conquanto, a avaliação assevera a utilidade e a qualidade (Tavares, 2014).

Para este autor, o Tribunal de Contas verifica as contas, a nível interno e externo, realiza a auditoria e a avaliação de programas públicos, atendendo às legislações de enquadramento da atividade financeira pública e aos princípios estruturantes do Direito da União Europeia. Os objetivos indispensáveis destes mecanismos assentam na procedência de orientações às entidades-objetos e na verificação de indícios da prática de crimes financeiros ou outros, os quais são enviados à autoridade competente (Serra, 2015).

Como já se havia avançado, o controlo técnico externo constitui uma significativa ferramenta de informação dos contribuintes. Os profissionais especializados realizam a avaliação científica para levar a cabo a avaliação da legalidade e da idoneidade dos dinheiros públicos segundo as metodologias aprovadas internacionalmente, e com absoluta autonomia e independência dos governos (Moreno, 2010). De facto, Tavares (2014), afirma que o controlo da legalidade e da regularidade financeiras, não cumpre todos os requisitos, formalmente, sem o controlo da boa gestão financeira, sendo estes indissociáveis. O controlo exclusivo da economicidade não deve desagregar-se do controlo da legalidade e da regularidade para que estes sejam eficientes e eficazes. O controlo técnico externo é denominado habitualmente por auditoria pública[140].

---

[139] *Vide*, em especial, o Parecer sobre a Conta Geral do Estado de 2017 – www.tcontas.pt.

[140] Ver www.tcontas.pt – os mais diversos e modernos Manuais de Auditoria.

Isto porque auditoria pública é o controlo técnico externo com o qual se avaliam as contas apresentadas obrigatoriamente pelos gestores e se definem discriminadamente as receitas e as despesas efetuadas durante um ano por cada entidade pública. Para tal, compete aos gestores elaborar as contas e aos auditores públicos analisá-las com zelo e fidelidade. Ou seja, examinar se todas as despesas estão devidamente registadas nas respetivas contas e ao seu correspondente em tempo preciso (Moreno, 2010).

Para a análise e a avaliação das contas das administrações públicas, devem-se ter em conta os instrumentos de transparência e de sustentabilidade das finanças públicas. O controlo externo político constitui um dos tipos de controlo externo diferente do controlo técnico. Logra-se este controlo de separação e de independência do governo, por estar objetivamente asseguradas pela Constituição da República. O controlo externo político é deliberado pelo parlamento. O controlo político esta sob tutela da Assembleia enquanto que o controlo técnico encontra se sob a alçada do Tribunal de Contas, mas, entretanto, ambos são organismos de controlo externo técnico da gestão financeira pública.

4.1.1 Procedimentos de controlo

A auditoria é o método mais utilizado no que toca ao controlo financeiro das atividades, de acordo com a Lei de Organização e Processo do Tribunal de Contas.

Nos últimos anos, tem-se verificado cada vez mais a utilização desta vertente, seja ela de que tipo ou natureza for, é fundamental para o Tribunal. Com isto existem vários tipos de auditorias, entre os quais:

- Auditoria financeira;
- Auditorias operacionais ou de resultados;
- Auditorias integradas;
- Auditorias orientadas;
- Auditorias de projetos ou programas;
- Auditorias de sistemas;
- Auditorias ambientais.

Estas auditorias também têm de ter a sua credibilidade e para tal devem seguir certas normas que classifiquem os métodos e técnicas utilizadas, sendo que estas fases devem ser observadas. Apesar disto, uma das preocupações do Tribunal é a descrição de normas que possam garantir uma melhor qualidade técnica e eficiência das auditorias.

Foi em 1995, no Projeto de Manual de Auditoria, que estas normas foram admitidas.

A Lei de Organização e Processo, levaram a diversas modificações, que por sua vez levaram à conceção do Manual de Auditoria e de Procedimentos.

As auditorias têm a necessidade de ter um planeamento adequado, de uma execução correta, supervisionada e documentada, daí o Manual ser bastante importante e conter diversos princípios, pelos quais se devem guiar. Alguns dos princípios são:

- *"A definição dos objetivos da auditoria e o cumprimento das competências do Tribunal de Contas ou as necessidades das entidades que as justificam;*
- *A indicação da natureza e âmbito da auditoria;*
- *A identificação da natureza da entidade auditada e dos seus objetivos bem como os tipos de operações mais relevantes e as áreas de maior risco, tendo sempre em conta o princípio da materialidade;*
- *Os métodos e técnicas a utilizar no trabalho de verificação;*
- *A quantificação dos recursos humanos;*
- *A calendarização dos trabalhos de auditoria;*
- *O conhecimento dos principais sistemas, práticas e controlos de gestão da entidade audita e a avaliação preliminar destinada a identificar os pontos fortes e fracos"* (citado do Tribunal de Contas).

Tem de haver um correto cumprimento dos princípios que o Manual identifica, pois só assim vai haver um preciso cumprimento das auditorias. Estes princípios servem para testar a segurança do controlo interno, o cumprimento da Lei, da eficiência e eficácia da gestão financeira, entre outros[141].

[141] Tribunal de Contas, (1999), *O tribunal de contas na atualidade*. Disponível em: http://www.tcontas.pt/pt/apresenta/actualidade/sit_act.pdf. (Consultado a 17-07-2018).

4.2 Tipos de Controlo

FIGURA 3. REPRESENTAÇÃO DOS TIPOS DE CONTROLO

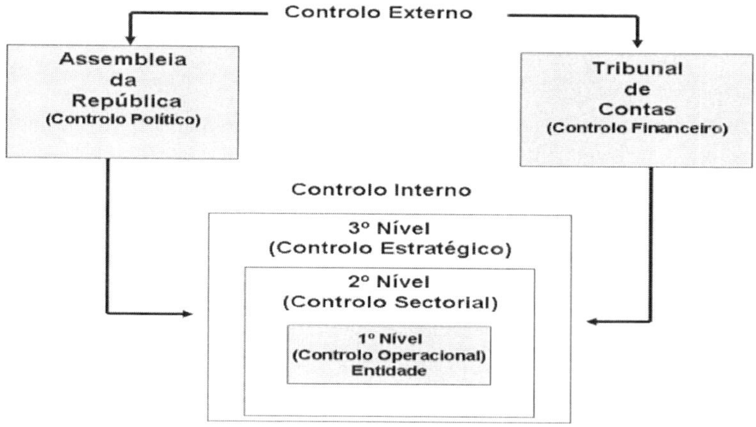

Fonte: Tese de Ana Costa142, retirado de: https://repositorio.iscte-iul.pt/bitstream/10071/10769/1/AnaCostaTP-%20SCI_2015.pdf

4.2.1 Controlo Externo

O Tribunal de Contas, devido à Constituição de 1976, foi incorporado no título VI relativo aos Tribunais.

O art.º 219.º desta mesma Lei, refere que *"compete ao Tribunal de Contas dar parecer sobre a Conta Geral do Estado, fiscalizar a legalidade das despesas públicas e julgar as contas que a lei mandar submeter-lhe"*.

Este normativo serviu apenas para regularizar a competência material da legislação ordinária que já se encontrava em vigor.

Devido ao facto do Tribunal de Contas se encontrar na mesma categoria que os restantes tribunais, este passou a ter um estatuto constitucional baseado nos mesmos princípios que os restantes.

Na versão de 1976, o art.º 301.º, a revisão da legislação, da altura, que se focava na organização e no estatuto dos juízes, devia ter ficado concluída até ao fim da

[142] Costa, Ana, (2015), Disponível em: https://repositorio.iscte-iul.pt/bitstream/10071/10769/1/AnaCostaTP-%20SCI_2015.pdf . (Consultado a 16-07-2018).

primeira sessão legislativa posteriormente até à entrada em vigor da Constituição, mas tal situação não veio a acontecer, pois os juízes continuaram a ser nomeados pelo Ministro das Finanças.

Mais tarde, o Tribunal de Contas passou a ter um estatuto constitucional e legal, que o considerava como um verdadeiro Tribunal e ao mesmo tempo como uma instituição suprema de controlo financeiro externo.

Com isto, o Tribunal de Contas passou a ter um estatuto jurídico-constitucional, universal aos tribunais em geral, que se caracteriza por:

1. *"Assume a natureza de órgão de soberania (art. 113.º, n.º 1 da CRP);*
2. *Tem por missão administrar a justiça em nome do povo, dentro dos critérios essenciais da função jurisdicional (art. 205.º, n.º 3 da CRP);*
3. *Tem estatuto de independência e exclusiva sujeição à lei (art. 206.º da CRP);*
4. *A resolução de conflitos de jurisdição e competência é atribuída a tribunais de conflitos (art. 205.º, n.º 4 da CRP)"* entre outros. (citado da Tese de José Alfredo de Sousa).

O Tribunal sendo uma instituição suprema de controlo financeiro externo vai ter, igualmente, um estatuto específico, sendo estes:

- *"Tem a natureza de órgão supremo de fiscalização da legalidade das despesas públicas;*
- *Procede ao julgamento de contas que a lei mandar submeter-lhe;*
- *Elabora os pareceres sobre as contas do Estado e das Regiões Autónomas, como instrumentos autónomos de carácter opinativo;*
- *Efetiva responsabilidades financeiras."* (citado da Tese de José Alfredo de Sousa).

O Tribunal de Contas, em relação, ao seu estatuto de independência baseia-se em três pilares essenciais:

- Têm um poder de natureza jurisdicional;
- Os seus juízes têm estatuto de independentes;
- Têm um autogoverno.

Para além destes aspetos referidos, o Tribunal também vai ter uma jurisdição própria, ou seja, uma jurisdição financeira, que abrange o poder do controlo financeiro por toda a ordem jurídica portuguesa: por todo o território português e no estrangeiro e em todas as entidades que administram os dinheiros públicos[143].

---

[143] Sousa, Alfredo José de, *Controlo Externo das Finanças Públicas: o Tribunal de Contas*. Disponível em: https://digitalis-dsp.uc.pt/bitstream/10316.2/26203/1/BoletimXLI_Artigo2.pdf?ln=pt-pt. (Consultado a 17-07-2018).

Existem, também, três modelo de controlo financeiro externo, entre os quais:

- O modelo de auditor geral, é utilizado, por norma, no modelo anglo-saxónico. Uma das maiores características deste modelo, é o facto, de este ter apenas um órgão singular, o Auditor-Geral, isento de poderes jurisdicionais, realizando apenas relatórios ou pareceres, em relação ao controlo financeiro, sendo que estes apontam os erros detetados nas inspeções ou auditorias;
- O modelo de natureza mista, é adotado por outros Estados, neste caso são Tribunais de Contas, mas sem poderes jurisdicionais, têm apenas a função de auditoria suprema e sem poderes de fiscalização prévia;
- Desde o momento que se começou a exercer a autonomização do controlo externo, com o Decreto-Lei de 10 de novembro de 1984, Portugal, inspirou-se num modelo francês, ou conhecido por napoleónico, sendo que este criou a Cour de Comptes. Este modelo tem uma natureza colegial e possuí poderes jurisdicionais, que julga as contas e efetiva a responsabilidade financeira.

Para o autor Tavares, ainda existe hoje em dia, o movimento de convergência, este diz que numa perspetiva formal, o controlo da legalidade e da regularidade financeira é incompleta, e com isto tem de ser enriquecido com o controlo da boa gestão financeira. Sendo que por outro lado, o controlo da economia, da eficiência e eficácia, fica mais pobre se não tiver o controlo da legalidade e da regularidade, com isto estes não se devem de separar.

Tanto Guilherme D'Oliveira e José Tavares, de acordo com a autora Rute Serra[144], dizem que devido ás características do Tribunal de Contas, sobretudo em relação aos seus poderes jurisdicionais que são atribuídos aos juízes conselheiros, estes fazem com que o Tribunal se molde a um modelo misto com uma predominância de lógica jurisdicional.

Mais tarde, surge um novo modelo, o de auditoria integrada, que engloba dois tipos de controlo: um foi estabelecido por Franco como sendo a auditoria de conjunto, que engloba a auditoria financeira e operacional[145].

---

[144] *Vide*, Rute Serra, *Controlo Financeiro Publico e Responsabilidade Financeira*, Relatório Profissional, Universidade Autónoma de Lisboa, Lisboa, 2016. Disponível em: https://www.datavenia.pt/ficheiros/edicao05/datavenia05_p149-256.pdf. (Consultado a 16-07-2018).

[145] Frazão Serra, Rute (2016), *Controlo Financeiro Público e Responsabilidade Financeira*. Disponível em: https://www.datavenia.pt/ficheiros/edicao05/datavenia05_p149-256.pdf. (Consultado a 16-07-2018).

O Tribunal de Contas, em cooperação, com o Tribunal de Contas Europeu realiza o controlo das finanças comunitárias.

De acordo com o art. 216.º da CRP, para além das competências consultivas (por exemplo nos pareceres sobre a conta geral do Estado) e a regulamentar (elaborar regulamentos internos), também tem outras competências, entre as quais: competência de fiscalização prévia e concomitante (onde pontua o visto), competência de fiscalização sucessiva (atos de apreciação e de julgamento de contas), competência sancionatória (relacionado com a responsabilidade financeira)[146].

Resumidamente, pode-se dizer que este tipo de controlo é operado mais ao nível político pela Assembleia da República, sendo que em termos financeiros é realizado, como já dito, pelo Tribunal de Contas. Dada a forte ligação que o sistema de controlo interno tem como o controlo externo é importante esclarecer e intensificar o controlo e a importância do Tribunal de Contas.

As atribuições do Tribunal de Contas têm grandes dimensões e complexidade e como tal, este tem aplicado certos procedimentos que garantem a técnica e a eficiência necessária, a partir de diversos manuais, sendo que estes têm sempre em conta os princípios gerais de auditoria internacionalmente aceites, ente os quais: *International Federation of Accountants, Federation des Experts Comptables Européens e International Organization of Supreme Audit Institutions.*

Para além das entidades auditadas e fiscalizadas por parte do Tribunal de Contas, um dos destinatários é o Parlamento, pois uma vez que este órgão político da Conta Geral do Estado dá a sua apreciação, esta está dependente de um parecer prévio, apesar de não ser vinculativo, do Tribunal.

Com o Governo existe uma ligação especial, e sendo assim este pode requisitar ao Tribunal de Contas qualquer tipo de auditoria, a qualquer entidade que tutele.

Estão previstas, desde 2007, inspeções setoriais, que abrangem todos os ministérios, apesar disto, o Tribunal pode ser requisitado por parte do Governo sobre o conteúdo de projetos legislativos de natureza financeira.

---

[146] Sousa, Alfredo José de, *Controlo Externo das Finanças Públicas: o Tribunal de Contas*. Disponível em: https://digitalis-dsp.uc.pt/bitstream/10316.2/26203/1/BoletimXLI_Artigo2.pdf?ln=pt-pt. (Consultado a 17-07-2018).

5. Conclusão

O Estado de Direito Democrático representou a institucionalização de limites ao Estado, ou seja, significa que os administradores políticos , financeiro são submissos às leis anunciadas, deixando no passado, ao menos teoricamente, àquelas monarquias absolutistas baseadas no direito divino, assim a partir do estado de direito o poder passaria a ser limitado e regulamentado pela lei, de forma que se privilegiou o controle do poder pelo primado da legalidade e da moralidade da atuação dos agentes públicos, neste modo a administração financeira do Estado é composta por serviços e órgãos com propósitos de auxiliar o governo na preparação e execução da política financeira e global do Estado, principalmente nos domínios orçamental, monetário e creditício.

De uma forma geral, a estrutura, a constituição, as funções e as responsabilidades da administração financeira portuguesa é articulada pelo Ministério das Finanças e da Administração Pública. No Ministério das Finanças há vários departamentos com poder decisivo sobre a questão financeira pública, como a Direção Geral do Orçamento (tem competência para preparar, capacitar e efetivar a OE), a Direção Geral dos Impostos (AT) a Direção Geral do Tesouro e Finanças, onde os cidadãos devem pagar os impostos para financiar as despesas públicas, estes têm o direito saber como estão a ser geridos os seus dinheiros, dada a democraticidade das finanças públicas por isso as as contas devem ser declaradas com responsabilidade pública, publicidade da gestão e dos resultados, transparência, verdade dos seus fundamentos, atos, valores, resultados, permitindo o Estado aplicar o dinheiro dos contribuintes da melhor maneira possível, assim o controlo técnico ou jurisdicional que é exercido pelo órgão independente de forma a garantir a correção da atividade financeira, segundo os critérios de avaliação relativas à legalidade, regularidade, adequação, normas financeiras e contabilísticos ou outros que sejam convenientes e pertinentes que é exercido pelo Tribunal de Contas.

Portanto, torna-se necessário evitar uma má aplicação dos recursos financeiros, fazendo isto com base nos critérios de eficácia e eficiência, a racionalização global das políticas públicas e a economia. Vê-se, pois, que os dinheiros públicos só devem ser gastos, com base numa boa gestão, que encontra a sua conformidade com os princípios de concorrência, transparência, publicidade, e com observância da Lei.

CAPÍTULO X

—

OS TRIBUNAIS DE CONTAS - SUA IMPORTÂNCIA, CARACTERIZAÇÃO E PAPEL NAS SOCIEDADES MODERNAS

* Textos base: Rute Santos, Aylson Costa e Cláudia Nogueira.

Introdução

Os Tribunais de Contas e a sua intervenção na sociedade moderna têm impacto na criação de condições para a sustentabilidade financeira e orçamental e para a criação de condições de coesão e confiança a fim de credibilizar as instituições democráticas e reforçar uma cidadania ativa e responsável.

Como muito bem sublinha Guilherme D'Oliveira Martins, *"A crise do Estado moderno, a abertura de perspetivas novas pelas instituições supranacionais, a criação das bases de um Estado promotor de desenvolvimento, catalizador de energias e regulador dos mercados exige uma redobrada ação dos Tribunais de Contas, com a sua independência e com a sua legitimidade próprias enquanto órgãos do poder jurisdicional dotados dos inerentes poderes de autoridade"*[1].

Os Tribunais de Contas são considerados um *"barómetro"* da sociedade, uma vez que podem controlar a generalidade das entidades públicas, aos níveis central, regional e local, e a totalidade das receitas e despesas públicas, são, assim, tidos como *"observatórios"* da administração pública[2].

As administrações públicas têm sofrido várias alterações ao longo dos anos, muito voltadas para procedimentos, transitando agora para a obtenção de resultados. A crise financeira e económica que marcou este início de século leva a novos desafios e exigências para os tribunais de contas, que, no caso português, e no seu plano trienal para 2017-2019, *"foi desenhado tendo em conta os desafios decorrentes da crise financeira e restrições orçamentais que Portugal continuará a enfrentar"*[3].

A Administração Pública sofreu grandes modificações ao longo do século XX, estas mesmas modificações tiveram contiguidade neste século XXI. Em simultâneo uma Administração burocrática centrada em procedimentos, transferiu-se para uma Administração direcionada para obtenção de resultados. O início do século XXI, de igual modo, foi assinalado por uma grave crise financeira e económica, que demonstrou lacunas graves no desempenho de algumas estruturas dos Estados, abrangendo as que tem como missão a supervisão e o controlo. Este contexto impõe novas condições e novos desafios para as entidades superiores de Controlo.

---

[1] *Cfr.*, Conselheiro Presidente, Guilherme D'Oliveira Martins, "Organização das Instituições Supremas de Controlo da Comunidade dos Países de Língua Portuguesa", *in V Assembleia-Geral da Organização das ISC da CPLP*, Porto 8 e 9 de maio, de 2008.

[2] *Cfr.*, Tavares, José, "Sistema nacional de controlo: controlo interno e controlo externo", *in Revista do Tribunal de Contas*, n.º 26 – julho a dezembro, de 1996.

[3] Tribunal de Contas, *Plano Trienal do Tribunal de Contas 2017-2019*, Lisboa, 2016.

Da mesma forma a responsabilidade pelos atos públicos, assim como a gestão de recursos públicos são temas de grande importância, os mesmos têm exigido cada vez mais preocupação quer a políticos, aos cidadãos, decisores políticos, e teóricos.

Para Santos[4] (2015), uma das questões centrais do controlo exercido sobre a Administração Pública reside no facto de o patrimônio público (material e imaterial) pertencer à sociedade e não à Administração ou ao gestor – simples responsáveis pela gestão dos dinheiros públicos.

Por outro lado, Gameiro[5] (2004), na mesma linha refere que o controlo parlamentar da prática financeira do Governo e da Administração Pública, é uma questão que tem tido grande importância, num período que se caracteriza por um significativo crescimento das atribuições do Estado logo um crescente aumento da despesa pública que exige e propõe um maior controlo sobre os gastos públicos.

O controlo financeiro, Santos (2015), pode ser efetuado inteiramente pelo povo ou através dos seus representantes. Ainda que o órgão de soberania do poder Legislativo é o Parlamento versus Assembleia da República, que é composto pelos representantes do povo. Este órgão tem competências para apurar se a gestão da *"Coisa Pública"* se cumpre os critérios de eficiência eficácia e economia e respeitando o princípio do interesse público.

Nesse sentido, Santos (2015), vem salientar que o controlo do parlamento sobre as contas da Administração Pública não é um controlo popular, mas sim um controlo político. Na mesma linha, de acordo com o quadro constitucional jurídico refere três tipos de controlo: o político e legislativo da Assembleia da República CRP art. 161.º; o Jurisdicional feito pelo Tribunal de Contas, nos termos do artigo 214.º da CRP, e o Controlo Social é diluído não tem repercussão jurídica, mas tem punição Gameiro (2018), nas atuais democracias, os meios de comunicação social, constituem um meio de controlo de gestão das finanças publicas, este controlo social tem grande relevância, porque tendo uma linguagem não-governamental entra com muita facilidade na opinião pública Moreno (2010), tendo consequências devastadoras para os seus sujeitos.

Acresce dizer que o controlo pode ser interno e externo, isto porque a aplicação de dinheiros públicos não é apenas realizada pelo critério jurídico, mas também em

---

[4] *Cfr.*, Albano Santos, J., *Finanças Públicas*, Ina Editora, 2.ª edição revista e aumentada, Lisboa, 2016.

[5] *Vide*, Gameiro, António Ribeiro, *O Controlo Parlamentar das Finanças Públicas em Portugal (1976-2002)*, Almedina, Coimbra, 2004.

função da gestão publica, uma gestão eficiente, eficaz, económica e racional. Gameiro (2018). O controlo tem a designação de externo para referir que está fora da competência de quaisquer órgãos de soberania em especial da direção dos governos Moreno (2010), ou seja não aceita diretrizes de qualquer governo.

Moreno (2010) vai mais longe referindo que há uma separação entre os governos e quem gere os dinheiros públicos, a própria constituição ou a norma, que nos países democráticos determina a separação entre o governo e o controlo externo e da aquele as garantias de independência em relação ao primeiro.

A importância deste tema prende-se com a contemporaneidade das questões, a evolução do sistema de controlo dos atos da administração e as tendências constitucionais atuais Fontes (2008). Bem como as relações que se representam entre a Assembleia da República e as administrações públicas fazem parte das questões fundamentais do funcionamento dos modernos processos de governo. Dado que, simplificar e tornar o controlo parlamentar democrático e efetivo, sem que se infrinjam as reservas, e se ponham em causa o princípio constitucional da separação e divisão de poderes Fontes (2008).

Para quê? Por um lado, o controlo público e a responsabilidade, estão hoje na ordem do dia no contexto da democracia portuguesa Gameiro (2004). De igual modo na gestão pública, Moreno (2010) nos últimos anos, tem-se verificado um desligamento por parte do Estado, quer ao nível legislativo quer de atos, da integral concorrência em negócios em que o Estado é parte, esta prática não beneficia nem a boa gestão financeira pública nem os princípios da transparência, igualdade e publicidade[6].

Por outro, prende-se pelo fato de ser tendência, a medio e curto prazo, poder integrar um cargo na administração pública, pelo que é fundamental aprofundar esta temática para ter conhecimentos que melhor permitam cumprir as tarefas maior rigor, consciência, ética e responsabilidade. Na medida em que os conhecimentos sobre a gestão de dinheiros públicos e o sobre o controlo financeiro são escassos e pouco fundamentados, os mesmos não me permitem uma boa análise e compreensão dos fatos. Também sendo um tema tão em voga e objeto de grandes polémicas na gestão pública, fará todo o sentido esta análise sobre o controlo financeiro.

---

[6] Decreto-Lei n.º 18/2008, de 29 de janeiro – Código dos Contratos Públicos – Princípios da legalidade, prossecução do interesse público, imparcialidade, proporcionalidade, boa-fé e da tutela da confiança.

1. Tribunal de Contas Português

Segundo a Constituição, no seu art.º 214.º, *o Tribunal de Contas é o órgão supremo de fiscalização da legalidade das despesas públicas e de julgamento das contas que a lei mandar submeter-lhe*[7]. O n.º 2 do art. 1.º, da Lei n.º 98/97, de 26 de agosto (LOPTC), refere ainda que este "*tem jurisdição e poderes de controlo financeiro no âmbito da ordem jurídica portuguesa, tanto no território nacional como no estrangeiro*". Segundo as recomendações da INTOSAI (International Organisation of Supreme Audit Institutions), as garantias de indepência do Tribunal de Contas são a sua natureza jurisdicional (que tem por medida a boa gestão financeira e a aplicação da lei para resolver controvérsias técnico-jurídicas), o estatuto dos seus juízes (com garantias de inamovibilidade e irresponsabilidade) e o seu autogoverno (com os meio indispensáveis à sua ação – humanos, financeiros e materiais)[8].

Nos termos da Constituição e da LOPTC a missão do Tribunal de Contas consiste, assim, em fiscalizar a legalidade e regularidade das receitas e das despesas públicas; julgar as Contas que a Lei manda submeter-lhe; dar parecer sobre a Conta Geral do Estado e sobre as Contas das Regiões Autónomas; apreciar a gestão financeira pública; efetivar as responsabilidades financeiras; exercer as demais competências que lhe forem atribuídas pela Lei.

A sublinhar e a acrescentar que, a partir de 2019, o TC terá também de certificar a Conta Geral do Estado, segundo o n.º 6 do art.º 66.º, da Lei de Enquadramento Orçamental (LEO)[9].

Segundo José Tavares, o Tribunal de Contas é a instituição superior de controlo financeiro sobre a administração Pública, com um papel de *coordenação geral*. Toda a atividade de gestão (pública ou privada), para obter eficácia, exige um sistema de controlo[10].

Para Maria do Rosário Torres, o controlo verifica a autenticidade e regularidade das despesas e a eficiência dos serviços enquanto a avaliação assegura a sua utilidade e presta contas perante os cidadãos[11]. O controlo exercido por este Tribunal é

---

[7] *Cfr.*, art.º 214.º da Constituição da República Portuguesa.

[8] II Encontro dos Tribunais de Contas dos Países de Língua Portuguesa, 1996; "As Garantias de Independência dos Tribunais de Contas", *in Revista do Tribunal de Contas*, n.º 26 – julho a dezembro, de 1996.

[9] Lei n.º 98/97, de 26 de agosto (LOPTC) e Lei n.º 151/2015, de 11 de setembro.

[10] *Cfr.*, Tavares, José, "Sistema nacional de controlo: controlo interno e controlo externo", *in Revista do Tribunal de Contas*, n.º 26 – julho a dezembro, de 1996.

[11] *Vide*, Torres, Maria José, "Controlo e avaliação: Instrumentos Indispensaveis numa Administração Pública Moderna", *in Revista do Tribunal de Contas*, n.º 26 – julho a dezembro, de 1996.

o *controlo externo* (o mais importante instrumento de informação aos contribuintes). Assim, importa distinguir o que se entende por controlo externo e controlo interno, que poderão mudar conforme o contexto[12].

Antes de passarmos à distinção destes dois tipos de controlo, convém referir que estão sujeitos à jurisdição e aos poderes de controlo financeiro do Tribunal de Contas as entidades integradas no setor público administrativo (Administração Central, Regional e Local), são elas, o Estado e seus serviços; as Regiões Autónomas e seus serviços; as Autarquias Locais, suas associações ou federações e seus serviços, bem como as áreas metropolitanas; os institutos públicos e as instituições da Segurança Social.

Estão também sujeitas, as entidades do setor público empresarial (empresas públicas, sociedades de capitais exclusivamente públicos e sociedades de economia mista controladas ou participadas), as empresas concessionárias, as associações públicas ou privadas e as fundações de direito privado, entidades de qualquer natureza que tenham participação de capitais públicos ou sejam beneficiárias, a qualquer título, de dinheiros ou outros valores públicos[13].

O Tribunal de Contas exerce um controlo externo e independente que em relação ao momento em que é exercido, pode ser prévio, concomitante ou sucessivo, isto é, anterior, simultâneo ou posterior à realização das operações auditadas[14].

Quando se faz controlo, pretende-se verificar um fato, neste contexo, podemos entender que o controlo interno é aquele que é desenvolvido por um órgão ou serviço, podendo ser designado de autocontrolo[15]. Técnicamente, a sua missão é ajudar os gestores a executar as previsões financeiras anuais e desenvolver bem a gestão financeira (a Inspeção-Geral das Finanças, é um serviço de controlo interno que presta serviço ao Ministério das Finanças, ajudando ministros e Governo a melhorar a execução do Orçamento do Estado, bem como a gestão financeira de cada ministério)[16]. Tal é necessário para a obtenção, de forma permanente, de dados sobre os aspetos de legalidade, economia, eficiência e eficácia, podendo ser exercido por um serviço de fiscalização que tenha independência técnica, mas inserido na organização em causa.

---

[12] *Cfr.*, Tavares, José, "Sistema nacional de controlo: controlo interno e controlo externo", *in Revista do Tribunal de Contas*, n.º 26 – julho a dezembro, de 1996.

[13] Tribunal de Contas, *Manual de Auditoria e de Procedimentos*, vol. I, Lisboa, 1999. Disponível em www.tcontas.pt.

[14] *Idem*. Tribunal de Contas.

[15] *Vide*, Sousa Franco, António L., *Finanças Públicas e Direito Financeiro*, vol I. 4.ª Ed., 3.ª reimp., Coimbra, 1996, pág. 456.

[16] *Cfr.*, Moreno, Carlos, *Como o Estado Gasta o Nosso Dinheiro*, Editora Caderno, Alfragide, 2010, pág. 77.

No entanto, ocorre que para além do sistema de controlo interno, estas organizações podem ser fiscalizadas por órgãos/serviços externos, tratando-se, assim, de um controlo externo, o nome externo significa que está fora da alçada dos governos (a Constituição exige a separação entre o Governo e o controlo externo), é costume, também ser designado por auditoria pública. Esta foi uma necessidade sentida ao longo dos anos pela maioria dos Estados de forma a ter um controlo externo e independente, fazendo parte das missões do Estado moderno e democrático de modo a dar resposta às necessidades coletivas (Existem dois tipos de controlo externo: o político, a cargo dos parlamentos e o técnico, atribuído aos Tribunais de Contas)[17]. Os Tribunais de Contas encaixam-se nesta necessidade, bem como na missão de informar os cidadãos e os seus representantes no Parlamento sobre a forma como os bens públicos são geridos e o apuramento de responsabilidades[18]. Sendo o controlo um princípio fundamental do Estado de Direito, o controlo parlamentar ganhou um papel especial e relevante entre as funções parlamentares[19].

Sobre a responsabilidade, podemos acrescentar as palavras do Prof. Doutor José Joaquim Gomes Canotilho, que sublinha este conceito como um instituto central de todo o ordenamento jurídico, responsabilidades estas por infrações financeiras. Assim, responsabilidade e controlo estão intimamente ligados, devendo o controlo *pautar-se por novos padrões de aferimento das contas e alargar o objecto do controlo*[20].

Carlos Moreno, por outro lado, acrescenta que se deve avaliar a obra feita e não prestar contas apenas de modo quantitativo. Deve-se divulgar o que correu bem, o que falhou e porquê, principalmente quando se trata de dinheiros públicos. O *accountability* é a obrigação de prestar contas "às devidas instâncias controladoras", o que inclui a aplicação de sanções pecuniárias (responsabilidade financeira sancionatória e reintegratória) e/ou política (demissão dos cargos)[21].

Toda a atividade da gestão pública deve pautar-se com respeito pela ordem jurídica, onde estão incluídos os princípios da boa gestão (economia, eficiência e eficácia)

---

[17] *Idem*, pág. 75.

[18] *Cfr.*, Tavares, José, "Sistema nacional de controlo: controlo interno e controlo externo", *in Revista do Tribunal de Contas*, n.º 26 – julho a dezembro, de 1996.

[19] Gameiro, António Ribeiro, *O Controlo Parlamentar das Finanças Públicas em Portugal (1976-2002)*, Almedina, Coimbra, 2004.

[20] *Vide*, Gomes Canotilho, José Joaquim, "Organização das Instituições Supremas de Controlo da Comunidade dos Países de Língua Portuguesa", *in V Assembleia-Geral da Organização das ISC da CPLP*, Porto 8 e 9 de maio, de 2008.

[21] *Cfr.*, Moreno, Carlos, *Como o Estado Gasta o Nosso Dinheiro*, Editora Caderno, Alfragide, 2010, págs. 174-175.

e ponderado no âmbito de cada tipo de responsabilidade, seja ela política, criminal, civil, disciplinar ou financeira. Esta última compete ao Tribunal de Contas e tem a ver com obrigação de reintegração nos casos de desvio de dinheiro ou valores públicos, pagamentos indevidos ou violação de determinados deveres ou obrigações[22].

Nas auditorias públicas, deve verificar-se as contas (receitas e despesas) e se estão registadas pelos seus montantes reais. Na administração pública é de ter em conta o apuramento do défice e da dívida pública[23], bem como os atos e contratos que levaram ao lançamento contabilístico, se foi transparente e publicitado, se houve desperdício de dinheiro e se foi tido em conta o critério da economia, da eficiência e da eficácia. Este tipo de informação é importante para os cidadãos e para a credibilidade das instituições públicas[24].

Internacionalmente, existem instituições que fazem controlo externo e não são Tribunais de Contas, são auditorias como é o caso do *National Audit Office* do Reino Unido, outros têm uma natureza mista, tal como o Tribunal de Contas Europeu[25].

2. Breve evolução histórica de 1389 a 1761

Numa perspetiva histórica, a criação do Tribunal de contas situar-se-á nos finais do Século XIII, com D. Dinis, com uma repartição contabilística: a casa dos contos, primeiro órgão de ordenação e fiscalização das receitas e despesas do Estado[26]. Existia, então a preocupação, embora de forma rudimentar, para a fiscalização das contas. Posteriormente, passou a haver uma distinção entre os Contos de Lisboa e os Contos del Rei. Os primeiros com a função tomar e verificar as despesas e receitas de todos os almoxarifados do país e os segundos, os da Casa Real. É com D. João I que se

[22] *Cfr.*, Tavares, José, *As responsabilidades na gestão pública – seu enquadramento*. Seminário sobre o enquadramento das responsabilidades na gestão pública, outubro de 2001.

[23] Conjunto de situações passivas que resultam para o Estado do recurso ao crédito público. Pode falar-se em dívida pública em sentido restrito, isto é, corresponde apenas às situações passivas de que o Estado é titular em virtude do recurso a empréstimos públicos; em sentido amplo, abrange o conjunto de situações derivadas do recurso ao empréstimo público e da prática de outras operações de crédito. *Cfr.*, Sousa Franco, António L., *Finanças Públicas e Direito Financeiro*, vol II, 4.ª Ed., 10.ª reimp., Almedina, Coimbra, 2004, pág. 87.

[24] *Cfr.*, Moreno, Carlos, *ob. cit.*, págs. 80-82.

[25] *Cfr.*, Tavares, José, "Sistema nacional de controlo: controlo interno e controlo externo", *in Revista do Tribunal de Contas*, n.º 26 – julho a dezembro, de 1996.

[26] Paixão, Judite Cavaleiro, "Controlo das Contas Públicas", *in Revista do Tribunal de Contas*, n.º 26 – julho a dezembro, 1996.

consegue a autonomia dos Contos, em que o regimento mais antigo dos Contos data de 5 de julho de 1389. Os regimentos tinham como objetivo alcançar eficácia da contabilidade e também mais precisão e rapidez na liquidação e fiscalização das contas[27].

Em 1516, o Regimento e Ordenações da Fazenda estabeleceu normas para orientar a contabilidade pública. Em 1530 é criada a Casa dos Contos de Goa e em 1560 é unificada a contabilidade pública e os Contos de Lisboa ficaram ligados aos Contos do Reino e da Casa. O edifício onde funcionavam os contos foi destruído no terramoto de 1755 e foi extinto e substituído pelo Erário Régio (Carta de Lei de 22 de dezembro de 1761)[28].

O Tesouro Geral (mais tarde Erário Régio), foi criado em 1761 pelo Marquês de Pombal. O lugar supremo de Inspetor-Geral era exercido por Sebastião José de Carvalho e Melo. É igualmente criado o lugar de Secretário de Estado dos Negócios da Fazenda, por D. Maria I. Inicia-se, assim um longo processo de redistribuição de poderes. A administração financeira dará lugar, mais tarde, ao Ministério das Finanças e os departamentos de controlo financeiro darão origem ao Tribunal de Contas, com competência especializada em matéria financeira[29].

O Erário Régio era composto por 4 contadorias: a Contadoria da Corte e Província da Estremadura, a Contadoria das Províncias e Ilhas dos Açores e da Madeira, a Contadoria da África Ocidental, Maranhão e Baía e a Contadoria da África Oriental, Rio de Janeiro e Ásia Portuguesa[30]. Apenas quatro pessoas estavam a par da situação geral das finanças públicas. Passam para este novo organismo as contas iniciadas nos Contos, com o mesmo objetivo – o da quitação. Para o efeito, eram nomeados funcionários para conferir e liquidar, no caso de estar quite. Era passada então a carta de quitação. A toma da conta efetuava-se por um contador e um escrivão[31]. Para a toma de conta era utilizado o método das partidas dobradas, que permitia ter um conhecimento mais exato das variações patrimoniais e um acompanhamento mais rigoroso para uma melhor tomada de decisão. A arrecadação passou a chamar-se de conta corrente. Ao se ajustar a conta era redigida uma informação sobre o estado da conta e a passagem da quitação. Se as contas não estivessem quites, o processo ia para

---

[27] Paixão, Judite Cavaleiro e Lourenço, Maria Alexandra, "Contos do Reino e Casa", *in Revista do Tribunal de Contas*, n.º 21/22 de janeiro/dezembro de 1994 e n.º 23 janeiro/setembro de 1995.

[28] Tribunal de Contas, https://www.tcontas.pt/pt/apresenta/historia.shtm.

[29] *Cfr.*, Sousa Franco, António L., *Finanças Públicas e Direito Financeiro*, vol I, 4.ª Ed., 3.ª reimp., Almedina, Coimbra, 1996.

[30] Paixão, Judite Cavaleiro, "O controlo das contas públicas-um passado, uma história", *in Revista do Tribunal de Contas*, n.º 26 – julho a dezembro, de 1996.

[31] *Idem*, pág. 27.

julgamento. Do processo faziam parte as declarações do oficial do recebimento (autos de justificação) e finalizava com a sentença por acórdão da relação. Entretanto, poderia passar-se carta de quitação ou a penhora de bens[32].

O Erário Régio trouxe inovações, em particular na centralização da arrecadação e do pagamento de despesas, para evitar a dispersão das cobranças e das despesas. O sistema de escrituração era o digráfico (Deve e Haver)[33].

Sousa Franco (1996), ensina que já na idade média portuguesa, as responsabilidades da administração e gestão financeira do reino eram reconhecidas pelos funcionários que tinham o dever de pagar e receber os dinheiros régios. Em 1370 surgem os Vedores da Fazenda, que progressivamente vão adquirindo a chefia de uma administração financeira da Coroa com vestígios crescentes de centralização, apesar de verem os seus poderes diminuídos com a instituição do cargo de contador-mor, de acordo com o estabelecido no direito (Carta Régia de 15/10/1408). A Casa dos Contos dividida em Contos de Lisboa e Contos D' El-Rei – uma importante ferramenta de racionalização contabilística e de responsabilidade dos administradores de dinheiros públicos, que condenava ou julgava livre de dívida; dependia dos Vedores da Fazenda e ou do seu Contador-Mor, sendo estes dois os mais importantes ofícios da Fazenda Real (Ordenações Afonsinas, Livro I; Regimento dos Vedores da Fazenda de D. Manuel I de 17/10/1516). A casa dos Contos foi agregada em 1/04/1560 e, em 6/03/1591, foi criado o Conselho da Fazenda, que despachava nos Paços Reais todas as matérias que corriam pelos tribunais. O Regimento dos contos de 3/09/1627 atribui ao Contador-Mor jurisdição ampla e própria para a cobrança e execução das dívidas à Fazenda Real.

[32] *Idem.*
[33] *Idem.*

FIGURA 1. EVOLUÇÃO DO TRIBUNAL DE CONTAS

Fonte: Tribunal de Contas

2.1 De 1832 a 1911

O Erário Régio é extinto em 16 maio de 1832 e cria-se o Tribunal do Tesouro Público, por conta da reforma da Administração da Fazenda. Passa a ser obrigatório publicar na imprensa as contas da receita e despesa do Estado[34].

O Marques de Pombal em 22 de dezembro de 1761, criou o Tesouro Geral, mais tarde Erário Régio, sendo o próprio Sebastião José Carvalho e Melo a exercer o lugar Supremo de Inspetor-geral.

A partir de então dá-se início a um longo processo contraditório e instável de redistribuição dos poderes. A administração financeira constitui, o que mais tarde virá a ser designado de Ministério das Finanças; os departamentos de controlo financeiro, agrupando-se numa outra unidade orgânica, que após sucessivas formulaçõs vai dar origem ao Tribunal de Contas, com constantes redistribuições de serviços, nomeadamente pela transferência para a obediência do governo de serviços de controlo como o Tesouro, a contabilidade publica, e a Direção-Geral do Tribunal de Contas Franco (1996).

A 10 de novembro de 1849 foi criado o Tribunal de Contas, instituição necessária a qualquer Governo, sendo reorganizado em 1859 e, em 1860, é publicado o Regimento do Tribunal de Contas. Em 1863, o Regulamento Geral da Contabilidade Pública dividiu a Contabilidade em legislativa, administrativa e judiciária. Em 1881 as ordens de pagamento das despesas ficam sujeitas ao "visto prévio" do Tribunal de Contas. As funções do Tribunal de Contas foram ampliadas em 1886 e passou a funcionar como Tribunal de Justiça administrativa e Tribunal fiscal das leis financeiras do Estado[35].

Foi com a criação do tribunal de Contas, como órgão supremo de controlo das finanças públicas, é clara a influência direta do modelo napoleónico de Estado.

Também é de referir que o Tribunal de Conta é o mais herdeiro desde antiguidade que vem a tradição de controlo das finanças públicas o mais responsável órgão através da implantação da República, nos anos de 1910, que existiam outros órgãos com outras designações que se pode mencionar:

- Conselho Superior da Administração Financeira do Estado
- Conselho Superior de Finanças – até que pelo Decreto n.º 18962, de 25-10-1930, foi de novo instituído como tribunal de contas, no âmbito das reformas financeiras de Salazar.

---

[34] *Idem.*

[35] Tribunal de Contas. https://www.tcontas.pt/pt/apresenta/historia.shtm.

Em Portugal o poder, ou seja, a função de fiscalização prévia apenas veio a ser atribuído ao Tribunal de Contas pela primeira vez em 1881, pelo Decreto de 31-08-81, que aprovou o Regulamento Geral da Contabilidade pública[36].

Conforme ensina António Sousa Franco, «*na realidade, com diferentes composições e estruturas, as fases liberal e estado – novista da instituição acusam os efeitos da instabilidade das instituições do Estado , a excessiva permeabilidade às modas do tempo, de insegurança e a falta de firmeza nas soluções encontradas, o hibridismo das leis e das instituições: mas, no essencial, correspondem a uma mesma tradição, da qual, sobretudo nos séculos XIX e XX, se foram separando algumas instituições com funções de controlo interno e dependentes do Governo (a Contabilidade Pública, o Tesouro, a Inspeção-Geral de Finanças), cuja história também encontra nesta grande instituição independente de controlo(...)*»[37].

Em março de 1907 assistiu-se a uma nova organização da contabilidade pública, substiuindo o sistema de "*exercício*" pelo de "*gerência*" e sujeitando todas as ordens de pagamento ao "*visto*" da Direcção-Geral da Contabilidade Pública, em substituição do "*Visto*" do Tribunal de Contas. A sua extinção em 11 de abril de 1911 é consequência da Implantação da República em 1910[38].

- **Conselho Superior da Administração Financeira do Estado – CSAFE (1911-1919)**

Este Conselho foi criado pelo Governo da altura a 11 de abril de 1911. Tentava-se modificar o regime que tinha havido até aquela altura, sobretudo em relação a assuntos políticos e económicos. As alterações mais profundas, provocadas pela República, eram na estrutura administrativa do Estado, sobretudo na descentralização dos serviços públicos.

Este novo conselho, passa a abranger novos elementos. Tanto o povo, as associações por interesse, as representações da propriedade, do comércio, da indústria, entre outros eram representadas pela Câmara dos Deputados.

---

[36] Este Regulamento – que complementa a Lei de 25 de junho de 1881, aprovado o plano de reforma da Contabilidade Pública – constitui um pilar fundamental da administração financeira do Estado, vigorando quase até aos nossos dias (*Cfr.*, Guilherme D'Oliveira Martins, *O Ministério das Finanças – subsídios para a sua história no bicentenário da criação da Secretaria de Estado dos Negócios da Fazenda*, Lisboa, 1988, pág. 126).

[37] Tribunal de Contas, *in Tribunal de Contas na encruizilhada legislativa*, prefácio a Tribunal de Contas – Legislação anotada, ob. cit., págs. 9 e 10, de José tavares e Lídio de Magalhães.

[38] Tribunal de Contas. https://www.tcontas.pt/pt/apresenta/historia.shtm.

O CSAFE, em 1911, publicou em Diário de Governo o Decreto de 28 de junho, que englobava todos os diplomas de nomeação, promoção e transferência sujeitos ao *"visto"*.

Até 17 de Agosto de 1915, o Conselho continuou a desempenhar o mesmo tipo de jurisdição tanto para o Tribunal de Contas, como para o tribunal de justiça administrativa e fiscal.

Com regimento é atribuído ao Conselho, aos Presidentes e aos Vogais o mesmo tipo de categoria que o Supremo Tribunal de Justiça e os seus membros têm.

Os julgadores do Conselho não tinham muitas especializações, daí os objetivos traçados não terem tido o melhor resultado. Com isto, houve a substituição deste Conselho, em 1919, por o Conselho Superior de Finanças.

- **Conselho Superior de Finanças (1919-1930)**

Como referimos anteriormente, o Conselho Superior das Finanças surgiu devido à incapacidade de fiscalização por parte do CSAFE, sendo o objetivo desde a descentralização dos serviços públicos na época da República.

O objetivo deste novo Conselho era reaver uma fiscalização preventiva e que integrasse pessoas mais especializadas, com isto estabeleceu-se que para além dos vogais, que eram nomeados pelo Senado, pela Câmara dos deputados, e os representantes do comércio, industria e agricultura, que este também devia de incluir jurisconsultos ou financeiros de renome.

Com isto, um dos objetivos era conciliar tanto os interesses políticos como os económicos do país.

Em 1923, devido aos problemas de austeridade das despesas públicas, houve um corte no pessoal da administração pública e foi extinto, provisoriamente, o cargo de Presidente e de um dos vogais.

Com a revolução de maio de 1926, o Parlamento foi desfeito e continuava sem haver um Presidente no Conselho Superior de Finanças. Tudo isto levou ao Decreto n.º 11. 962, de 26 de julho que consistia numa composição provisória de um presidente vitalício e de seis vogais.

Mais tarde, 1930, este Conselho foi substituído pelo Tribunal de Contas.

2.2 A reforma salazarista e o Tribunal de Contas

Por forma a melhorar a gestão dos dinheiros públicos e a sua fiscalização, Oliveira Salazar, enquanto Ministro das Finanças, inicia uma série de reformas, entre as quais, a criação do Tribunal de Contas e dota-o de maior poder e atribuições, de modo a corresponder às exigências da nova contabilidade pública. A sua jurisdição abrange todo o território nacional. O serviço do "visto" também é remodelado. A reforma do Tribunal de Contas desta época dotou esta instituição de meios e linhas de atuação que se mantêm ainda hoje. As deficiências entretanto sentidas apenas começaram a ser colmatadas com a Constituição de 1976. Integrou-o no âmbito dos Tribunais e definiu a sua competência, a forma de nomeação do seu Presidente passou a ser feita pelo Presidente da República, sob proposta do Governo.

A INTOSAI (Organização mundial dos Tribunais de Contas e Órgãos congéneres), desde 1953, dirige aos seus Membros sucessivas recomendações, para aperfeiçoarem e ampliarem o controlo das despesas públicas que lhes compete[39].

Nesta altura, o Ministro das Finanças, era Oliveira Salazar e partir de 1928 este inicia uma reforma com o objetivo de reorganizar a finanças do Estado, sobretudo na regulação da contabilidade pública. A 25 de Outubro de 1930 houve a criação do Tribunal de Contas, tendo sido este reorganizado três anos depois pelo decreto de lei n.º 22.257, de 25 de fevereiro de 1933.

Até aquele momento havia uma grande preocupação devido à situação financeira que o país enfrentava, com isto havia a necessidade de haver uma melhor administração dos dinheiros públicos e uma fiscalização, sendo que assim iria prevenir as irregularidades e desperdícios de gestão.

Com isto, surge então o Tribunal de Contas, mantendo até aos dias de hoje a mesma designação, sendo que este tinha um maior poder e atribuições em relação aos seus anteriores, de maneira a satisfazer todas as necessidades e exigências da nova contabilidade pública.

Numa primeira altura, o Tribunal de Contas era constituído por um presidente e oito vogais, sendo que seis deles tinham de ser formados em Direito ou Economia, ou então altos funcionários com já conhecimento nos assuntos do Tribunal, os outros dois vogais tinham de representar os ministérios da guerra e da marinha.

Todas estas decisões para se decidir os vogais competiam ao ministério das finanças, sendo que o governo escolhia um dos 8 vogais e este devia de permanecer no cargo durante um período de três anos, e ao mesmo tempo ser vice-presidente. Já os vogais que representavam a marinha e o exército eram escolhidos de acordo com o seu ministério.

---

[39] Tribunal de Contas. https://www.tcontas.pt/pt/apresenta/historia.shtm.

Estes vogais não têm assuntos relacionados com as representações parlamentares e associações económicas, pois não faz parte da sua função. Por sua vez estes devem ser diplomados e possuir cursos superiores que sejam adequados ao seu posto.

O Tribunal de Contas abarca todo o território nacional, incluindo as colónias e tudo o que é português no estrangeiro e é elaborada para com todos os responsáveis que fazem parte do Estado português, com isto engloba, civis, militares, em relação ao julgamento de contas.

O primeiro decreto do Tribunal de Contas, era meramente experimental. Passados três anos de este ter surgido, realiza-se o decreto n.º 22.257, de 25 de fevereiro de 1933, o qual fixa o Tribunal de Contas e define-o como um órgão, composto por juízes, atribuído de funções de controlo.

A reforma do Tribunal de Contas, que teve o seu inicio a 1930, teve ao longo dos tempos diversos diplomas devido à necessidade de definir as suas funções e competências, que ainda hoje se mantêm. Apesar destas pequenas modificações, havia a necessidade de haver maiores modificações que começaram a existir apenas a partir da Constituição de 1976. Com isto o Tribunal de Contas começou a ter novas atribuições.

Foi a partir desta Constituição que o Tribunal de Contas começou a ganhar um maior enfase, sendo que se integrou no âmbito dos outros tribunais e definiu a sua competência como por exemplo a nomeação de um presidente (que passou a ser feito pelo Presidente da República sob proposta do governo).

2.3 De 1976 à atualidade

Neste contexto, no centro das modernas democracias, nasceu a necessidade, de as nações exercerem algum controlo sobre a capacidade de os poderes instituídos para arrecadar impostos e gastarem o resultado da sua arrecadação, Santos (2016).

A Constituição de 1976 é, das Constituições portuguesas, aquela em que ao Tribunal de Contas (ou órgão similar) é dada maior relevância, com incumbência de um estatuto simples e relativamente desenvolvido (*Cfr.*, Art.ºs 107.º, 110.º, 133.º, 162.º, 209.º e 214.º), Tavares (2000).

Órgão supremo de fiscalização da legalidade das despesas públicas e de julgamento das contas que a lei lhe submeter (art. 214.º CRP). Órgão supremo de controlo externo, que fiscaliza a legalidade e a regularidade das receitas e despesas públicas, aprecia a boa gestão financeira e efetiva responsabilidades por infrações financeiras (art.º 1.º n.º 1, da Lei 98/97), Gameiro (2018).

O Tribunal de Contas atua segundo os princípios fundamentais; da independência e da exclusiva sujeição à norma (art.º 203), o direito à coadjuvação das outras entidades (art.º 202.º); os princípios da fundamentação, da obrigatoriedade e da prevalência das decisões (art.º 205.º); o princípio da publicidade dos atos (art.º 206.º) e princípio do contraditório.

Os princípios constitucionais que acabámos de descrever encontraram acolhimento na Lei de Organização e Processo do Tribunal de Contas, aprovada pela Lei n.º 98/97, de 26 de agosto, que foi modificada e republicada pela Lei n.º 48/2006, de 29 de agosto. De igual modo e de que usa a Constituição, a Lei n.º 98/, consagrou as garantias de independência do Tribunal, o autogoverno, a inamovibilidade e a irresponsabilidade dos seus Juízes e a exclusiva sujeição destes à lei.

Em oposição, esta Lei fortaleceu o quadro de competências constitucionalmente estabelecido, com a finalidade de materializar um sistema de controlo externo que na verdade corresponda à necessidade de um controlo dos dinheiros e bens públicos, bem como, que assegure ou garanta a legalidade, a regularidade e a boa gestão pública. Este referencial de competências foi sendo desenvolvido com o passar do tempo através de sucessivas alterações à LOPTC, especialmente as ocorridas em 2006, por via da Lei n.º 48/2006, de 29 de agosto, em que trabalhamos arduarmente na Assembleia da República.

Na verdade, depois da revolução de 25 de Abril de 1974, a Constituição de 1976, definiu o Tribunal de Contas como um tribunal financeiro englobado no aparelho judiciário, igualando-o aos outros tribunais, em relação aos princípios, características de independência em relação às suas decisões comparativamente ás da Administração.

O modelo constitucional está na Lei Fundamental, o sistema fiscal tem a sua origem na Constituição da República Portuguesa (CRP) de 1976, onde estão categorizados os seus princípios orientadores, nomeadamente no que respeita ao tipo de impostos e aos direitos e garantias dos contribuintes.

Foi a Constituição da República Portuguesa de 1976 que ao atribuir ao Tribunal um certo estatuto, votou-o como um órgão de soberania, com a característica ímpar de controlar, de maneira externo e independente, a atividade financeira do Estado, nos campos das receitas, das despesas e do património público, sendo também, apenas o Tribunal com competência constitucional para executar responsabilidades financeiras, Serra (2016)[40].

---

[40] https://www.datavenia.pt/ficheiros/edicao05/datavenia05_p149-256.pdf (acesso dia 17/07//2018).

Assim o n.º 1 do seu artigo 103.º [41], refere que o sistema fiscal visa a satisfação das necessidades financeiras do Estado e outras entidades públicas. Não obstante, Sousa Franco (2004), numa visão mais simplificada, considera que a noção clássica de sistema fiscal será o conjunto de impostos vigentes num determinado país ou espaço geográfico, remetendo-se à legislação fiscal existente. Os impostos (receitas) são criados num diploma legal, o qual determina a os valores, taxas, benefícios, assim como garantias dos contribuintes. De igual modo, ninguém pode ser coagido a pagar impostos que não tenham sido criados nos termos da Constituição.

O controlo financeiro em parte é feito pela fiscalização, no caso da execução do Orçamento será fiscalizado pelo Tribunal de Contas e pela Assembleia da República, que, precedendo parecer daquele tribunal, apreciará e aprovará a Conta Geral do Estado, incluindo a da Segurança Social, Artigo 107.º da CRP.

Apesar disto, foi complicado para os governantes aceitar o controlo independente financeiro. Só no final dos anos 80 é que se começou a dar maior importância no que toca à execução da Constituição, isto porque devido à integração europeia, em janeiro de 1986, houve a necessidade de haver um maior controlo financeiro. Com isto, a Revisão Constitucional e a Lei da Reforma do Tribunal de Contas concordaram com o que se encontrava na Constituição de 1976.

Mais tarde, houve uma reforma da instituição, o que levou a uma modernização e atualização. A primeira modificação foi em relação à lei ordinária, Lei n.º 86/87, nesta era incutida uma modernização e um reforço do controlo financeiro.

Os poderes de fiscalização, por parte do Tribunal de Contas, por meio da Lei n.º 14/96, começaram a abranger a avaliação da gestão financeira e expandiram-se para o setor empresarial público.

Para além disto, nasceu um novo regime de emolumentos, que substituiu o anterior.

Com a nova Lei n.º 86/89, criou-se um gabinete de apoio ao Presidente do Tribunal, de modo a que este conseguisse realizar as suas funções.

Em relação ao Orçamento do Tribunal de Contas, anteriormente era incluído no Orçamento do Ministério das Finanças, ou seja, no Orçamento do Estado, sendo que passou a agregar-se nos Encargos Gerais da Nação, o que se adequa, sendo este um órgão de soberania.

---

[41] A CRP no seu artigo 103.º – Sistema fiscal, afirma: "*1. O sistema fiscal visa a satisfação das necessidades financeiras do Estado e outras entidades públicas e uma partição justa dos rendimentos e da riqueza. 2. Os impostos são criados por lei, que determina a incidência, a taxa, os benefícios fiscais e as garantias dos contribuintes.*"

Mais tarde, houve a supressão desta Lei n.º 86/89, pela Lei n.º 98/97, com o objetivo de haver uma modernização em relação ao controlo financeiro[42].

Como sublinhámos, a natureza do Tribunal de Contas, como um Tribunal financeiro integrado no aparelho judiciário, ficou definida com a Constituição de 1976, qualificando-o como órgão de soberania[43]. A sua responsabilidade, segundo a Constituição, é verificar se os dinheiros públicos são geridos de acordo com a Lei e segundo os princípios da eficácia, eficiência e economia, imputando responsabilidades aos gestores desses bens públicos. Tem três missões principais: a do visto prévio, a de auditor financeiro externo do setor público e a de julgamento e de efetivação de certas responsabilidades financeiras dos administradores públicos. No seu controlo pratica o princípio do contraditório, isto é, só faz críticas ou censuras e dirige recomendações aos auditados depois de análise e audição[44].

O visto prévio é o exame que o Tribunal faz aos instrumentos que geram a despesa pública[45], em particular os contratos celebrados pelo Estado e se estão conforme a Lei. Se a Lei for violada o visto é recusado, impedindo os pagamentos por conta desses contratos. O visto prévio pode evitar uma despesa pública ilegal.

A missão de auditor financeiro externo do Estado é importante no que diz respeito ao controlo externo de natureza técnica da gestão financeira do setor público, assim de acordo com esta missão, deve fiscalizar a verdade das contas, a legalidade e a regularidade das operações que dão origem aos registos contabilísticos. Pode também dirigir recomendações ao setor público e privado. O não acatamento pode ser punido com multa.

O controlo jurisdicional tem a ver com a missão de efetivação de certas responsabilidades financeiras, atuando como um tribunal. As infrações financeiras podem ser objeto de sanções pecuniárias. Na responsabilidade financeira reintegratória (alcance, desvio e pagamento indevido), o responsável pode ser condenado a repor a importância da infração, se se provar a culpa.

---

42 Tribunal de Contas. *Evolução Histórica do Tribunal de Contas*. Disponível em https://www.tcontas.pt/pt/apresenta/historia.shtm. (Consultado a 17-07-2018).

43 *Cfr.*, n.º 1 do art.º 209 e n.º 1, do art.º 110 da CRP.

44 *Cfr.*, Moreno, Carlos, *ob. cit.*, pág. 81.

45 A despesa pública pode abranger realidades como o pagamento de vencimentos, construção de estradas, concessão de um subsídio a uma empresa, amortização de um empréstimo contraído pelo Estado, aquisição de material de guerra, atribuição de bolsa de estudo, entre outras. Num estado moderno, é importante perceber a natureza da despesa pública para a compreensão das políticas públicas. *Vide*, Sousa Franco, António L., *Finanças Públicas e Direito Financeiro*, vol II, 4.ª Ed., 10.ª reimp., Almedina, Coimbra, 2004, capítulo V.

FIGURA 2. ESTRUTURA DO TRIBUNAL DE CONTAS

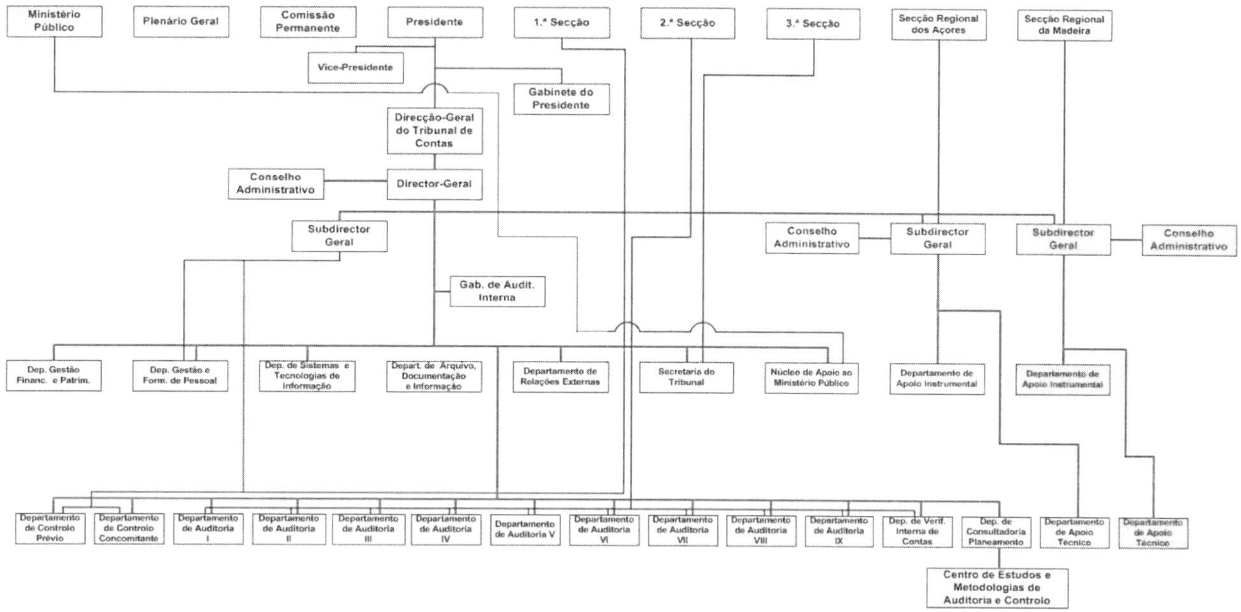

Fonte: Tribunal de Contas

Na responsabilidade sancionatória, é aplicada uma multa aos responsáveis de determinado ato, seja pela não liquidação, cobrança ou entrega de receitas públicas ou pela violação das normas de elaboração e execução do orçamento, violação na admissão de pessoal, violação do visto, etc.[46].

Ao longo dos anos, tem sido dotado de maior poder e atribuições, de modo a corresponder às exigências da contabilidade pública. Atualmente, com a implementação do novo sistema contabilístico (SNC-AP), obrigatório para todas as administrações do Estado, tal suscita um acompanhamento atento e importantes adaptações por parte do Tribunal de Contas. Para responder a estas atribuições, o Tribunal está organizado em cinco secções, a saber: a primeira: Vocacionada para a fiscalização prévia e concomitante; a segunda: Orientada para a fiscalização concomitante e sucessiva (Auditoria); a terceira: Especializada na efetivação de responsabilidades financeiras, através de julgamentos; duas Secções Regionais (Madeira e Açores).

Para além do Tribunal de Contas, não existem em Portugal outras ISC's, pelo que o Tribunal deve funcionar descentralizado, por forma a desenvolver o seu controlo de atividade financeira[47].

A jurisdição do Tribunal de contas abrange os serviços e entidades públicas administrativas e empresariais, aos níveis central, regional e local, bem como as empresas e outras entidades privadas concessionárias de serviços e obras públicas ou que recebam dinheiros públicos, incluindo-se nestes as verbas provenientes da União Europeia[48].

O Tribunal de Contas é estrutural e funcionalmente, um tribunal, mais propriamente, um tribunal financeiro, um órgão de soberania, um órgão constitucional do Estado, independente, não inserido na Administração Pública, em particular, no Estado/Administração[49]. Segundo José Tavares, no exercício dos seus poderes, o Tribunal pode formular recomendações, conforme se pode constatar nos relatórios de auditoria[50]. Estes devem ser completos, claros, concisos e objetivos. José Tavares refere ainda a *função pedagógica* das recomendações para um bom exercício da atividade administrativa e financeira pública, assim sendo, as recomendações visam garantir, assegurar e contribuir para a melhoria desse exercício. O tema das recomendações tem sido alvo de particular atenção em vários congressos da INTOSAI.

---

[46] *Cfr.*, Moreno, Carlos, *ob. cit.*, pág. 113.

[47] Tribunal de Contas, *O Tribunal de Contas na atualidade*, disponível em: https://www.tcontas.pt/pt/apresenta/actualidade.shtm.

[48] Tribunal de Contas, *Plano Trienal do Tribunal de Contas 2017-2019*, Lisboa, 2016.

[49] Tribunal de Contas, *O Tribunal de Contas na atualidade*, disponível em: https://www.tcontas.pt/pt/apresenta/actualidade.shtm [Acedido em 01/07/2018].

[50] Tavares, José, *Recomendações do Tribunal de Contas – conceito, natureza e regime*, Lisboa, 2006.

Sobre essa matéria, José Tavares, aludindo à Lei n.º 98/97, de 26 de agosto (LOPTC), estuda o poder do Tribunal formular recomendações, no âmbito da sua atividade, embora não configure um ato de natureza jurisdicional, tem tanta dignidade como uma função de controlo e com exigências acrescidas, envolvendo uma maior responsabilização por todas as entidades intervenientes[51].

3. Composição e relações do Tribunal de Contas

O Tribunal de Contas é composto por um Presidente e por 16 juízes, e em cada secção Regional, por um juíz[52]. O recrutamento dos juízes é feito por meio de concurso curricular[53], nomeados pelo Presidente do Tribunal e têm os mesmos direitos e prerrogativas tal qual os do Supremo Tribunal de Justiça. O Plenário Geral é o órgão superior de decisão do Tribunal de contas composto por todos os juízes em exercício de funções e é o órgão superior de gestão e disciplina dos seus juízes[54]. É o plenário Geral que define as linhas orientadoras da atividade de controlo feita pelo Tribunal, aprova o relatório anual, os planos de ação trienais e o relatório e parecer sobre a Conta Geral do Estado, decide também sobre todos os assuntos considerados importantes[55].

O Ministério Público (MP) intervém junto do Tribunal de Contas, sendo representado pelo Procurador-Geral da República, que se pode fazer coadjuvar e substituir pelo Vice-Procurador-Geral da República e por procuradores-gerais-adjuntos, exercendo estes últimos os cargos em comissão de serviço; nas seções regionais, pelo magistrado para o efeito designado pelo Procurador-Geral da República. A coordenação da representação do MP no Tribunal de Contas é assegurada por um dos procuradores-gerais-adjuntos, designado, bienalmente, pelo Procurador-Geral da República[56]. Conforme diz o n.º 4 do art.º 29.º da Lei n.º 98/97, devem ser entregues ao Ministério Publico "*todos os relatórios e pareceres aprovados na sequência de acções de verificação, controlo e auditoria*". O mesmo pode, também, requerer julgamento para efectivação de responsabilidades financeiras[57].

---

51 Tavares, José, *ob. cit.*, pág. 23.
52 *Cfr.*, art.º 14.º, da LOPTC.
53 *Cfr.*, art. 19.º, da LOPTC.
54 Art. 25.º e 71.º n.º 2, da LOPTC, e art. 5.º n.º 1 e n.º 3, do RGTC.
55 Tribunal de Contas, *O Tribunal de Contas na atualidade*, disponível em: https://www.tcontas.pt/pt/apresenta/actualidade.shtm [Acedido em 01/07/2018].
56 *Cfr.*, n.º 1 e 2 do art.º 29.º, da LOPTC; http://www.ministeriopublico.pt/pagina/tribunal-de-contas-0
57 *Idem.*

O destinatário privilegiado do Tribunal de Contas é o Parlamento, uma vez que este só pode tomar a Conta Geral do Estado mediante parecer do Tribunal de Contas, em que deve ser apreciada e posteriormente emitido juízo sobre a regularidade e a legalidade da execução orçamental, assim como sobre *a economia, a eficiência e a eficácia da gestão efectuada e a fiabilidade dos sistemas de controlo interno*[58]. O Parlamento é, assim, assistido tecnicamente pelo Tribunal de Contas, havendo uma estreita relação de colaboração. Nos termos do n.º 3 do art.º 36.º da LOPTC, e conforme previsto n.º 4 do art.º 11.º, o Parlamento pode solicitar *"relatórios intercalares sobre os resultados da fiscalização do Orçamento ao longo ano, ... quaisquer esclarecimentos necessários à apreciação do Orçamento do Estado e do relatório sobre a Conta Geral do Estado»*, como também, *"comunicar-lhe informações, relatórios ou pareceres relacionados com as respectivas funções de controlo financeiro"*.

Este parecer do Tribunal do Contas sobre o Orçamento Geral do Estado e o Controlo das contas públicas é de extrema importância, pois como diz Carlos Moreno, *"O Estado não tem fatalmente que realizar negócios ruinosos... e muito menos continuar a gastar alegremente mais do qu tem e depois obrigar ciclicamente os contribuintes a apertar o cinto..."*[59].

O Tribunal de Contas mantém, também relações com o Executivo, isto é, o Governo que pode solicitar, a qualquer momento, e sobre qualquer entidade sujeita aos seus poderes de controlo, auditorias de qualquer tipo ou natureza[60].

Existem também relações com órgãos de controlo interno e instituições nacionais de controlo, bem como com instituições congéneres dos Estados membros da União Europeia e com os Tribunais de Contas da Comunidade dos Países de Língua Portuguesa, mantendo igualmente contatos regulares com outras instituições de controlo externo da América Latina, Europa de Leste e extremo oriente. Coopera também com os órgãos de controlo financeiro da NATO, OCDE, UEO e com o Banco Mundial, onde se desenvolvem relações através de troca de ideias, experiências, informações e a realização de acções conjuntas[61].

---

58 *Idem.*

59 Moreno, Carlos, *ob. cit.*, pág. 13.

60 *Cfr.*, art.º 5.º, n.º 1 al. g), da LOPTC.

61 Tribunal de Contas. *O Tribunal de Contas na atualidade*. Disponível em: https://www.tcontas.pt/pt/apresenta/actualidade.shtm [Acedido em 01/07/2018]; Tribunais de Contas, "Organização das Instituições Supremas de Controlo da Comunidade dos Países de Língua Portuguesa", in V Assembleia-Geral da Organização das ISC e da CPLP, Porto 8 e 9 de maio, de 2008.

4. Os Tribunais de Contas das Comunidades dos Países de Língua Portuguesa

A organização das Instituições Superiores de Controle (ISC) da Comunidade dos Países de Língua Portuguesa (CPLP), criada em 1995, membro associado do INTOSAI desde 2010, é uma associação autónoma e independente. O objetivo da sua criação é fomentar o desenvolvimento e o aperfeiçoamento das suas Instituições Membros. É feito através da promoção de ações de cooperação técnica, científica e cultural no que diz respeito ao controle e fiscalização da gestão dos recursos públicos[62]. Têm como ponto de união e identidade comum a língua portuguesa.

São Instituições Membros: o Tribunal de Contas de Angola; o Tribunal de Contas da União – Brasil; o Tribunal de Contas de Cabo-Verde; o Tribunal de Contas da Guiné-Bissau; o Tribunal Administrativo de Moçambique; o Tribunal de Contas de Portugal; o Tribunal de Contas de São Tomé e Príncipe e da Câmara de Contas de Timor-Leste.

A Organização dos Tribunais de Contas da CPLP conta com a Assembleia Geral, o Conselho Diretivo, a Secretaria-Geral e o Centro de Estudos e Formação[63].

Nos seus encontros aprofundam e refletem sobre o papel que os Tribunais de Contas podem e devem desempenhar nos seus países, e sobre o modo como poderão com maior eficácia e com melhores resultados participar no progresso das sociedades em que estão inseridos[64]. Conforme já referido acima, o Estado moderno tem sofrido crises sucessivas pelo que se torna necessário criar bases para um Estado que promova o desenvolvimento, catalize energias e regule os mercados. Exige-se, assim uma ação redobrada dos Tribunais de Contas, com a sua independência e com a sua legitimidade próprias enquanto órgãos do poder jurisdicional dotados dos inerentes poderes de autoridade[65].

Nestes encontros, avaliam-se os impactos da atividade de controlo das Instituições Superiores de Controlo, como forma de avaliação do desempenho destas instituições. Reconhecem a sua importância do ponto de vista da dissuasão da prática de irregu-

---

[62] Tribunais de Contas dos Países de Língua Portuguesa. http://www.oisccplp.org/cplp/inicio.htm

[63] Art. 6.º do Estatuto da Organização das ISC da CPLP.

[64] Informações detalhadas sobre os contributos de cada instituição membro pode ser encontrado em *V Assembleia-Geral da Organanização das ISC e da CPLP*, Porto 8 e 9 de maio de 2008, págs. 133-165.

[65] *Cfr.*, Conselheiro Presidente Guilherme D'Oliveira Martins, "Organização das Instituições Supremas de Controlo da Comunidade dos Países de Língua Portuguesa", *in V Assembleia-Geral da Organanização das ISC e da CPLP*, Porto 8 e 9 de maio, de 2008.

laridades financeiras. Podem também influenciar os serviços públicos para o aperfeiçoamento da gestão financeira, para o combate à corrupção, ao desvio e à fraude[66].

O Conselheiro Guilherme d'Oliveira Martins refere que, da avaliação dos impactos da atividade das ISC, faz parte a identificação de poupanças financeiras e de melhorias qualitativas nos serviços prestados pelos serviços públicos onde intervêm, uma vez que a missão das ISC é ajudar o Estado e a sociedade a gastar melhor. Portanto, é necessário avaliar os impactos das ações de controlo, acompanhar e avaliar continuamente os progressos obtidos pelos serviços auditados como resultado da implementação das suas recomendações. Vemos assim a importância das recomendações para a prossecução da missão das ISC. Os impactos funcionam como indicadores de desempenho da atividade dos Tribunais de Contas para reduzir a despesa e melhorar a despesa, podendo ser também incluídos nas metas de desempenho das entidades objeto de controlo[67].

São áreas potenciais de impactos a contratação pública (através da redução de custos e racionalização dos serviços), a gestão de ativos (melhoria do controlo e da gestão de activos, projectos e recursos, mais eficácia no controlo de stocks e inventários, criação de receitas ela venda ou uso de ativos), as funções administrativas (redução de processos burocráticos e simplificação de processos, melhoria da eficiência dos processos), os serviços de apoio (identificação de poupanças de eficiência em áreas de serviços não prioritários), a gestão de pessoal (aumento da produtividade (e.g., absentismo, baixas por doença), melhoria da assiduidade, redução dos níveis de ausência por doença), as poupanças para o cidadão (melhorias na gestão dos serviços de utilidade pública com redução dos encargos para o utilizador), a gestão de contratos (recuperação de custos, participação nos lucros), a gestão de stocks (melhoria nos procedimentos para reduzir o excesso de stocks em armazém e evitar perdas), a prevenção da fraude (controlos mais rigorosos para reduzir perdas por fraude e negligência)[68].

A otimização dos recursos públicos deve ser feita pelas entidades auditadas em estreita colaboração com os ISC, daí a importância de acompanhar a implementação das recomendações e ver o seu progresso. Tratando-se de um processo em evo-

---

[66] *Cfr.*, Conselheiro Francisco José Fadul, Presidente do TC da Guiné-Bissau, "Organização das Instituições Supremas de Controlo da Comunidade dos Países de Língua Portuguesa", *in Assembleia-Geral da Organanização das ISC e da CPLP*, Porto 8 e 9 de maio de 2008, pág. 41.

[67] *Cfr.*, Conselheiro Presidente Guilherme D'Oliveira Martins, "Organização das Instituições Supremas de Controlo da Comunidade dos Países de Língua Portuguesa", *in Assembleia-Geral da Organanização das ISC e da CPLP*, Porto 8 e 9 de maio, de 2008, págs. 109 a 113.

[68] CPLP, "Organização das Instituições Supremas de Controlo da Comunidade dos Países de Língua Portuguesa", *in Assembleia-Geral da Organanização das ISC e da CPLP*, Porto 8 e 9 de maio de 2008.

lução, é natural encontrar resistência, logo é importante refletir conceitos e analisar situações concretas para a consolidação das metodologias adequadas e exequíveis[69].

Como bem referiu José Tavares, é necessário que as instituições supremas de controlo desenvolvam relações para bem dos seus próprios países, aperfeiçoando os modos e métodos de colaboração[70].

5. O Tribunal de Contas Europeu

Sobre o Tribunal de Contas Europeu (TCE), com sede no Luxemburgo, instituído em 1977, podemos dizer que é um órgão independente de controlo externo da UE, de natureza técnica, que defende os interesses dos contribuintes europeus. Embora não disponha de poder jurisdicional próprio, tem como função controlar a cobrança e a boa aplicação dos fundos da União Europeia (UE), gastos em cada estado membro, e ajudar a melhorar a sua gestão financeira, por parte da comissão europeia, prestando contas sobre a situação financeira[71]. A este Tribunal compete definir o quê ou quem audita, instituções comunitárias e os estados membro, em que momento se realiza e as metodologias a utilizar, bem como a divulgação pública dos resultados[72].

Os seus membros são nomeados pelo Conselho, após consulta do Parlamento, por um período de seis anos renovável. Os membros elegem de entre si o Presidente por um período de três anos renovável. O TCE audita as receitas e despesas da UE, a fim de verificar se os fundos cobrados e gastos de forma correta, se é feito um investimento com eficácia e se é devidamente contabilizado. Faz também o controlo das pessoas e as organizações que gerem fundos da UE, apresentando conclusões e recomendações nos relatórios de auditoria dirigidos à Comissão Europeia e aos Estados-Membros. Comunica ao Organismo Europeu de Luta Antifraude (OLAF) suspeitas de fraude, corrupção ou atividades ilícitas. Um relatório anual é elaborado e dirigido ao Parlamento Europeu e ao Conselho da UE, analisado pelo Parlamento que posteriormente procede à aprovação do orçamento da UE. Os responsáveis políticos recebem pareceres

---

[69] CPLP, "Organização das Instituições Supremas de Controlo da Comunidade dos Países de Língua Portuguesa", *in Assembleia-Geral da Organanização das ISC e da CPLP*, Porto 8 e 9 de maio, de 2008.

[70] *Cfr.*, Tavares, José, "Sistema nacional de controlo: controlo interno e controlo externo", *in Revista do Tribunal de Contas*, n.º 26 – julho, a dezembro, de 1996.

[71] https://www.eca.europa.eu/pt/Pages/Structure.aspx

[72] Moreno, Carlos, *ob. cit.*, pág 123.

especializados sobre como melhor gerir os dinheiros públicos e prestar contas da sua utilização aos cidadãos, entre outras publicações sobre finanças[73].

A comissão Europeia é a principal instituição responsável pela execução do orçamento da União europeia, onde incide o trabalho de auditoria do TCE. O Tribunal trabalha, também em estreita colaboração com as autoridades nacionais, visto que grande parte dos fundos da União Europeia é gerida em conjunto por estas e pela Comissão[74]. Pretende-se que os orçamentos dos estados membros passem por Bruxelas antes de serem aprovados pelos parlamentos nacionais, por forma a evitar consequências negativas para a Zona Euro e identificar inconsistências e desiquilíbrios financeiros e ser possível dar recomendações para se rever os orçamentos[75].

O Tribunal de Contas Europeu executa três tipos de auditoria, a saber: financeiras, de conformidade e de desempenho. Está dividido em grupos de auditoria que prepara relatórios e pareceres, adotados pelos membros do Tribunal, tornando-os oficiais. Em relação aos cidadãos, o Tribunal organiza três sessões de estágios de formação relacionados com os seus trabalhos que pode ir de três a cinco meses e que, dependendo de disponibilidade orçamental, pode ser ou não remunerado. Os candidatos devem possuir nacionalidade de um dos Estados-Membros da União Europeia[76]. De dois em dois anos o Tribunal atribui um Prémio de investigação académica no domínio da auditoria no setor público[77].

6. Breve escopo sobre as ISC na Europa

O Tribunal de contas Francês, estabelecido em 1807, é a instituição suprema de auditoria responsável pela verificação da utilização dos fundos públicos e pela penalização das violações do seu uso adequado. O Tribunal, as Câmaras de Contas Regional e Territorial (CRTC) e o Tribunal de Disciplina Financeira e Orçamental (CDBF) formam os tribunais financeiros.

Desde 1982, os CRTCs exerceram um poder triplo sobre os governos locais e as suas instituições públicas, a contabilidade dos contadores públicos; a revisão da administração e o controle dos atos orçamentários.

---

[73] https://www.eca.europa.eu/pt/Pages/Structure.aspx
[74] https://www.eca.europa.eu/pt/Pages/Structure.aspx
[75] https://www.eca.europa.eu/pt/Pages/Structure.aspx
[76] https://www.eca.europa.eu/pt/Pages/traineeshipcomplet.aspx
[77] https://www.eca.europa.eu/pt/Pages/ECA-Award-2014.aspx

Eles também participam da avaliação de políticas públicas.

O CDBF é responsável por reprimir as infracções cometidas na área das finanças públicas por funcionários civis e militares, gestores orçamentais, gestores de organizações e comunidades sujeitas ao controlo do Tribunal de Contas, bem como membros de gabinetes ministeriais e contabilistas públicos.

O Tribunal de Contas e as câmaras regionais e territoriais de contas (CRTC), constituem uma ordem de competência em relação à qual o Tribunal é o tribunal superior. Como Chefe de Gabinete, o Primeiro Presidente exerce sua autoridade sobre o Tribunal de Contas e os 17 CRTCs, mas cada jurisdição é independente na escolha de seus controles e de sua conduta.

A gestão e o funcionamento dos CRTC estão muito dentro da autoridade e serviços do Tribunal de Contas, que gere os seus recursos orçamentais e humanos. Os seus presidentes e vice-presidentes são juízes do Tribunal[78].

6.1 Corte dei conti

No sistema jurídico italiano, a gestão dos recursos públicos está sujeita a um controle cujo objetivo é *"buscar o uso apropriado e eficaz dos recursos públicos, a busca de uma gestão financeira rigorosa, a regularidade da ação administrativa e a informação das autoridades públicas e da população através da publicação de relações objetivas"*, função atribuída ao Tribunal de Contas. Com a lei de 14 de agosto de 1862, n.º 800, o Tribunal de Contas do Reino da Itália foi criado. Na arquitetura constitucional o Tribunal está inserido tanto entre os órgãos de garantia da legalidade como o bom desempenho da acção administrativa e da protecção dos saldos das finanças públicas (artigo 100.º, segundo parágrafo) e entre os tribunais (artigo 103.º, terceiro parágrafo). Desta dupla investidura cabe o papel central de garantir a correta gestão dos recursos públicos do Tribunal de Contas que, no exercício das funções de controlo, é neutra, autónoma e independente, tanto em relação ao Governo como ao Parlamento, e exercício de funções jurisdicionais, faz parte de todos os efeitos da ordem judicial[79]

[78] https://www.ccomptes.fr/fr

[79] http://www.corteconti.it/istituto/

6.2 Tribunal de Cuentas

O Tribunal de Contas de Espanha, tem dois escritórios para o exercício das suas funções. A regulamentação está contida na Constituição Espanhola, na Lei Orgânica do Tribunal de Contas de 1982 e na Lei de Funcionamento do Tribunal de Contas de 1988, além de outras leis específicas. É um órgão que se reporta diretamente às Cortes Generales e exerce as suas funções, por delegação do mesmo, no exame e verificação da Conta Geral do Estado, e cujo orçamento está integrado nos Orçamentos Gerais do Estado.

Embora o histórico da Corte remonte à Idade Média, apenas no século XIX, se tornou um órgão de controle externo. Atualmente, ele é responsável por supervisionar a atividade económico-financeira do setor público e a contabilidade dos partidos políticos e processar a responsabilidade contábil de quem administra fundos públicos.

São órgãos do Tribunal de Contas: o Presidente, o Plenário, a Comissão do Governo, as Secções de Inspeção e Acusação, os Conselheiros de Contas, o Ministério Público e o Secretariado-Geral. O Controlador e o Serviço Jurídico do Estado têm o caráter de órgãos de apoio e outros órgãos que atuam no Tribunal.

A estrutura do Tribunal de Contas responde à natureza de suas funções de auditoria e jurisdição. Possui vários órgãos colegiados: o Plenário, a Comissão do Governo e as Seções de Inspeção e Promotoria, com a composição e funções estabelecidas pela Lei Orgânica e pela Lei de Operações do Tribunal de Contas[80].

A organização das Instituições Superiores de Controle (ISC), têm estrutura colegial e exercem funções jurisdicionais e não jurisdicionais, com a denominação de Tribunais de Contas ou Cortes de Contas. Este modelo jurisdicional de controlo financeiro externo, vigora na Europa, em países como Portugal (Tribunal de Contas), França (Cour des comptes), Espanha (Tribunal de Cuentas) e Itália (Corte dei conti)[81].

Nos países mediterrânicos, os tribunais de contas, vêem muitas vezes o governo condicionar a sua ação porque não suportam as críticas técnicas. Nos países anglo-saxónicos, o controlo externo técnico é feito por auditores e levado a sério pelos governos, que muitas vezes sofrem as consequências das observações dos auditores[82].

De acordo com a nossa nota comparativa sobre o controlo parlamentar das finanças públicas de vários Países, destacam-se alguns elementos comuns, o controlo é feito

---

[80] http://www.tcu.es/tribunal-de-cuentas/es/

[81] *Cfr.*, Nogueira da Costa, Paulo, *O Tribunal de Contas e a Boa Governança: Contributo para uma reforma do controlo financeiro externo em Portugal*, Coimbra Editora, 2014.

[82] *Cfr.*, Moreno, Carlos, *ob. cit.*, pág. 76.

através de órgãos públicos, é um controlo externo, sendo o nível de controlo mais elevado do Estado e o Parlamento é o destinatário final do controlo interno e do controlo externo jurisdicional, de julgamento de contas ou técnico[83].

Referimos ainda, que em países como Portugal, França, Brasil, Dinamarca, Reino Unido, Estados Unidos e União Europeia, existe uma clara distinção de funções e poderes para a execução do Orçamento, ao contrário da Alemanha onde essas competências não são claras, onde não existe um distanciamento por parte do Governo para a execução orçamental[84].

7. Considerações Finais

Os desafios apresentados aos Estados modernos, marcados por crises financeiras e económicas evidenciou algumas falhas de funcionamento nas estruturas dos Estados modernos, nomeadamente para as Instituições superiores de Controlo, trazendo consigo novas exigências e novos desafios.

Tendo em conta a importância que os Tribunais de Contas têm na sociedade moderna, a sua intervenção e o impacto na criação de condições para a sustentabilidade financeira e orçamental e para a criação de condições de coesão e confiança, a fim de credibilizar as instituições democráticas e reforçar uma cidadania ativa e responsável, começámos por falar do Tribunal de Contas Português, enquanto órgão supremo de fiscalização e controlo financeiro, bem como da sua missão.

Fez-se brevemente a distinção entre controlo interno e controlo externo, visto ser uma necessidade sentida pelos diversos Estados ao longo dos anos. O controlo da gestão dos bens públicos torna-se necessário para o apuramento de responsabilidades, pois "quem gere o que é de outrém tem de prestar contas", tal como analisado pela evolução histórica do Tribunal de Contas onde existia a preocupação de fiscalizar as contas, desde o séc. XIII. Vimos, assim, que responsabilidade e controlo estão intimamente ligados, tendo atualmente o Tribunal de Contas mais poder e atribuições.

Os Tribunais de Contas das CPLC têm como objetivo fomentar o desenvolvimento e aperfeiçoamento das instituições membros, estes devem aprofundar e refletir o seu papel nos seus países, aperfeiçoando modos e técnicas de colaboração. Vimos que a

[83] *Vide*, Gameiro, António Ribeiro, *O Controlo Parlamentar das Finanças Públicas em Portugal (1976-2002)*, Almedina, Coimbra, 2004, pág. 165.

[84] *Idem*, pág. 167.

missão das ISC é auxiliar o Estado e a sociedade a gastar melhor. Por conseguinte, é necessário avaliar os impactos das ações de controlo, acompanhar e avaliar continuamente os progressos obtidos pelos serviços auditados como resultado da implementação das suas recomendações.

O Tribunal de Contas Europeu é um órgão independente de controlo externo de natureza técnica que embora não disponha de poder jurisdicional próprio, controla a cobrança e utilização dos fundos da União Europeia, gasto em cada estado membro.

Os Tribunais de Contas são importantes no combate à fraude e à corrupção, visto o impacto que tem na economia do país, podendo comprometer o seu crescimento. A falta de receita leva a que haja menos investimento em políticas públicas aumentando as desigualdades sociais e incentivando a criminalidade, retirando os direitos legítimos dos cidaddãos no que diz respeito a saúde, educação entre outros. Não há uma boa gestão sem um bom controlo, como diz José Tavares *"o estado de controlo de cada sociedade é bem o reflexo do seu desenvolvimento cultural"*[85]. Assim, os Tribunais de Contas, sejam eles de que País forem, são instituições aptas a conferir segurança, dar orientação e colaborar com os gestores na prossecução da transparência e eficiência da gestão pública, com uma missão pedagógica, contribuindo para o equilíbrio das finanças do país, beneficiando a sociedade.

Com efeito, constatamos que é ao Tribunal de Contas, enquanto órgão de soberania, constitucionalmente consagrado, que compete, enquanto instituição suprema responsável pelo controlo financeiro e externo, garantir a democracia financeira, pela fiscalização/controlo das finanças públicas e do apuramento das responsabilidades crescentes de todos aqueles que gerem dinheiros públicos.

De acordo com Tavares (2014), toda e qualquer actividade de gestão pública ou privada exige, para a sua eficácia, um bom sistema de controlo, podendo mesmo considerar-se indissociáveis os sistemas de gestão e de controlo. De fato, a sociedade é posta à prova em contextos de grande instabilidade e graves crises económicas e financeiras. Os desafios são constantes e exigem cada vez mais uma gestão eficiente e racional, isto porque a Administração Pública ainda muito burocrática e centrada cada vez mais em resultados e não nas pessoas. O objetivo é fazer mais e melhor com menos dinheiro e ou recursos.

Por outro, lado os gestores públicos ministros, agentes e políticos, entre outros, no desempenho das suas funções de gerirem o dinheiro dos contribuintes/cidadãos

---

[85] *Vide*, Tavares, José, "Sistema nacional de controlo: controlo interno e controlo externo", *in Revista do Tribunal de Contas*, n.º 26 – julho a dezembro, de 1996.

e decorrentemente desta gestão, têm de prestar contas e ser responsabilizados pelas suas ações e ou omissões, sobre eesa sua da gestão pública dos recursos do Estado.

No campo das finanças públicas tornou-se hoje imperativo comprovar, com toda a precisão e rigor, a reparação técnica das decisões que são tomadas. E dar conta pública permanente do que se decide e das respetivas consequências financeiras. A gestão tem que ser apoiada numa boa gestão com critérios de Eficiência de Economia e de Eficácia, de maneira racional evitando desperdício de dinheiros e recursos, pois gerir o que é de outrem não é tarefa fácil, temos e devemos prestar contas, quem gere o que é de outrem tem o dever de prestar contas, (Tavares, 2014).

Outra questão relevante é a não responsabilização pelos atos que o gestor público ou sujeito pratica. Á luz desta afirmação, o Estado insiste em continuar as suas obras públicas sem cuidar de reavaliar a sua racionalidade à luz das novas realidades (Moreno, 2010), continuamos a ver no concreto entidades públicas com uma gestão pouco eficiente, por vezes, até danosa e os mecanismos de fiscalização e ou controlo, de responsabilização, não funcionam ou funcionam tardiamente, verificamos ainda que não se encontram ajustados ao contexto europeu de exigência e eficiência.

Como Santos afirma (2016: 6), "*bem se pode, dizer que as finanças públicas são a expressão de uma sociedade*", estas matérias são transversais a toda a gestão pública, como refere Sousa Franco (1989), Estado e Finanças Públicas são conceitos inseparáveis.

Por último, gostaria de salientar que o controlo parlamentar da actividade financeira do Governo e da Administração Pública, é um tema de grande importância, que há ainda muito que estudar nesta área na senda do conhecimento da complexidade que é a gestão pública especialmente o controlo financeiro da actividade do Estado.

A problemática do controlo das finanças públicas é cada vez mais um assunto difícil de contornar, por um lado, verificarmos uma visível diminuição das atribuições do Estado, por outro, um significativo aumento dos gastos públicos, o que exige e recomenda um melhor controlo da despesa pública, pois os défices orçamentais e a má despesa orçamenmtada nesse contexto, são civicamente pouco aceitáveis pelos cidadãos nos dias de hoje e ajudam ao descrédito na democracia representativa e nas instituições públicas.

CAPÍTULO XI
—
ESPÉCIES E TIPOS DE CONTROLO DO TRIBUNAL DE CONTAS

* Texto base: Carolina Menino e Rosa Plicas.

Introdução

Apesar de muitas vezes não nos apercebermos, a intervenção do Estado encontra-se presente sempre na nossa vida quotidiana, umas vezes com mais intensidade do que outras.

Com isto, apesar de nos apercebermos ou não, a atividade financeira do Estado tem de se guiar por diversas funções, em relação à obtenção de recursos ou receitas e na consumação de despesas públicas. Entre estas funções podemos encontrar: análises financeiras, avaliação dos financiamentos executados, o controlo das finanças públicas, entre outros.

Este texto está divido em duas partes, sendo que a primeira irá falar sobre o Tribunal de Contas. Esta primeira parte irá abordar temas como: o Quadro jurídico geral e a Inserção do Tribunal de Contas na estrutura do Estado.

A segunda parte, irá abordar o tema em específico, ou seja, o Controlo do Tribunal de Contas. Esta parte do trabalho irá abordar por exemplo: as atividades de controlo, Procedimentos de Controlo, tipos de Controlo, entre outros.

O objetivo desta reflexão, é ficar-se a conhecer a evolução do Tribunal de Contas, ou seja, as mudanças que este teve ao longo dos anos, qual a sua importância para o Estado, quais os tipos de controlo existentes e a sua importância.

1. Quadro Jurídico Geral

1.1 Enquadramento Constitucional

Desde 1976, que a Constituição da República Portuguesa, decidiu classificar o Tribunal de Contas como um órgão de soberania, à semelhança do Presidente da República, Assembleia da República e do Governo.

Sendo que este foi considerado como um verdadeiro Tribunal, também, lhe vai ser aplicado todos os princípios gerais que normalmente são aplicados aos Tribunais, os mais importantes, destacam-se:

- De acordo com o artigo 203.º da CRP, o princípio da independência e da exclusiva sujeição à lei;
- O artigo 202.º, que faz referência do direito à coadjuvação das outras entidades;
- O artigo 205.º, que foca os princípios da fundamentação, da obrigatoriedade e da prevalência das decisões;

- O artigo 206.º, faz referência ao princípio da publicidade.

A independência do Tribunal de Contas leva à independência do seu Presidente e dos Juízes, sendo que vai estar abrangida, obrigatoriamente, pela proteção constitucional daquela.

O princípio da independência dos Juízes, faz com que estes tenham liberdade perante qualquer tipo de ordem e instruções diante as outras autoridades, sendo que para isso houve a definição de um regime, onde haja garantias de isenção e imparcialidade que por sua vez não atrapalhem o quadro da magistratura dos Tribunais, fazendo sempre prevalecer os interesses do Governo ou da Administração.

De acordo com o artigo 214.º da CRP, a Constituição enfatiza que o Tribunal de Contas, para além das funções jurisdicionais, também tem funções de outro tipo de natureza, entre os quais *"dar parecer sobre a Conta Geral do Estado"*.

Para se concluir, o Tribunal de Contas é um tribunal, em termos estruturais e funcionais, sendo este um tribunal financeiro, um órgão de soberania, entre outros.

1.2 Enquadramento normativo ordinário

Os fatores acima descritos, encontram.se consagrados na Lei de Organizações e Processo do Tribunal de Contas, aprovada pela Lei n.º 98/97, de 26 de agosto, que mais tarde, foi alterada e novamente republicada pela Lei n.º48/2006, de 29 de agosto.

De acordo com a Constituição, os fatores consagrados na Lei n.º 98/97 foi as garantias de independência do Tribunal, autogoverno, a inamovibilidade e a irresponsabilidade dos Juízes o facto de estes se regerem exclusivamente de acordo com a lei.

Um dos principais objetivos, desta mesma lei, foi o reforçar do quadro de competências, mas sendo que, o maior objetivo era a criação de um sistema de controlo externo com o propósito de controlar os dinheiros e valores públicos que consigam garantir a legalidade, a regularidade e a boa gestão destes.

Ao longo do tempo, estas competências foram sofrendo modificações e alterações à LOPTC, sobretudo, as de 2006, devido à Lei n.º 48/2006, de 29 de agosto.

Os principais fundamentos lei, atualmente são:

- *"A consagração do princípio da perseguição do dinheiro e valores públicos, onde quer que eles se encontrem, isto é, independentemente da natureza das entidades que os têm à sua guarda, com o consequente alargamento do âmbito de controlo jurisdicional do Tribunal;*
- *A introdução de critérios de seletividade do controlo prévio, concomitante e sucessivo;*

- *A consagração da auditoria como método privilegiado de controlo financeiro;*
- *O reforço da cooperação com o Parlamento, o Governo e os órgãos de controlo interno;*
- *A consagração do Tribunal de Contas como instituição suprema de um sistema nacional de controlo coordenado e integrado;*
- *A previsão expressa do relacionamento com a comunicação social."*[1].

1.3 Inserção do Tribunal de Contas na estrutura do Estado

A revisão Constitucional de 2005 traz ao de cima as normas, relativas à organização e estruturas básicas do Tribunal de Contas, sobretudo, nos artigos n.º 110.º, 202.º, 209.º e 214.º, sendo que os três últimos artigos são os que estabelecem as normas sobre os tribunais em Portugal[2].

O Tribunal de Contas, de acordo com a normatização constitucional, está anexado aos restantes tribunais portugueses. Tanto os tribunais em Portugal, como a corte de contas são órgãos de soberania e são lhe designados certos princípios constitucionais para os tribunais judiciais, de acordo com os artigos 110.º n.º 1 e o artigo 202.º n.º 1. Segundo a Constituição, o artigo 214.º decreta, *"o Tribunal de Contas é o órgão supremo de fiscalização da legalidade das despesas públicas e de julgamento das contas que a lei mandar submeter-lhe ..."*.

De acordo com o autor da tese, Gilberto Diniz, o professor José Tavares sobre o estatuto, natureza e inserção do tribunal de contas em Portugal diz que *"... o Tribunal de Contas é, estrutural e funcionalmente, um tribunal, mais propriamente, um tribunal financeiro, um órgão de soberania, um órgão constitucional do Estado, independente, não inserido na Administração Pública, em particular, no Estado/Administração"*. É um órgão externo relativamente à Administração Pública, constituindo esta a sua área privilegiada, embora não exclusiva, de atuação ou de controlo...

Concluindo, o Tribunal de Contas é um *"órgão de soberania, tribunal supremo, único na sua ordem/categoria, constituindo, em síntese, o órgão supremo de controlo externo e independente da atividade financeira, nos domínios das receitas, das despesas e do património*

[1] Tribunal de Contas, (1999), *O tribunal de contas na atualidade*. Disponível em: http://www.tcontas.pt/pt/apresenta/actualidade/sit_act.pdf. (Consultado a 17-07-2018).

[2] *Cfr.*, Antunes, Carlos Alberto Morais, *O Julgamento do Tribunal de Contas no Âmbito da Responsabilização financeira*, Separata da Revista do Tribunal de Contas n.º 54, julho/dezembro de 2010 – 2.º semestre de 2010, pág. 26.

públicos, podendo, complementarmente, julgar a responsabilidade financeira". Para além das funções acima referidas, o Tribunal de Contas também possuí a função jurisdicional.

Em relação à organização, natureza e inserção do tribunal de contas, a Constituição portuguesa, é bastante mais clara, comparada com outros tipos de Constituição, como por exemplo a brasileira, isto sobretudo, porque a nossa Constituição incluí todos os tipos de tribunal, que são considerados soberanos, em conjunto com o presidente, governo e assembleia nacional.

Alguns autores, dizem que o poder judiciário está integrado no tribunal de contas. A corte de contas em Portugal tem o poder jurisdicional, ou seja, o poder financeiro, mas conforme a Constituição portuguesa, isso não quer dizer que ela integre o poder judiciário.

O autor desta tese, Gilberto Diniz, citou o autor Canotilho em relação ao "*poder jurisdicional*" e "*poder judiciário*". Canotilho, diz que frequentemente o "*poder jurisdicional*" é comparado com o "*poder judicial*" ou com o "*poder judiciário*". Este diz que poder jurisdicional é o conjunto de todos os magistrados (fiscais, administrativos...) a quem é dada confiança sobre a função jurisdicional.

Para este mesmo autor, o conceito de poder judiciário é mais restrito, em comparação, com o poder jurisdicional, pois este restringe-se ao complexo organizativo, a chamada "*magistratura comum*", por exemplo assuntos dos tribunais administrativos integram o poder jurisdicional e não o poder judiciário.

Comparativamente com o Brasil, Portugal decidiu não adotar o princípio da unidade de jurisdição do poder judiciário. Nestes dois países, o conceito de jurisdição tem, tanto, sentido material como territorial.

Conclui-se, então que, em Portugal, o tribunal de contas é um órgão de soberania, independente, especializado e de matriz constitucional. Este integra a estrutura do Estado e não as funções tradicionais ou órgãos do Estado[3].

2. Entidades controladas pelo Tribunal de Contas

Como já referido acima, a função do Tribunal de Contas é o controlo financeiro e jurisdicional para com entidades que pertençam ao Setor Público Administrativo, Setor

[3] *Vide*, Monteiro Diniz, Gilberto, (2014), *O controle externo dos contratos da administração pública pelo tribunal de contas: ensaio sobre o momento da fiscalização financeira adotado no Brasil e em Portugal*. Disponível em: file:///C:/Users/Carolina%20Menino/Downloads/44574-202922-1-PB.pdf. (Consultado a 16-07-2018).

Público Empresarial, e com todos os tipos de entidades que gerem ou façam movimentos com os dinheiros públicos (art.º 2.º da Lei n.º 98/97).

A fiscalização ou o controlo financeiro, de acordo com a Constituição Portuguesa e pela Lei de Organização e Processo do Tribunal de Contas, apresenta-se da seguinte maneira:

- Poderes de fiscalização prévia;
- Poderes de fiscalização concomitante;
- Poderes de fiscalização sucessiva ou a posteriori.

O Tribunal de Contas, com a fiscalização prévia averigua se os atos, contratos ou qualquer outro tipo de instrumento estão em conformidade com as leis em vigor e se os encargos têm verba orçamental própria.

A competência em relação a este tipo de fiscalização é realizada mediante a permissão ou recusa do visto em relação aos atos jurídicos que estão sujeitos ou através da declaração de conformidade.

Este tipo de fiscalização engloba todas as entidades que estejam enumeradas no n.º 1 do art.º 2.º, como também, *"as entidades de qualquer natureza criadas pelo Estado ou por quaisquer outras entidades públicas, para desempenhar funções originariamente a cargo da Administração pública, com encargos suportados por transferência do orçamento da entidade que as criou, sempre que daí resulte a subtração de atos e contratos à fiscalização prévia do Tribunal de Contas"*. (Retirado do site do Tribunal de Contas).

O Tribunal de Contas com a fiscalização concomitante acompanha a execução de atos, contratos, orçamentos, programas e projetos e sobre toda a atividade antes do seu encerramento. Todas as entidades que estejam englobadas no art.º. 2.º da Lei n.º 98/97, estão sujeitas a este tipo de fiscalização, ou seja, todas as entidades do Setor Público Administrativo, também as do Setor Público Empresarial e, por último, todas as que tenham a gestão de recursos públicos a seu encargo.

Já a fiscalização sucessiva ou à posteriori acontece no final do exercício, e os poderes do Tribunal também são diferentes, são mais amplos. Com isto as formas de controlo podem ser:

- *"apreciação da execução do Orçamento Estado e das Regiões Autónomas, mediante a elaboração de pareceres sobre as respetivas contas;*
- *Realização de auditoria de contas às contas das entidades do SPA; com vista a efetuar a avaliação dos respetivos sistemas de controlo interno, apreciando a legalidade, eficiência e eficácia da sua gestão financeira;*

- *Realização de auditorias de qualquer tipo ou natureza sobre a legalidade, a boa gestão financeira e os sistemas de controlo interno, tendo por base determinados atos, procedimentos aspetos parcelares da gestão financeira ou a sua globalidade das entidades referidas no art.º 2.º;*
- *Verificação interna de conas restritas «à análise e conferência da conta apenas para demonstração numérica das operações realizadas que integram o débito e o crédito da gerência com evidência dos saldos de abertura e de encerramento e, se for caso disso, a declaração de extinção de responsabilidade dos tesoureiros caucionados»"* (citado do Tribunal de Contas).

3. Conclusão

Em conclusão, boa parte administrativa financeira do Estado é constituída por órgãos em que o seu objetivo é coadjuvar o Governo na elaboração e na aplicação da política financeira do Estado, sendo que as funções, as responsabilidades entre outros, estão a cargo do Ministério das Finanças e da Administração Pública.

Podemos concluir então que, o Tribunal de Contas é um órgão de soberania e que enquanto instituição suprema fica encarregue de fazer o controlo financeiro externo, através da sua fiscalização das finanças e da responsabilidade de fiscalizar todos aqueles que gerem dinheiros públicos, consegue garantir a democracia financeira.

CAPÍTULO XII

—

A ACTIVIDADE DE CONTROLO DO TRIBUNAL DE CONTAS - A FISCALIZAÇÃO PRÉVIA

* Texto base: Bruno Freitas.

1. Introdução

O Tribunal de Contas (TC) é, de acordo com a Constituição da República Portuguesa (CRP), um órgão de soberania do Estado e ocupa um lugar fundamental no controlo externo da atividade financeira do Estado, intervindo principalmente sobre a legalidade administrativa, a regularidade financeira das despesas públicas e ainda sobre o julgamento das contas que a lei mandar submeter-lhe. Para realizar estas funções, fundamentais num Estado de Direito democrático no controlo da gestão dos dinheiros público, dispõem de um conjunto de recursos de controlo técnico-jurídicos que possibilitam a realização das suas competências. Estes instrumentos de controlo estão estruturados em função do momento em que são utilizados, nomeadamente, controlo prévio, concomitante e sucessivo.

O presente trabalho irá debruçar-se sobre a função de *fiscalização prévia* sobre os contratos públicos, como atividade do Tribunal de Contas. De acordo com os poderes constitucionalmente atribuídos ao Tribunal de Contas, a função de *fiscalização prévia* é umas das que revela maior importância prática, uma vez que os atos ou contratos celebrados pela Administração Pública, acima de um determinado valor, estão sujeitos a esta fiscalização, sendo esta um requisito fundamental de eficácia para efeitos financeiros.

Pretendemos assim compreender os conceitos gerais inerentes à atividade de controlo financeiro externo exercida pelo Tribunal de Contas com principal incidência sobre a função de *fiscalização prévia* realizada aos contratos públicos.

A escolha deste tema teve como principal objetivo a clarificação deste conceito e seu processo, bem como das obrigações das entidades que o submetem. Pretende-se assim responder a três perguntas fundamentais que surgem com frequência nas instituições quando os responsáveis pela preparação destes processos não têm formação jurídica: Porque razão se faz? Quando é que se faz? Como é que se faz? Foi com base nestas três perguntas que desenvolvemos o presente trabalho, que pretende assim, servir de apoio para a instrução de processos de fiscalização prévia a submeter ao Tribunal de Contas.

Neste sentido, o trabalho está estruturado em cinco momentos: primeiro, contextualizamos o TC na estrutura do Estado na qual enquadraremos as suas atribuições e competências cometidas pela CRP e pela legislação nacional; no segundo momento, analisaremos a função de controlo financeiro das finanças públicas realizada pelo TC enquanto órgão de controlo externo no enquadramento organizativo do Estado; em terceiro lugar, apresentamos o conceito e natureza da fiscalização prévia como função de controlo preventivo realizada pelo TC; em seguida, abordamos a fiscalização prévia dos contratos públicos e a concessão de visto; e por fim, propomos uma orientação para instrução de processos para fiscalização prévia.

2. Fiscalização Prévia como atividade de controlo externo do Tribunal de Contas

a) Conceito de fiscalização prévia

A Declaração de Lima estabelece que um eficaz controlo *a priori* é fundamental à boa gestão dos dinheiros públicos que estão sobre responsabilidade do Estado. Determinando que essa fiscalização pode ser exercida tanto por uma Instituição Superior de Controlo das finanças públicas ou por outros organismos de controlo, estabelecido pelo quadro legislativo de país. Conforme demonstrámos anteriormente, a função de *fiscalização prévia* ou controlo[1], é da competência do TC[2] consagrada tanto pela CPR como pela LOPTC através dos seus artigos 5.º, n.º 1, al. c), 44.º a 48.º, 81.º e 114.º da Lei n.º 98/97[3].

Assim, a fiscalização prévia do TC (entendida como concessão ou recusa visto do TC) é um ato de controlo externo[4]. Importa notar que, de acordo com José Tavares, o conceito de visto do Tribunal é composto por quatro elementos: o "Acto jurídico", uma vez que produz efeitos jurídicos; o caracter "unilateral", dado que não necessita de declaração de vontade; os poderes de autoridade, que permite ao TC permitir ou impedir a produção dos efeitos dos atos ou contratos, consoante os mesmos se encontrem, em conformidade ou desconformidade com a ordem jurídica; e o seu caracter preventivo, uma vez que, alinhado com as atribuições do TC, previne a realização de despesa pública sem suporte legal.

---

[1] *Cfr.*, Tavares, José F. F., *O Tribunal de Contas: do visto em especial – conceito, natureza e enquadramento na actividade de administração*, Almedina, Coimbra, 1998, pág. 159, onde esclarece, *"no regime jurídico atual, o visto é, indubitavelmente, um acto de controlo e fiscalização"*.

[2] *Vide*, Manual de Auditoria Interna e Procedimentos, *ob. cit.*, vol. I, Tribunal de Contas, onde se afirma, *"A fiscalização prévia tem por fim verificar se os actos ou contratos sujeitos a este tipo de controlo respeitam a legalidade genérica e a legalidade específica (regularidade financeira ou cabimento "lato sensu")*.

[3] *Cfr.*, o artigo 44.º, n.º 1 da Lei n.º 98/97, *"tem por fim verificar se os actos, contratos ou outros instrumentos geradores de despesa ou representativos de responsabilidades financeiras diretas ou indiretas estão conformes com as leis em vigor e se os respetivos encargos têm cabimento em verba orçamental própria"*.

[4] *Vide*, Tavares, José F. F., *O Tribunal de Contas: do visto em especial – conceito, natureza e enquadramento na actividade de administração*, Almedina, Coimbra, 1998, por ser praticado por um órgão do Estado independente e posicionando externamente em relação ao(s) órgão(s) autores(es) do ato controlado.

É através destes elementos que José Tavares define o Visto do TC como:

> *"um acto jurídico unilateral no exercício de poderes de autoridade (ou da função) de controlo prévio da validade de actos e contratos de administração, tendo como finalidade essencial a prevenção na realização de despesa pública em desconformidade com a ordem jurídica"*[5].

Também o próprio TC caracteriza a fiscalização prévia como o processo através do qual o TC:

> *"verifica se os actos, contratos e outros instrumentos geradores de despesa ou representativos de responsabilidades financeiras diretas e indiretas tipificados na lei estão conformes com as leis em vigor e se os respetivos encargos têm cabimento em verba orçamental própria"*[6].

Relativamente à natureza e seguindo o raciocínio José Tavares:

> *"O visto é uma decisão materialmente jurisdicional de um tribunal (o Tribunal de Contas), constituindo um acto de controlo jurídico externo, prévio e preventivo sobre actos e contratos de administração, relativamente aos quais é um conditio iuris requisito de eficácia financeira e de manutenção da eficácia (relativamente a efeitos não financeiros e a todos os efeitos, nos casos urgente conveniência de serviço)*[7]*"*.

Através deste raciocínio o autor demonstra que o visto do TC é uma decisão e que o *"acto de concessão ou de recusa de visto não é um parecer (...) nem, muito menos, consubstancia uma recomendação dirigida aos órgãos administrativos"*. Ou seja, o visto formaliza um juízo de legalidade sobre o documento sujeito a fiscalização prévia e de uma decisão vinculativa para os seus destinatários[8].

É nesta direção que Sousa Franco fundamenta a natureza jurisdicional do visto como processo que analisa a *"adequação de determinados actos à lei, em termos de independência e imparcialidade típicos da jurisdição"*[9].

Já Paulo Costa, citando Guilherme Oliveira Martins, descreve que *"Sendo o Tribunal de contas um verdadeiro tribunal especializado em matéria financeira e consistindo o conteúdo*

---

[5] Tavares, José F. F., *O Tribunal de Contas: do visto em especial – conceito, natureza e enquadramento na actividade de administração*, Almedina, Coimbra, 1998, pág. 120.

[6] O Tribunal de Contas na Actualidade, consultado https://www.tcontas.pt/pt/apresenta/actualidade/sit_act.pdf.

[7] *Cfr.*, Tavares, José F. F., *ob. cit.*, págs. 182-183.

[8] *Vide*, Costa, Paulo Jorge Nogueira da, *O Tribunal de Contas e a boa governança: contributo para uma reforma do controlo financeiro externo em Portugal*, Coimbra Editora, 2014.

[9] *Cfr.*, Sousa Franco, António L., *Finanças Públicas e Direito Financeiro*, vol. I, Coimbra, Almedina, pág. 461.

da decisão em sede de fiscalização prévia na apreciação da legalidade de um acto administrativo, concluem os autores pela natureza jurisdicional do visto".

Para além uma decisão o visto é também um ato de controlo jurídico, externo, prévio e preventivo, porque desde a sua origem *"teve como finalidade assegurar e garantir a realização de despesas públicas, derivadas de certos atos e contratos, em conformidade com a ordem jurídica"*. É um ato de controlo externo porque, conforme referido anteriormente, *"é praticado por um órgão do Estado independente e posicionado externamente em relação ao(s) órgão(s) autor(es) do acto controlado"*. Relativamente ao momento em que é praticado, a fiscalização prévia *"é exercida em momento posterior à prática do acto/ /celebração do contrato (...) antecede, porém, em regra, o início da produção dos efeitos respetivo, máxime, dos efeitos financeiros"*. É por este motivo que o visto do TC não é considerado uma autorização para a prática de um ato ou realização de um contrato. Ao nível da prevenção o visto *"é um meio de tutela preventiva do tribunal da aplicação dos dinheiros públicos"*.

Face ao exposto o visto é *"um acto praticado no exercício do poder de fiscalização prévia"* do TC[10], é um elemento fundamental no sistema de controlo das finanças públicas nacionais, uma vez que, o Tribunal pode *"conceder ou recusar o visto aos actos e contratos sujeitos à fiscalização prévia"*[11], originando *"a ineficácia total dos actos e contratos que, estando sujeitos a visto, não tivessem sido visados"*[12]. Contudo a ineficácia jurídica dos respetivos atos e contratos só se verifica após a notificação da decisão aos serviços e organismos interessados.

Relativamente ao momento em que deve ser praticado, a fiscalização prévia é exercida no momento posterior à prática do ato/celebração do contrato sobre o qual incide, não podendo o mesmo produzir efeitos respetivo, *maxime*, dos efeitos financeiros, ou seja, o visto do TC não é uma autorização para a prática de um ato ou para a celebração de um contrato[13].

Embora exista na doutrina um grande consenso relativamente à definição e natureza do visto, também existem vários que qualificam o visto do TC como um ato materialmente administrativo[14].

---

[10] Tavares, José F. F., *ob cit.*, pág. 157.

[11] Tavares, José F. F., *O Tribunal de Contas, ob. cit.*, pág. 160.

[12] Tavares, José F. F., *O Tribunal de Contas, ob. cit.*, pág. 142.

[13] *Vide*, Tavares, José F. F., O Tribunal de Contas, ob. cit., pág. 167.

[14] Cfr., Costa, Paulo Jorge Nogueira, *O Tribunal de Contas e a boa governança: contributo para uma reforma do controlo financeiro externo em Portugal*, Almedina, Coimbra, 2014.

b) A fiscalização prévia na estrutura organizacional do Tribunal de Contas

Após o enquadramento do visto prévio no sistema jurídico português e no quadro de competências do TC, é também necessário enquadrá-lo na estrutura organizacional do TC e demonstrar como é que é realizado o seu processamento e que decisões podem ser tomadas.

Os atos e contratos submetidos a fiscalização prévia são rececionados pelos serviços técnicos de apoio administrativo à Direção-Geral do TC, que realizam um exame preliminar dos processos rececionados[15]. Quando, da análise realizada, não resultem dúvidas sobre a legalidade dos contratos a fiscalizar, é emitida uma declaração de conformidade[16], remetida posteriormente aos juízes de turno[17] para homologação. Situações que não se enquadrem no ponto anterior são submetidas para os magistrados da 1.ª Secção do TC.

As decisões e os acórdãos são os atos da análise pela 1.ª Secção (arts. 81.º ss e 96.º ss LOPTC) e consubstanciam a fiscalização prévia do TC. As decisões podem assumir diferentes formas: a recusa de visto[18] (art. 84.º LOPTC); o visto com recomendações (art. 44.º – 4 LOPTC); o visto sem recomendações[19] (art. 77.º LOPTC), a isenção/dispensa de Visto (art. 77.º LOPTC); o visto com homologação de conformidade (art. 83.º LOPTC); e o visto tácito (art. 85.º LOPTC).

Importa notar algumas questões sobre estas diferentes decisões. Primeiro, e no que diz respeito à recusa de visto, importa referir que a sua existência provoca a ineficácia jurídica e financeira dos atos ou contratos "*após a data de notificação da respetiva decisão*"[20]. Importa desde já referir que existem algumas particularidades no que diz respeito à eficácia financeira em função do valor do contrato, cenário que exploraremos com maior detalhe no ponto seguinte deste trabalho.

---

[15] *Cfr.*, art.º 30.º n.º 1 e n.º 2, alínea d) e art.º 82.º, da LOPTC.

[16] *Cfr.*, art.º 83.º, da LOPTC.

[17] *Cfr.*, art.º 83.º n.º 3, da LOPTC.

[18] *Cfr.*, art.º 44.º n.º 3, da LOPTC, "*Constitui fundamento de recusa de visto a desconformidade dos contratos fiscalizado com as leis em vigor que implique a nulidade; encargos sem cabimento em verba orçamental própria ou violação direta de normas financeiras; ilegalidade que altere ou possa alterar o respetivo resultado financeiro*".

[19] Só é concedido a contratos que contenham ilegalidades (art.º 44.º n.º 3, alínea c), da LOPTC). Tem como objetivo evitar no futuro as ilegalidades detetadas (art. 44.º n.º 4, da LOPTC). Estando os seus destinatários obrigados a acatá-las (art.º 62.º n.º 3, alínea c) e art.º 65.º n.º 1, alínea j), da LOPTC).

[20] *Cfr.*, Art.º 45.º da LOPCTC.

Relativamente às recomendações, conforme refere Almeida[21], citando Guilherme D'Oliveira Martins:

> *"as recomendações do Tribunal de Contas assumem importância decisiva como instrumentos pedagógicos incentivadores das boas práticas da administração, visando a intervenção do Tribunal de Contas nesse âmbito uma intervenção preventiva e corretiva dos erros cometidos pela administração no âmbito dos procedimentos de formação dos contratos e na execução dos mesmos. Em harmonia com o exposto, a lei permite que o Tribunal de Contas, em sede de fiscalização prévia e verificada uma ilegalidade que altere ou possa alterar o respetivo resultado financeiro» do ato ou contrato, em vez de recusar o visto possa mediante decisão fundamentada conceder o visto e fazer recomendações aos serviços e organismos no sentido de suprir ou evitar no futuro tais ilegalidades"*

No que diz respeito ao visto tático (art.º 85.º LOPTC) e de acordo com José Tavares[22], não se trata de ato tácito de concessão do visto, mas sim de caso de dispensa de visto *ope legis*, pelo decurso do tempo (que não prejudica a responsabilidade financeira), "*transitando*" nesse caso a competência do TC para a fiscalização concomitante e sucessiva.

Embora tenham surgido, ao longo da pesquisa realizada, questões se o TC, no âmbito da fiscalização prévia avaliação economicidade do ato ou contrato, importa referir que não compete ao TC efetuar controlo de mérito financeiro, ou seja, não tem competências para avaliar, no âmbito do visto, se as condições contratuais são as mais vantajosas para o Estado[23].

3. Contratos públicos como objeto de controlo e fiscalização pelo Tribunal de Contas

Para além de explorarmos o conceito de visto prévio, é necessário explorarmos o seu enquadramento específico no domínio dos contratos públicos, uma vez que "*são*

[21] Almeida, Sónia Cristina Machado, "*A atividade contratual local e a sua fiscalização pelo Tribunal de Contas*", Dissertação de Mestrado, Universidade do Minho, 2017, pág. 73.

[22] *Cfr.*, Tavares, José F. F., *O Tribunal de Contas: do visto em especial – conceito, natureza e enquadramento na actividade de administração*, Livraria Almedina, Coimbra, 1998.

[23] *Vide*, Nunes, Mónica Lousã Machado, *A fiscalização prévia da contratação pública e as imposições da União Europeia no contexto da autonomia das instituições de ensino superior de direito público.* Dissertação do Instituto Superior de Ciências Sociais e Políticas, 2013.

instrumentos geradores e de realização de despesa e de aplicação de dinheiros públicos e, como tal, implicam a realização de uma despesa pública ou envolvem a assunção de responsabilidade"[24].

Na Europa, os contratos públicos realizados pelos organismos públicos para aquisição de bens, serviços e obras representam, em média, aproximadamente 18% do PIB[25]. Este número estabelece claramente o impacto destes contratos nas economias nacionais, tornando, assim, a contratação pública numa área fundamental da intervenção do TC, uma vez que estes instrumentos jurídicos têm um impacto significativo junto dos agentes económicos, podendo contribuir para uma distorção das leis de mercado[26]. Por este motivo, e conforme disposto na LOPTC, compete ao TC *"fiscalizar a legalidade e o cabimento orçamental dos atos e contratos de qualquer natureza"*, administrativos ou não, *"que sejam geradores de despesa ou representativos de quaisquer encargos e responsabilidades, diretos ou indiretos"*[27].

Também o Código dos Contratos Públicos, aprovado pelo Decreto-Lei 18/08 de 29 de janeiro estabelece, no n.º 1 do artigo 287.º que, *"A plena eficácia do contrato depende da emissão dos actos de aprovação, de visto, ou de outros actos integrativos da eficácia exigidos por lei, quer em relação ao próprio contrato, quer ao tipo de acto administrativo que eventualmente substitua, no caso de se tratar de contrato com objecto passível de acto administrativo"*.

Neste âmbito, os procedimentos de formação dos contratos estão, de acordo com Gonçalves (2015)[28], estruturados em três fases: *(1)* uma fase preparatória, que inclui todos os atos prévios à conclusão do contrato, designadamente, a iniciativa do procedimento, a instrução e a adjudicação; *(2)* uma fase principal ou conclusiva, de conclusão do contrato, onde o contrato é formalizado e outorgado; e *(3)* a última fase do procedimento que corresponde à fase integrativa de eficácia ou complementar. É nesta fase que se praticam todos os atos necessáris a assegurar que o procedimento produz efeitos, nomeadamente, o envio do contrato ao TC com vista a obter o respetivo visto.

É neste contexto que a fiscalização prévia assume um papel fundamental na verificação dos elementos fundamentais da contratação pública (entendida como procedimento que antecede à celebração do contrato público) e que tem como principais

---

[24] Almeida, Sónia Cristina Machado. *"A atividade contratual local e a sua fiscalização pelo Tribunal de Contas"*, Dissertação de Mestrado, Universidade do Minho, 2017.

[25] Nunes, Mónica Lousã Machado, *A fiscalização prévia da contratação pública e as imposições da União Europeia no contexto da autonomia das instituições de ensino superior de direito público*, Diss. Instituto Superior de Ciências Sociais e Políticas, 2013.

[26] Tavares, J. (2008a), *"Extensão e limites dos poderes do Tribunal de Contas"*, Cadernos de Justiça Administrativa, (71), págs. 38-44.

[27] *Cfr.*, art. 5.º n.º 1, alínea c), da LOPTC.

[28] *Vide*, Gonçalves, Pedro Costa, *Direito dos Contratos Públicos*, Almedina, 2015, pág. 78.

objetivos verificar se os contratos estão de acordo com a lei em vigor e se existe cabimento em verba orçamental própria assumindo assim *"especial importância, não como controlo formal mas como granate da equidade e como fator de limitação de endividamento"*[29].

Contudo, nem todos os contratos estão sujeitos à fiscalização prévia do TC. Os contratos de aquisição de serviços celebrados com instituições sem fins lucrativos que tenham por objeto os serviços de saúde e de caráter social mencionados no Anexo XIV da Diretiva 2014/24/EU e os contratos de valor inferior a 350.000,00€[30] (critério económico) constituem os casos em que os contratos públicos não estão sujeitos à fiscalização prévia.

A LOPTC estabelece um conjunto de requisitos[31], que devem ser considerados na submissão a visto do TC, e que compreendem os requisitos relativos aos sujeitos, objeto, forma e valor, e que tornam necessária a fiscalização prévia do TC. A fiscalização prévia é necessária *(1)* nos contratos de obras públicas, aquisição de bens e serviços, bem como outras aquisições patrimoniais que impliquem despesa; e *(2)* em atos ou contratos que formalizem modificações objetivas de contratos não visados e que impliquem um agravamento dos respetivos encargos financeiros ou responsabilidades financeiras em valor superior ao previsto no artigo 48.º da LOPTC (350.000,00€).

Neste sentido, as entidades e organismos públicos *"devem remeter ao TC os documentos que representem, titulem ou deem execução aos atos e contratos"*[32], para efeitos de fiscalização prévia, que após receção e tramitação do processo, a 1.ª Secção do TC, produzirá e decisões[33] e acórdãos[34]. Relativamente ao objeto da fiscalização prévia, de acordo com Nunes[35], os contratos a ela submetidos são objeto de verificação a vários níveis: *(1)* verificação do procedimento administrativo legalmente devido; *(2)* verificação do programa do concurso e do caderno de encargos e de que adjudicação cumpriu os princípios e a legislação vigente; *(3)* razões em que assenta a decisão de contratar e

29 *Cfr.*, Martins, G. (2011). *A contratação pública eletrónica. A perspectiva do Tribunal de Contas*. Intervenção proferida no encerramento da sessão de abertura do 5.º congresso nacional da contratação pública eletrónica, em 16 de novembro, pág. 8 e 9.

30 *Cfr.*, art. 48.º da LOPTC.

31 *Cfr.*, Art. 2.º, 46.º , 47.º e 48.º, LOPTC.

32 *Cfr.*, o n.º 6 do art. 46.º da LOPTC.

33 *Cfr.*, art. 83.º, n.º 1, da LPOTC, *"Sempre que da análise do processo não resulte qualquer dúvida sobre a legalidade do ato ou contrato, designadamente pela sua identidade com outros já visados, quer quanto à situação de facto quer às normas aplicáveis, pode ser emitida declaração de conformidade pela Direção-Geral"*.

34 *Cfr.*, art. 84.º, n.º 1, da LPOTC, *"Os processos em que haja dúvida de legalidade sobre os respetivos atos, contratos e demais instrumentos jurídicos são apresentados à primeira sessão diária de visto com um relatório"*.

35 *Cfr.*, Nunes, Mónica Lousã Machado *apud*. Tavares e Martins, *A fiscalização prévia da contratação pública e as imposições da União Europeia no contexto da autonomia das instituições de ensino superior de direito público*, Dissertação no Instituto Superior de Ciências Sociais e Políticas, 2013.

a seleção do procedimento; *(4)* trâmites a que submete o procedimento escolhido; *(5)* o critério de adjudicação e a sua justificação; e *(6)* a redação a que deve obedecer o contrato e a sua conformidade com a decisão de contratar.

Os fundamentos para a recusa do visto constam da redação da LOPTC[36]: *"constitui fundamento da recusa do visto a desconformidade dos atos, contratos e demais instrumentos referidos com as leis em vigor que implique: a) nulidade; b) encargos sem cabimento em verba orçamental própria ou violação direta de normas financeiras; e c) ilegalidade que altere ou possa alterar o respetivo resultado financeiro"*.

Quanto aos efeitos do visto e da sua recusa, importa reter o que foi anteriormente analisado em que referimos o visto do TC não é uma autorização para a celebração de contratos. Neste sentido, a LOPTC estabelece dois regimes em função do valor dos contratos submetidos a fiscalização. No caso dos contratos com valores entre 350.000€ e 950.000€, todos os seus efeitos são produzidos antes da concessão de visto, exceto quanto aos pagamentos[37], ou seja, os contratos têm eficácia jurídica, mas não têm eficácia financeira. No caso dos contratos superiores as 950.000€ não produzem quaisquer efeitos antes do visto[38], expeto os contratos celebrados na sequência de procedimento de ajuste direto por motivos de urgência imperiosa. Importa notar que sempre que as entidades efetuem pagamentos de contratos sujeitos à fiscalização prévia do TC incorrem em infração financeira[39].

a) Instrução do processo para submissão ao Tribunal de Contas para Fiscalização Prévia

Até este momento consideramos que conseguimos responder às duas primeiras perguntas que nos levaram a realizar este trabalho (Porque razão? Quando é que se faz?). Importa, assim, responder à última questão (Como é que se faz?). A partir dos elementos expostos neste trabalho até ao momento, iremos descrever de forma esquemática como instruir um processo para submissão ao TC para fiscalização prévia, no que diz respeito aos elementos que devem integrar este processo de instrução, bem como o responsável e forma de remessa, e a contagem de prazos.

A instrução sobre a organização do processo de fiscalização prévia a remeter ao TC está estabelecida na Resolução n.º 14/2011, Instrução e tramitação dos processos de Fiscalização Prévia (ITPFP).

---

36 *Cfr.*, art. 44.º, n.º 3 da LOPTC.
37 *Cfr.*, da LOPTC, art. 45.º, n.º 1 e 2.
38 *Cfr.*, da LOPTC, art. 45.º, n.º 4.
39 *Cfr.*, da LOPTC, art. 65.º n.º 1, b).

No que diz respeito aos elementos do processo de instrução, destacamos os seguintes:

Documentos fundamentais para a instrução do processo:

a) Elementos integrantes do processo – artigo 3.º da ITPFP

- Original do contrato;
- Minuta do contrato aprovado pela entidade competente (ex. diretor geral), quando os encargos, ou parte deles tenham de ser satisfeitos no ato da celebração dos contratos (alínea c) do n.º 1 do artigo 46.º da LOPTC);

b) Elementos instrutórios – artigos 8.º e seguintes da ITPFP

- Cópia do contrato ou da minuta;
- Informações de cabimento e de compromisso, acompanhadas de cópia dos documentos previsionais, datadas e subscritas pelo responsável pelos serviços de contabilidade;
- Quando o financiamento dos encargos decorrentes do contrato é assegurado por terceiros deve ser anexada uma prova desse financiamento, nomeadamente através de cópia dos respetivos despachos autorizadores, contratos-programa ou contratos de financiamento (art. 12.º da ITPFP);
- No caso de contratos com encargos em mais de um ano económico ou em ano que não seja o da sua realização, o processo deve ser instruído com autorização respetiva que procedeu a abertura do procedimento ou com a declaração de que o projeto de orçamento aplicável está inscrito na verba adequada para suportar a despesa ((art. 13.º - 1 da ITPFP);
- Identificação de forma legível o nome e a função dos autores dos atos e a data em que foram proferidos
- Cópia da publicação no Diário da República da delegação ou subdelegação de poderes.

c) Elementos instrutórios específicos – artigos 17.º e 18.º da ITPFP

Sobre a remessa do contrato para processo de fiscalização prévia, o art. 81.º LOPTC estabelece que a responsabilidade recai, em regra, sobre o dirigente máximo do serviço.

Quanto à forma de remessa:

- Os documentos referidos no ponto a) devem ser enviados em suporte de papel. Os documentos referidos no ponto b) e c) podem ser em suporte ótico, designadamente em CD-ROM ou DVD não regraváveis. A remessa dos elementos descritos devem ser acompanhados com lista de identificação dos elementos enviados.

- O documento do ponto a) também podem ser remetidos por telecópia ou correio eletrónico com assinatura eletrónica avançada – esta forma de submissão só é válida para cumprimento do prazo de remessa, por este motivo, impõe-se a remessa no prazo de cinco dias úteis do mesmo em papel, acompanhado dos elementos instrutórios;

Importa notar que no caso dos contratos que produzam efeitos antes do visto, o prazo de remessa corresponde a *20 dias úteis* a contar do início da produção dos efeitos (prorrogável até 45 dias mediante solicitação ao TC) de acordo com art. 81.º n.º 2 da LOPTC e art. 4.º RITPFP.

No que diz respeito à contagem de prazos, destacamos que:

- A Direção Geral do TC dispõe de 15 dias a contar do registo de entrada[40] para verificação preliminar e poderá devolver o processo para diligência instrutória. Nestes casos as entidades têm 20 dias úteis a contar da receção para devolver os contratos (art. 82.º LOPTC e art. 4.º RITPFP).
- O TC pode solicitar informações e elementos complementares (art. 22.º RITPFP) sendo que dispõe de 30 dias úteis[41], contados a partir do dia útil seguinte ao do registo de abertura do processo, para decidir, sob pena de visto tácito (arts. 85.º LOPTC e 6.º RITPFP).
- Decorridos 5 dias úteis sob o termo daquele prazo sem que a entidade que solicitou o visto tenha recebido a decisão de recusa (sentido da decisão deve ser comunicado no dia em que a mesma for proferida) pode iniciar a execução do contrato (art. 85.º LOPTC).

A decisão do TC passa por dois elementos fundamentais:

- Homologação de conformidade – art. 83.º LOPTC.
- Concessão ou recusa de visto –art. 44.º LOPTC.

b) Visto prévio do Tribunal de Contas.

Check list de Elementos instrutórios conforme Resolução n.º 14/2011, de 11 de julho.

Para contratos de empreitada de obras públicas e de aquisição de serviços:

---

[40] É comunicado aos organismos, nos termos do art. 6.º do RITPFP.

[41] Prazo corre em férias judiciais e suspende-se na data do ofício que solicita elementos ou diligências instrutórias até à data do registo de entrada no TC do ofício com a satisfação do pedido, nos termos do art. 85.º n.º 3 da LOPTC.

TABELA. CHECKLIST PARA INSTRUÇÃO DE PROCEDIMENTO PARA FISCALIZAÇÃO PRÉVIA TC. ELABORADO PELO PRÓPRIO A PARTIR DA RESOLUÇÃO N.º 14/2011, DE 11 DE JULHO DE 2011.

Descrição	Artigo	Número	Alínea
O original do contrato, excepto quando tenha sido exarado em livro oficial, caso em que deve ser enviada uma sua cópia autenticada.	3	1	A
Minuta do contrato aprovada pela entidade competente, aceite pela entidade promotora do projeto.	3	1	B
O ato ou contrato a submeter a fiscalização prévia, nos termos do artigo 3.º, deve ser acompanhado de um duplicado.	8	-	-
Informações de cabimento e de compromisso, datadas e subscritas pelo responsável pelos serviços de contabilidade com competência para o efeito; Informação de compromisso abrange o montante da despesa a despender no ano em curso, incluindo o valor correspondente ao IVA, nos termos legais, contendo a informação de cabimento uma estimativa dessa despesa; Informação de compromisso pode ser aposta no documento a submeter a visto e no respetivo duplicado ou apresentada, em documento autónomo, acompanhado de cópia; Informações de cabimento e de compromisso devem ser prestadas de acordo com o modelo constante do Anexo I às presentes instruções, sendo o mesmo desagregado, na medida do necessário, nomeadamente por rubrica e fonte de financiamento. Declaração atestando que os saldos da execução orçamental da despesa permitem suportar os encargos decorrentes do mesmo.	9	1 2 3 4 5 8	-
Cópia dos documentos previsionais, na parte em que esteja inscrita a despesa em causa, bem como das eventuais modificações de que tenha sido objeto.	10		
Cópia do despacho que aprovou o correspondente programa.	11	1	A
Informação com identificação do valor total dos compromissos já assumidos no âmbito do programa ou projeto, evidenciando a existência de saldo suficiente para assegurar os encargos decorrentes do documento submetido a fiscalização prévia.	11	1	B
Os processos relativos a contratos que originam encargos em mais de um ano económico ou em ano que não seja o da sua realização devem, quando exigido nos termos legais, ser também instruídos com a autorização respetiva que precedeu a abertura do procedimento ou com a declaração de que no projeto de orçamento aplicável está inscrita a verba adequada para suportar a despesa, consoante o caso.	13	1	
Sem prejuízo do regime específico das deliberações dos órgãos colegiais, os atos submetidos à fiscalização prévia do Tribunal devem contemplar, de forma legível, a identificação nominal e funcional dos respetivos autores, assim como a data em que foram proferidos.	14	1	

Sempre que algum ato tenha sido praticado ou algum contrato outorgado ao abrigo de delegação ou subdelegação de poderes, para além da menção dessa circunstância, deve o processo ser instruído com os documentos necessários à comprovação da existência de tal delegação ou subdelegação, nomeadamente com cópia da respetiva publicação no Diário da República ou no Boletim Autárquico, consoante o caso e sempre que legalmente exigível.	16	1	
Documento que evidencie a distribuição interna de competências no que respeita às áreas financeira e de contratação e, caso existam delegações de competências para essas áreas ou para a prática de atos no âmbito do processo relativo ao ato ou contrato submetido a fiscalização prévia, documento que o comprove.	16	3	
Documentos que contenham as decisões ou deliberações de contratar e de aprovação das peças do procedimento pelo órgão competente para o efeito.	17	1	A
Documento com a designação e composição dos membros do júri do procedimento.	17	1	B
Anúncios de abertura do procedimento publicados no Diário da República e eventualmente no JOUE e ou convites, bem como eventuais avisos/notificações retificativos do seu conteúdo, acompanhados, em qualquer dos casos, por documento comprovativo do respetivo envio.	17	1	C
Eventuais pedidos de prorrogação do prazo fixado para a apresentação de candidaturas e propostas.	17	1	D
Documentos que evidenciem eventuais decisões ou deliberações de prorrogação do prazo fixado para a apresentação de candidaturas e ou propostas, respetivas notificações aos interessados e publicação de avisos.	17	1	E
Notificações de eventuais rectificações de erros e omissões das peças do procedimento, bem como de eventuais esclarecimentos solicitados sobre as citadas peças e notificações das respectivas respostas.	17	1	F
Programa do procedimento e caderno de encargos.	17	1	G
Eventuais pedidos dos interessados de classificação de documentos que instruem as suas propostas para efeitos de restrição de acesso aos mesmos e notificação da respectiva decisão.	17	1	H
Eventuais listas com a identificação dos erros e das omissões do caderno de encargos detectados pelos interessados e notificação da sua apresentação.	17	1	I
Documento que contenha a decisão ou deliberação do órgão competente para o efeito sobre a(s) lista(s) de erros e de omissões apresentada(s) e respectiva notificação aos interessados.	17	1	J
Proposta completa do(s) adjudicatário(s) instruída(s) nos termos legais.	17	1	K
Lista dos candidatos e ou concorrentes.	17	1	L

Eventuais reclamações apresentadas pelos candidatos ou concorrentes, bem como impugnações das deliberações do júri e eventuais decisões que sobre estas tenham sido tomadas.	17	1	M
Eventuais pedidos de esclarecimentos sobre as propostas, formulados pelo júri, respostas apresentadas e notificação desse facto a todos os concorrentes.	17	1	N
Relatório(s) preliminar(es) elaborado(s) pelo júri, sua comunicação para efeitos de audiência prévia e eventuais pronúncias apresentadas.	17	1	P
Relatório(s) final(ais) elaborado(s) pelo júri e documento que ilustre a decisão ou deliberação de qualificação e ou adjudicação tomada pela entidade com competência para o efeito.	17	1	Q
Notificações da decisão ou deliberação de qualificação e ou adjudicação a todos os candidatos/concorrentes.	17	1	R
Eventuais petições de impugnações administrativas apresentadas pelo(s) candidato(s) e ou concorrente(s) contra a decisão ou deliberação de qualificação/adjudicação, sua notificação aos restantes candidatos/ concorrentes para efeitos de audiência prévia, eventuais pronúncias apre sentadas e eventuais decisões ou deliberações da entidade adjudicante que tenham incidido sobre aquelas impugnações.	17	1	S
Cópia da certidão do registo comercial do(s) adjudicatário(s)/ documentos de habilitação e notificações aos restantes concorrentes da apresentação desses documentos.	17	1	T
Instrumento de prestação da caução ou, nos termos fixados nos documentos do procedimento, seguro da execução do contrato ou declaração emitida por entidade bancária.	17	1	U
Documento da decisão/deliberação de aprovação da minuta do contrato/ajustamentos ao seu conteúdo aceites pelo adjudicatário e notificações.	17	1	V
Pareceres de outros organismos, quando legalmente exigidos.	17	1	W
Eventuais petições de impugnações judiciais de actos administrativos ou equiparados praticados no decurso do procedimento, de peças neste patenteadas ou do contrato celebrado.	17	1	X
Aviso de publicitação da adjudicação no portal da Internet e anúncio da celebração do contrato no JOUE, quando exigidos.	17	1	Y
Avisos (ou registos) de emissão e receção de atos e declarações produzidas no procedimento notificadas ou comunicadas por meios de transmissão eletrónica de dados.	17	1	Z
Demais documentos comprovativos do cumprimento dos requisitos estabelecidos na lei para a celebração de contrato.	17	1	Aa

4. Conclusão

Conforme descrevemos ao longo da análise realizada, o TC desempenha um papel fundamental na ordem jurídica nacional ao nível do controlo das receitas e despesas públicas. É, assim, uma instituição superior de controlo e um órgão de soberania, independente e externo à Administração Pública. A suas competências estão delimitadas na CRP e o desempenho das suas funções varia de acordo com o momento de fiscalização em que intervém (fiscalização prévia, concomitante e sucessiva). Conforme descreve Costa, *"Num Estado responsável, o Tribunal de Contas deverá fundamentalmente: i) assegurar o controlo (prévio, concomitante e sucessivo) da regularidade e da legalidade substancial da gestão financeira pública, complementarmente à atividade dos órgãos de controlo interno"*[42].

Considerando os poderes e competências reconhecidos ao TC que explorámos ao longo deste trabalho, é incontornável reconhecer que a fiscalização prévia, entendida como concessão ou recusa de visto do TC, corresponde a uma decisão vinculativa e obrigatória, e é, também, requisito essencial à produção de efeitos jurídicos e financeiros. A relevância da fiscalização prévia no que é o quadro de competências do TC, permite-nos, assim, estabelecer o porquê da fiscalização prévia nos contratos públicos. Contudo, importa ainda enfatizar dois aspetos complementares. Primeiro, uma das características fundamentais da fiscalização prévia prende-se com a sua abrangência no que diz respeito aos contratos públicos, abrangendo os contratos (e a sua formação) que sejam geradores de despesa ou que representem encargos e responsabilidades, diretos ou indiretos. O visto do TC constitui, assim, um requisito de eficácia do ato e tem um papel preponderante na atividade de controlo do TC. Segundo, e decorrente do primeiro, o visto do TC tem particular relevância no caso dos contratos públicos, considerando, por um lado, o elevando impacto económico que estes têm nas finanças públicas e, por outro lado, a sua relevância para condicionar as avaliações de eficácia e boa governação no que diz respeito à administração pública. Este impacto aumenta na mesma medida que cresce o valor afeto ao contrato público, e, por esse motivo, o Código dos Contratos Públicos e a LOPTC estabelecem o valor (350.000€) a partir do qual os contratos devem ser submetidos a fiscalização prévia – ainda que produzam efeitos jurídicos, não podem resultar em pagamentos antes da

---

[42] Ver, Costa, Paulo Jorge Nogueira da, *O Tribunal de Contas e a boa governança: contributo para uma reforma do controlo financeiro externo em Portugal*, Tese de doutoramento em Direito na Faculdade de Direito da Universidade de Coimbra, Coimbra, 2011.

decisão de visto – e um valor para contratos a partir do qual não poderão produzir-se quaisquer efeitos (950.000€).

Estes elementos são fundamentais para entendermos não só quando se submete um contrato público à fiscalização prévia do TC, mas também que elementos são necessários para instruir o processo, ou seja, como se deve submeter. Desta forma, este trabalho responde às três questões que consideramos fundamentais para promover uma melhor compreensão da fiscalização prévia pelo TC e do que esta significa no sistema financeiro público nacional, particularmente junto de intervenientes sem formação jurídica de base.

CAPÍTULO XIII

—

A RESPONSABILIZAÇÃO FINANCEIRA E A BOA GOVERNANÇA

* Texto base: Bruno Mota.

1. Instrumentos de controlo

No exercício do controlo financeiro protagonizado pelas ISC, são utilizados como instrumentos centrais na melhoria da gestão pública a verificação (em sentido lato), a auditoria e a avaliação (como por exemplo avaliação de programas públicos), materializados por via das recomendações dirigidas pelas ISC aos órgãos competentes. Estes instrumentos permitem identificar indícios da prática de infrações financeiras, bem como detetar outros factos juridicamente relevantes, designadamente os que revistam natureza criminal, sendo encaminhados para a jurisdição competente[1]. O método de verificação diz respeito ao exame com exatidão contabilística das contas de uma dada entidade, culminando na sua certificação[2]. De acordo com Moreno[3], este método de controlo não se coaduna com a filosofia global do moderno controlo financeiro público, sendo mesmo inadequado numa ISC que se assuma como órgão de soberania, estando vocacionada para a boa governança.

O segundo método utilizado no exercício do controlo financeiro externo é a auditoria, sendo a atividade central do TC. A INTOSAI define auditoria como *"o exame das operações, atividades e sistemas de determinada entidade, com vista a verificar se são executados ou funcionam em conformidade com determinados objetivos, orçamentos, regras e normas"*[4].

Para o exercício da auditoria, o TC utiliza com guia orientador o Manual de Auditoria e de Procedimentos do Tribunal de Contas, sendo revisto periodicamente de forma a incorporar novos método, princípios e orientações, harmonizando os procedimentos e atos com o contexto internacional. O resultado harmonioso internacional que se desenvolve conta com o apoio dado pela INTOSAI e EUROSAI, através da definição e aplicação de um quadro de normas de controlo – ISSAI e INTOSAI GOVs.

A auditoria inscreve-se tanto na fiscalização concomitante como na fiscalização sucessiva e, de acordo com a sua natureza, são realizados cinco tipos diferentes de auditoria: *(i)* auditoria financeira; *(ii)* auditoria de resultados; *(iii)* auditoria de conformidade; *(iv)* auditoria de combinada; *(v)* auditoria de seguimento[5].

---

[1] Ver por todos, Costa, Paulo Nogueira, *"O Tribunal de Contas e a Boa Governança – Contributo para uma reforma do controlo financeiro externo em Portugal"*, 2014, Coimbra Editora, pág. 65.

[2] *Cfr.*, n.º 2 do artigo 53.º da LOPTC.

[3] Moreno, Carlos, *Gestão e Controlo de Dinheiros Públicos*, UAL, Lisboa, 1998, pág. 317.

[4] *Cfr.*, Definição apresentada no *Manual de Auditoria e Procedimentos do Tribunal de Contas*, Vol. I, pág. 23 (disponível em https://www.tcontas.pt/pt/publicacoes/manuais/map/Manual.pdf) [Consultado em 01-07-2018].

[5] *Vide*, *Manual de auditoria: princípios fundamentais*, (MAPF), 2016, pág. 41, (disponível em: https://www.tcontas.pt/pt/publicacoes/manuais/mapf/mapf_20161107.pdf) [Consultado: 01-07-2018].

Os resultados dessas auditorias do Tribunal, convertidos em relatórios, proporcionam aos cidadãos e outros *stakeholders* informação, exames e conclusões independentes, objetivas e rigorosas referentes à administração e à execução de políticas governamentais, programas ou ações, em suma, à gestão da "coisa" pública. Desta forma, a auditoria realizada pelo TC contribui para a boa governação das entidades de todo o setor público.

O terceiro método utilizado no exercício do controlo financeiro é a avaliação. De acordo com Tavares (2014) o TC concretiza a avaliação como parte de um controlo completo da legalidade, abrangendo a conformidade com a juridicidade. O mesmo autor (1998) define "*avaliação como uma atividade técnico-científica de analise e apreciação de um programa, projeto, política ou outra ação, no que respeita aos seus efeitos (diretos e indiretos) e a respetiva relação com os objetivos fixados e o seu enquadramento e bem assim com os meios (v.g. financeiros) aplicados para o efeito*"[6]. De entre os vários aspetos realçoados por Tavares (1998), este destaca que a avaliação coexiste e coexistirá com o controlo da gestão e da legalidade. No que diz respeito ao TC, a LOPTC atribui a poderes de controlo e de avaliação[7].

De acordo com Tavares (2014), encontram-se semelhanças entre as noções de avaliação de programas e de auditoria de desempenho (*performance ou value-for-money*), mas apesar dessas semelhanças a avaliação vai mais longe quanto ao seu conteúdo e métodos utilizados.

No que diz respeito ao conteúdo, a avaliação visa analisar a adequação dos objetivos às necessidades identificadas. Por outro lado, todos os efeitos de um programa, projeto, ou outra ação são visados pela avaliação, tal como a sua própria adequação, coerência e proporcionalidade – meta-avaliação. Por último, na avaliação ponderam-se os níveis dos resultados obtidos e a determinação das suas causas[8].

Os principais tipos de avaliação são a avaliação de processos, a avaliação de *outcomes* (sendo geralmente confundido com a avaliação de *outputs*, o que distorce o intuito da avaliação pretendida), a avaliação de impactos e as análises custo-benefício e custo-eficácia[9].

---

[6] *Cfr.*, Tavares, José, F., F., *Administração, Controlo, Avaliação e Responsabilidade.* Comunicação apresentada no 1.º Encontro INA: A Avaliação na Administração Pública. Lisboa, 1998, pág. 173.

[7] *Cfr.*, Tavares, José F. F., "Reflexões sobre o conceito, a natureza e o regime das Recomendações do Tribunal de Contas", *in Estudos de Administração e Finanças Pública*, Almedina, 2014, 2.ª edição atualizada, pág. 175.

[8] *Cfr.*, Tavares, José F. F., *ob. cit.*, pág. 173.

[9] *Cfr.*, Government Accountability Office, *Performance Measurement and Evaluation: Definitions and Relationships*, Washington, D. C., maio 2005, pág. 4.

2. Efetivação da responsabilidade

A Constituição da República Portuguesa apresenta o princípio da responsabilidade como uma vertente basilar na nossa ordem jurídica e do Estado de Direito democrático (consagrado através dos artigos 22.º, 117.º e 271.º da CRP), representado a evolução cultural e de Estado soberano, as relações de poder, os direitos e garantias dos particulares e os modelos de organização administrativa[10].

No que diz respeito à gestão pública, em sentido lato, a responsabilidade consubstancia-se em seis tipos diferentes, consoante a sua natureza: *(i)* responsabilidade politica; *(ii)* responsabilidade criminal; *(iii)* responsabilidade civil; *(iv)*; responsabilidade disciplinar; *(v)* responsabilidade financeira; *(vi)* responsabilidade social. Dentre os diferentes tipos de responsabilidade realça-se a responsabilidade financeira, cuja apreciação compete exclusivamente ao TC, podendo ser de dois tipos: responsabilidade reintegratória ou responsabilidade sancionatória.

A responsabilidade reintegratória diz respeito a casos de alcance, desvio de dinheiros ou valores públicos, pagamentos indevidos, não arrecadação de receitas com dolo ou culpa grave e obrigação de indemnizar por falta de cumprimento das leis da contratação pública. A responsabilidade sancionatória envolve a aplicação de multas, por exemplo, por causa de violação de normas legais de natureza financeira, pela não liquidação, cobrança ou entrega nos cofres do Estado das receitas devidas, pelo não acatamento reiterado e injustificado das recomendações do Tribunal ou, ainda, pela falta injustificada de prestação de contas[11].

Este tipo de responsabilidade cessa, entre outras causas, com o pagamento da multa, podendo ser realizado voluntariamente. Todos os juízes do Tribunal têm competências jurisdicionais, sendo que os juízes da 1.ª e 2.ª Secções têm competências para decidirem a relevação da responsabilidade sancionatória e aplicar as multas[12], enquanto os juízes da 3.ª Secção têm competência para julgar as responsabilidades financeiras. No que diz respeito às Secções Regionais, as competências dos juízes, abrangem as diversas formas de responsabilidade, previstas na LOPTC. De acordo com o relatório de atividades de 2017 verifica-se uma ligeira diminuição na aplicação de multas face a 2016.

---

[10] *Cfr.*, Gameiro, António, R. *O Controlo Parlamentar das Finanças Públicas em Portugal (1976-2002)*, Livraria Almedina, Coimbra, 2004, pág. 46.

[11] *Cfr.*, *Relatório de Atividades e Contas de 2017*, Lisboa, 2018, pág. 37 e seguintes.

[12] *Vide*, o artigo 65.º referente à Responsabilidade Financeira Sancionatória e o artigo 66.º relativo a Outras Infrações da LOPTC.

Uma nova responsabilidade acaba de ser atribuída ao Tribunal pela Lei de Enquadramento Orçamental, que é a de proceder à Certificação da Conta Geral do Estado a partir de 2019, a efetuar com metodologias adequadas internacionalmente reconhecidas[13]. Com a implementação do novo sistema contabilístico da AP (SNC-AP), a certificação das contas apresentadas ao TC deverá generalizar-se e a gestão orçamental deverá organizar-se por programas no quadro de uma evolução cujos detalhes ainda se desconhecem, mas que suscitará um acompanhamento atento e importantes adaptações de parte do Tribunal[14].

3. A Boa Governança e o Tribunal de Contas

3.1 A 'Nova' Governança Pública

O termo governança evoca diversos significados, tornando-o num conceito impreciso[15], que reúne múltiplas definições[16]. Embora tendam a ser abrangentes, algumas dessas definições aproximam-se mais do *"sentido eminentemente económico e gestionário do termo governança (tributário da corporate governance)"*[17].

De um modo geral, poder-se-á assumir que a governança está relacionada com o modo de governo, de governação, de uma organização formal, ou mesmo de uma comunidade informal[18], sendo uma "nova forma de governar"[19], descrita pelas *"tradições, instituições e processos que influenciam o exercício do poder em sociedade, incluindo o*

---

13 *Vide*, *Plano Trienal do Tribunal de Contas 2017-2019*, Lisboa, 2016, pág.6 (Disponível em https://www.tcontas.pt/pt/actos/outros/pt-2017-2019-extracto.pdf) [Consultado em 01-07-2018].

14 *Idem*.

15 *Vide*, Gonçalves, Pedro, C., "Ensaio sobre a Boa Governação da Administração Pública a partir do mote de "New Public Governance", *in O Governo da Administração Pública*, Almedina, Coimbra, 2013, pág. 11.

16 *Cfr.*, Costa, Paulo, N., "O Papel dos Tribunais de Contas na Prestação dos Direitos Sociais", *in JURISMAT – revista jurídicam*, n.º 7, Portimão, 2015, pág. 295.

17 *Idem*.

18 *Vide*, Gonçalves, Pedro, C., "Ensaio sobre a Boa Governação da Administração Pública a partir do mote de "New Public Governance", *in O Governo da Administração Pública*, Almedina, Coimbra, 2013, pág. 15.

19 *Cfr.*, Costa, Paulo, N., "O Papel dos Tribunais de Contas na Prestação dos Direitos Sociais", *in JURISMAT – revista jurídicam*, n.º 7, Portimão, 2015, pág. 295, citando Lewis, Douglas, N., "Governance, corporate governance and the public interest", in Corporate Governance International, 2, 1998, pp. 13-21.

modo como as decisões são tomadas em matérias de interesse público e como aos cidadãos é dada voz nas decisões públicas"[20].

Entre tais instituições, processos e os múltiplos atores que participam no paradigma da governança, o Estado surge como um dos seus elementos imprescindíveis, estando responsável pela *(i)* definição das regras legais e políticas que enquadram a ação dos diversos subsistemas sociais, por ter *(ii)* um papel ativo na afetação dos recursos no âmbito desses subsistemas, e pelo *(iii)* controlo da interação entre os mesmos, de modo a garantir os princípios da democracia e da igualdade social[21].

A governança relaciona-se, assim, com a "*capacidade do Estado de servir os cidadãos*"[22], através de mecanismos que produzam resultados eficazes na aplicação de políticas públicas[23] e, que sustenham o Estado de Direito (em oposição ao poder arbitrário, autocrático ou maioritário), a estabilidade política e legal, e políticas que conduzam a resultados comummente desejáveis, como a melhoria do nível de vida, o reduzido desemprego, entre outros[24]. Por outro lado, ao nível da OCDE (2006), a governança recai na aplicação de meios e processos numa vertente política, económica e administrativa das instituições públicas, tendo como fim a gestão eficiente e eficaz dos recursos disponíveis num determinado Estado.

Pierre e Peters (2000), distinguem a governança de acordo com três perspetivas diferentes: analítica, dinâmica e estrutural[25].

A perspetiva analítica considera a governança como um quadro concetual, centrando a posição do Estado na análise de determinado contexto, e evidenciando as interações institucionais, entre a sociedade e a governação, no âmbito das políticas públicas.

A perspetiva dinâmica define a governança como um processo, atribuindo ao Estado o papel de monitor e coordenador. Por fim, a perspetiva estrutural diz

---

20 *Cfr.*, Denhardt, Janet / Denhardt, Robert, *The New Public Service: serving, not steering*, Expanded edition, New York, 2007, pág. 86.

21 *Cfr.*, Denhardt, Janet / Denhardt, Robert, *ob. cit.*, pág. 87.

22 *Governança Europeia – Um Livro Branco*, Comissão das Comunidades Europeias, Bruxelas, 2001, pág. 3.

23 *Cfr.*, Catarino, João, C. / Diogo, Sara / Lopes, André, *A Boa Governança e a Competitividade Fiscal*, in Lições de Fiscalidade, Vol. II – Gestão e Planeamento Fiscal Internacional, 2015, Almedina, Coimbra, pág. 417.

24 *Cfr.*, Costa, Paulo Nogueira, *O Tribunal de Contas e a Boa Governança – Contributo para uma reforma do controlo financeiro externo em Portugal*, 2014, Coimbra Editora, pág. 175.

25 *Cfr.*, Rodrigues, Miguel, *Do conceito de governança a uma conceptualização da governança em rede, Handbook de Administração Pública).* Lisboa, INA Editora, 2013, págs. 101-118, citando Pierre, Jon & Peters, Guy, B., *Governance, politics and the state*, New York: St. Martin's Press, 2000

respeito aos aspetos institucionais da vida política e económica, sendo caraterizada por quatro conceitos de governança: a hierarquia, o mercado, a comunidade e as redes. A governança como hierarquias apresenta uma menor flexibilidade e diálogo/negociação, estando focada no controlo interno. Caraterizam-se por estruturas estatais altamente verticais, com ênfase nas normas e procedimentos. O modelo burocrático Weberiano é um exemplo paradigmático.

Apesar das críticas protagonizadas principalmente pelas disfunções burocráticas, este modelo continua a constituir-se como o modelo de referência na evolução dos novos modelos de governança, sendo que alguns princípios do modelo, como o controlo e coordenação, têm vindo a ser recuperados e enfatizados, como é o caso dos Estados neoWeberianos, do sul da Europa, durante o período da crise da dívida soberana.

O efeito das políticas de austeridade, ditadas principalmente por Institutos Financeiros Internacionais (IFI) enfatizaram a gestão hierárquica e burocrática destes Estados, ao mesmo tempo que se desenvolviam políticas públicas com base em objetivos racionais. A governança como mercado apresenta maior flexibilidade do que nas hierárquicas e maior abertura para o diálogo e negociação, principalmente ao nível horizontal, mas encontra-se essencialmente dirigido para o cumprimento dos objetivos e para o alcance dos resultados propostos.

Este tipo de governança assenta numa lógica de competitividade e por objetivos racionais, enfatizando mecanismos, instrumentos e ferramentas do setor privado como forma de aumentar a sua efetividade. A Nova Gestão Pública é o principal exemplo paradigmático. A governança como comunidades surge como alternativa aos modelos anteriores, realçando a relação pessoal, a flexibilidade e o espírito participativo da sociedade. A governança como redes apresenta uma maior abertura para o exterior, maior capacidade de diálogo e flexibilidade. Nesta perspetiva, uma multiplicidade de atores integra e participa no processo de tomada de decisão política. Rodrigues[26], distingue a governança em rede pela *"visão pragmática que os atores têm da política enquanto modo de resolução de problemas e pela importância que os subsistemas sociais organizados têm na definição dos processos de tomada de decisão política"*. Neste tipo de governança o Estado aparece ora como coordenador de diferentes interesses, ora como stakeholder do objeto em discussão. Este tipo de governança em redes tem vindo a ganhar maior relevo na generalidade dos setores[27].

---

[26] *Cfr.*, Rodrigues, Miguel, *Do conceito de governança a uma conceptualização da governança em rede, Handbook de Administração Pública*. Lisboa, INA Editora, 2013, pág. 106.

[27] *Idem*, pág. 107.

Estes dois últimos modelos, governança como comunidades e governança em redes, apresentam-se como caraterísticas do paradigma da Governança Pública, privilegiando o funcionamento a negociação e o diálogo, maior abertura e parceria com a sociedade civil e o setor privado.

Osborne (2010), apresenta a Governança Pública como um produto e resposta num mundo cada vez mais plural e fragmentado na implementação de políticas e serviços públicos. Para este autor a Nova Gestão Pública é *"um estádio transitório entre a Administração Pública e a 'Nova' Governança Pública"*[28].

O tom provocatório incutido nesta afirmação pelo autor pretende realçar a influência da Nova Gestão Pública na conceção deste novo paradigma.

Segundo Araújo (2013), a 'Nova' Governação Pública procura corrigir as limitações práticas e teóricas dos modelos antecedentes envolvendo a realidade atual e a complexidade da governação[29].

Este modelo rejeita alguns pressupostos da Teoria de Escolha Múltipla e do processo interorganizacional da gestão. De acordo com Osborne (2010), este modelo emergente é o produto da teoria sistémica, da sociologia das organizações e da teoria das *networks*[30].

Em suma, se a análise inicial do conceito de governança remete-nos para o modo de governo das organizações, torna-se claro que tal ideia de governação organizativa terá indubitavelmente de incluir uma agenda de reflexão e de proposta de medidas que visam promover a boa governação da organização em análise[31]. Para que essa reflexão surta bons resultados, importa determinar em que consiste uma boa governança e que princípios deverão ser tidos em conta, começando por não identificar nem misturar o tema new governance da Administração Pública com o tema da (*corporate*) *governance* das empresas do sector público (empresas públicas, empresas regionais e empresas locais)[32].

---

28 *Cfr.*, Osborne, P. S. (2010), "The (New) Public Governance: a suitable case for treatment?", in P. Osborne (Ed.), *The New Public Governance: Emerging perspectives on the theory and practice of public governance*, Nova Iorque, Routledge, 2010, pág. 1.

29 *Cfr.*, Araújo, José, E., *Da nova Gestão Pública à nova governação pública: pressões emergentes na Administração Pública*, in C. Madureira & M. Asensio (Ed.), *Handbook de Administração Pública*. Lisboa, INA Editora, 2010, pág. 93.

30 *Vide*, Osborne, P. S. (2010), "The (New) Public Governance: a suitable case for treatment?", in P. Osborne (Ed.), *The New Public Governance: Emerging perspectives on the theory and practice of public governance*, Nova Iorque: Routledge, 2010, pág. 5.

31 *Vide*, Gonçalves, Pedro, C., "Ensaio sobre a Boa Governação da Administração Pública a partir do mote de "New Public Governance", *in O Governo da Administração Pública*, Almedina, Coimbra, 2013, pág. 15.

32 *Idem.*

3.2 A Boa Governança

A governança pública pode ser avaliada e adjetivada como "boa" ou "má", seguindo diversos critérios e valores[33]. Pese embora na literatura não seja consensual como definir boa governança e como a medir[34], na procura de critérios que deverão orientar o processo avaliativo, os critérios da economia, eficiência e eficácia da gestão pública prevalecerão, sendo a apreciação do desempenho da AP, a qual procura satisfazer os desejos dos clientes, o ponto central desse processo.

Há quem advogue ainda a necessidade de adaptar as Constituições nacionais à nova realidade, ou seja, à nova racionalidade gestionária. No entanto, urge salientar que num Estado democrático de Direito, a AP serve cidadãos e não clientes, sendo essencial que no contexto de governação pública as pessoas sejam valorizadas, e não somente a produtividade[35]. A *Declaração do Milénio das Nações Unidas* (2000)[36], considera mesmo a good governance como um dos pilares da construção de um mundo mais próspero, justo e pacífico, a par com o respeito pelos direitos humanos e a democracia. Por seu lado, a Comissão Europeia (2001) sustenta que à *"medida que os conceitos de direitos humanos, democratização e democracia, Estado de Direito, sociedade civil, partilha descentralizada do poder e administração pública sólida vão assumindo cada vez mais importância à medida que essa sociedade se vai transformando num sistema político mais sofisticado, o conceito de governança evolui para 'boa governança"*[37].

Seguindo a mesma linha de pensamento, a *Comissão Económica e Social para a Ásia e o Pacífico* (2009), da Organização das Nações Unidas, define a) a participação; b) o respeito pelo Estado de Direito; c) a transparência; d) responsiveness; e) a orientação

---

[33] De acordo com Gonçalves, Pedro, C., "Ensaio sobre a Boa Governação da Administração Pública a partir do mote de "New Public Governance", *in O Governo da Administração Pública*, Almedina, Coimbra, 2013, pág. 15 e com Costa, Paulo, N., "O Papel dos Tribunais de Contas na Prestação dos Direitos Sociais", *in JURISMAT – revista jurídica*, n.º 7, Portimão, 2015, pág. 295.

[34] *Cfr.*, Catarino, João, C. / Diogo, Sara / Lopes, André, *A Boa Governança e a Competitividade Fiscal*, in Lições de Fiscalidade, Vol. II – Gestão e Planeamento Fiscal Internacional, 2015, Almedina, Coimbra, pág. 418.

[35] *Cfr.*, Denhardt, Janet / Denhardt, Robert, *The New Public Service: serving, not steering*, Expanded edition, New York, 2007, págs. 42-43.

[36] A Declaração do Milénio das Nações Unidas é um documento histórico para o novo século. Aprovada na Cimeira do Milénio – realizada de 6 a 8 de setembro de 2000, em Nova Iorque –, reflete as preocupações de 147 Chefes de Estado e de Governo e de 191 países, que participaram na maior reunião de sempre de dirigentes mundiais. (Disponível em: https://www.unric.org/html/portuguese/uninfo/DecdoMil.pdf) [Consultado em 19-07-2018].

[37] *Vide*, *Governança Europeia – um Livro Branco*, Comissão das Comunidades Europeias, Bruxelas, 2001, pág. 4.

para consensos; f) a igualdade e inclusividade; g) a eficácia e eficiência; e h) a *accountability*, como elementos que caracterizam uma boa governança[38].

Uma governança que se baseia no respeito pelo Estado de Direito, na garantia dos direitos humanos e na incorporação de valores fundamentais do Estado democrático, com ênfase na importância da cidadania, resume a conceção de boa governança defendida nos documentos supracitados, assim como, em diversos outros documentos internacionais das Nações Unidas, da OCDE e da União Europeia, entre outros[39].

Deste modo, a boa governança pública ultrapassa um sentido mais estrito de boa gestão pública, tributário das doutrinas da nova gestão pública, aproximando-se da doutrina da Nova Governança Pública, as quais realçam a sua missão de servir os cidadãos, em oposição ao pressuposto de que a Administração deve responder às solicitações dos clientes ou consumidores[40].

A conceção de serviço público liga-se à ideia de virtude cívica, indissociável de uma conceção de ética da cidadania[41], pelo que as abordagens participativa e inclusiva serão as únicas aptas a promover a cidadania, responsabilidade e confiança, tal como os valores do serviço e do interesse público[42].

Tentando concretizar esta ideia, poder-se-á ainda especificar como valores que deverão orientar uma boa governação do sistema administrativo, a) a separação entre política e administração; b) a estabilidade dos modelos de estruturação do sistema administrativo; c) a autonomia de gestão da Administração Pública; d) a responsabilidade da Administração Pública pelos resultados produzidos; e) a Administração Pública democrática; f) a Administração Pública em rede, mas coordenada; g) a Administração Pública colaborante com o sector privado; e h) a Administração Pública subsidiária em relação à iniciativa da sociedade civil[43].

---

[38] *Cfr.*, Relatório da 47.ª sessão da Comissão de Desenvolvimento Social, Nações Unidas, Nova Iorque, 2009. (Disponível em http://www.unfpa.org.br/Arquivos/5.E_2009_26%20&%20E_CN.5_2009_9.pdf) [Consultado em 19-07-2018].

[39] Ver, Costa, Paulo, N., "O Papel dos Tribunais de Contas na Prestação dos Direitos Sociais", *in JURISMAT – revista jurídica*, n.º 7, Portimão, 2015, pág. 297.

[40] *Idem*.

[41] *Cfr.*, Denhardt, Janet / Denhardt, Robert, *The New Public Service: serving, not steering*, Expanded edition, New York, 2007, pág. 45 e ss.

[42] *Idem*, pág. 166.

[43] De acordo com Gonçalves, Pedro, C., "Ensaio sobre a Boa Governação da Administração Pública a partir do mote de "New Public Governance", *in O Governo da Administração Pública*, Almedina, Coimbra, 2013, pág. 16.

Estes valores vão de encontro a outras propostas sobre o significado de boa governança, como a de Umarji et al. (2008)[44].

Os autores sugerem que a boa governança implica a) processos de decisão claros ao nível das autoridades públicas; b) instituições transparentes, responsabilizáveis, eficazes e democráticas; c) o primado do Direito na gestão e distribuição dos recursos; d) o diálogo aberto com os intervenientes sociais e económicos e outras organizações da sociedade civil; e) a elaboração e aplicação de medidas para combater a corrupção, promover a segurança do Estado e das pessoas, assim como, o cumprimento dos direitos humanos; e f) a colaboração efetiva entre os sectores públicos e privados (Umarji et al., 2008)[45].

Pelo número de abordagens sobre o conceito de boa governança acima apresentadas, é evidente que este não reúne consenso na literatura. Contudo, é possível identificar elementos essenciais que o compõem e que são transversais às noções descritas. A boa governança assentará nos valores do Estado de Direito democrático e republicano, devendo cada país adotar práticas de boa governança em prol dos seus cidadãos e do seu bom desenvolvimento económico[46]. A racionalidade gestionária tenderá, assim, a ser relativizada (mas não eliminada), em detrimento de um novo entendimento sobre o Estado-Administrador que se aproxima de um modelo de Estado definido como Estado Responsável[47].

Para que um modelo de Estado Responsável se mantenha, e uma boa governança pública seja assegurada, as políticas públicas deverão ser submetidas a ações de avaliação e auditoria por parte de entidades independentes e tecnicamente aptas para o efeito[48]. Cabe às ISC de cada país assegurar essas ações. Importa, assim, compreender de que forma estas contribuem para o sucesso de uma boa governança financeira pública e um modelo de Estado Responsável, tema a seguir abordado.

---

[44] *Cfr.*, Umarji, Mariam, B., et al., *Análise da Proposta de Orçamento de Estado e Plano Económico e Social 2009, do ponto de vista do Sector da Boa Governação conformem definidos no PARPA II*, in Centro de Integridade Pública, 2008.

[45] *Idem.*

[46] *Cfr.*, Catarino, João, C. / Diogo, Sara / Lopes, André, "A Boa Governança e a Competitividade Fiscal", *in Lições de Fiscalidade*, Vol. II – Gestão e Planeamento Fiscal Internacional, 2015, Almedina, Coimbra, pág. 420.

[47] Ver, Costa, Paulo, N., "O Papel dos Tribunais de Contas na Prestação dos Direitos Sociais", *in JURISMAT – revista jurídica*, n.º 7, Portimão, 2015, pág. 298.

[48] *Vide*, Costa, Paulo Nogueira, *O Tribunal de Contas e a Boa Governança – Contributo para uma reforma do controlo financeiro externo em Portugal*, 2014, Coimbra Editora, pág. 81.

3.3 O contributo do Tribunal de Contas para a Boa Governança

O princípio da transparência é um dos fatores basilares da boa governança, permitindo ao sistema fiscal ser *"simples; não excessivamente burocrático; com deveres de colaboração recíproca; claro, com divulgação atempada das regras aplicáveis às relações entre a autoridade fiscal e os contribuintes"*[49].

O respeito por este princípio passa pela prestação de contas por parte dos responsáveis, ideia advinda da Revolução Francesa e inscrita na Declaração dos Direitos do Homem e do Cidadão, *"a sociedade tem o direito de pedir contas a todo agente público pela sua administração"* (artigo 15.º)[50]. Um Estado Responsável deverá garantir o respeito pelos *"direitos humanos e das liberdades fundamentais"*, baseando-se num *"sistema de governo transparente e responsável"*[51].

Se por um lado, a atividade financeira não poderá ignorar os critérios da racionalidade gestionária, como a economia, a eficiência e a eficácia, por outro não poderá desprezar os valores fundamentais do Estado de Direito democrático, republicano e social, pelo que o caminho será o da compatibilização entre o rigor gestionário e os referidos valores[52]. O sucesso dessa compatibilização dependerá do seu enquadramento no quadro constitucional nacional vigente. Pensando especificamente em Portugal, a CRP define no artigo 2.º *"a realização da democracia económica, social e cultural e o aprofundamento da democracia participativa"* como objetivos gerais para o Estado, consagrando igualmente um conjunto de direitos sociais e prioridades, como o *"aumento do bem-estar social e económico e da qualidade de vida das pessoas"* e ainda a promoção da justiça social e da correção *"das desigualdades na distribuição da riqueza e do rendimento, nomeadamente através da política fiscal"* (artigo 81.º). Sobressai, assim, a estreita relação que terá de existir entre a garantia dos direitos sociais consagrados constitucionalmente e uma política fiscal bem-sucedida.

A garantia de um Estado Social eficaz dependerá de recursos financeiros suficientes, e da sinergia entre finanças públicas e direitos sociais, e será, precisamente neste

---

49 *Cfr.*, Azevedo, Patrícia, *O Princípio da Transparência e a Troca de Informação Entre Administrações Fiscais*, in Porto: Faculdade de Direito da Universidade do Porto, 2010. Dissertação de Mestrado, pág. 11.

50 Declaração dos Direitos do Homem e do Cidadão, 1789, artigo 15.º.
(Disponível em: //pfdc.pgr.mpf.mp.br/atuacao-e-conteudos-de apoio/legislacao/direitoshumanos /declar_dir_homem_cidadao.pdf) [Consultado em 16-07-2018].

51 *Cfr.*, Canotilho, Gomes, J., *"Brancosos" e Interconstitucionalidade: Itinerários dos Discursos Sobre a Historicidade Constitucional*, Coimbra, 2006, pág. 328.

52 *Vide*, Costa, Paulo Nogueira, *"O Tribunal de Contas e a Boa Governança – Contributo para uma reforma do controlo financeiro externo em Portugal"*, 2014, Coimbra Editora, pág. 171.

quadro jurídico-constitucional que uma boa governança financeira pública demonstra ser central[53]. Por sua vez, a promoção de uma boa governança financeira pública, em todas as suas dimensões, prefigura atividades de auditoria e avaliação dos resultados obtidos com a afetação dos recursos financeiros públicos[54], asseguradas em Portugal pelo Tribunal de Contas. A este cabe a realização de auditorias de natureza financeira, de conformidade e de desempenho, assim como, a avaliação de políticas públicas, as quais permitirão ainda a promoção de uma cidadania fiscal mais informada, capaz e exigente[55]. De facto, de acordo com Costa (2016), *"Se é através das receitas fiscais (principalmente) que são financiadas as políticas públicas, incluindo as políticas sociais, então os cidadãos têm o direito a exigir uma gestão legal, racional e íntegra dos dinheiros públicos."*. A exigência por parte dos cidadãos de uma gestão pública financeira que responda aos direitos sociais remete-nos para algumas dimensões centrais da boa governança financeira pública, como a responsiveness, o *value for money*, e a *accountability*[56].

A responsiveness recai na responsabilidade do Estado em conhecer e ser capaz de responder às reais necessidades dos cidadãos. Este dever de servir os cidadãos vai de encontro à dimensão do *value for money*.

Para que o serviço aos cidadãos apresente o mínimo de custos possível, a gestão dos recursos financeiros públicos deverá maximizar a utilidade social gerada pelo dinheiro cobrado aos cidadãos, através de impostos, sendo aqui que reside o significado do *value for money*[57]. Deste modo, a racionalidade da gestão financeira pública passa justamente pela garantia do *value for money* descrito como *"a utilidade social obtida por cada unidade monetária de despesa"*[58]. A gestão e utilização racional dos recursos financeiros obtidos através dos cidadãos exige ainda que os responsáveis governativos prestem contas pela sua governação, isto é, exige-se que justifiquem e expliquem as opções tomadas, e respondam perante os cidadãos pelos resultados alcançados, remetendo-nos para a dimensão da *accountability* da boa governança financeira pública.

---

[53] *Idem*, pág. 186.

[54] *Cfr.*, Andrews, Matt, *The Good Governance Agenda: Beyond Indicators without Theory*, Oxford Development Studies, 36, 2008, págs. 379-407.

[55] *Vide*, Costa, Paulo Nogueira, *O Tribunal de Contas e a Boa Governança – Contributo para uma reforma do controlo financeiro externo em Portugal*, 2014, Coimbra Editora, pág. 193.

[56] *Cfr.*, Costa, Paulo Nogueira, "Estado, democracia, impostos e cidadania fiscal", *in Revista de Finanças Públicas e Direito Fiscal*, Ano 8, 2, 2016, pág. 70.

[57] *Idem*, pág. 71.

[58] *Cfr.*, Franco, António de Sousa & Tavares, José F. F., *Orçamento – conceito, natureza e regime dos Orçamentos públicos Portugueses*, Lisboa, 2006, atualizado por Martins, Guilherme D'Oliveira & Tavares, José F. F., com a colaboração de Pessanha, Alexandra.

Uma análise do significado das dimensões acima referidas salienta a importância da atuação do Tribunal de Contas não se poder centrar exclusivamente em aspetos financeiros e contabilísticos. De forma a conseguir responder aos desafios da boa governança, as ISC, como o Tribunal de Contas Português, têm vindo a desenvolver e a aperfeiçoar metodologias para a realização de auditorias e de avaliação de programas de políticas públicas, tanto a nível individual, como a nível das organizações internacionais nas quais estão representadas, com o apoio de entidades internacionais, como por exemplo, a INTOSAI e a sua seção regional EUROSAI.

Os Tribunais de Contas são fundamentais para a *"arquitetura institucional da governança pública"*[59], sendo um garante das Constituições dos Estados e da proteção dos direitos sociais, ao contribuir para a manutenção de uma boa governança financeira pública, através do controlo das finanças públicas em conformidade com o quadro legal, da auditoria e avaliação da racionalidade da gestão financeira pública, e da avaliação do impacto social dos programas e das políticas públicas[60].

As atividades de controlo, auditoria e avaliação estarão, assim, em sintonia com as dimensões de *responsiveness*, *value for money* e *accountability* da boa governança financeira pública, respondendo aos seus desafios e exigências. Mais importa evidenciar o papel dos Tribunais de Contas na identificação de falhas na execução de programas de políticas públicas, na formulação de recomendações às entidades envolvidas, com o intuito de serem atingidos níveis superiores de qualidade dos serviços, em áreas como a saúde, educação, segurança social, e outras, utilizando os mesmos recursos financeiros públicos. Mesmo a nível internacional é evidenciada a importância das ISC para a governança de cada país, salientando a sua independência e a necessidade de reforço dos seus poderes (Organização das Nações Unidas, 2014)[61], assim como o seu papel na prossecução dos *Objetivos de Desenvolvimento do Milénio*[62] e dos objetivos estabelecidos na Agenda para o Desenvolvimento pós-2015[63].

---

[59] Ver, Costa, Paulo Nogueira, *O Tribunal de Contas e a Boa Governança – Contributo para uma reforma do controlo financeiro externo em Portugal*, 2014, Coimbra Editora, pág. 300.

[60] *Idem.*

[61] *Vide*, Nardes, Augusto, Discurso *in VIII Assembleia Geral da Organização das ISC da CPLP*, 2015, pág. 19.

[62] Compromisso emblemático assumido pelos líderes mundiais no ano de 2000 – "não pouparemos esforços para libertar os nossos semelhantes, homens, mulheres e crianças, das condições abjetas e desumanas da pobreza extrema", in Relatório Sobre os Objetivos do Milénio, Nações Unidas, 2015, pág. 3. (Disponível em https://www.unric.org/pt/images/stories/2015/PDF/MDG2015_PT.pdf) [Consultado em 13-07-2018].

[63] *Vide*, Agenda para o Desenvolvimento Pós-2015, *in Revista da Plataforma Portuguesa das ONGD*, número 2, 2013, pág. 1-13.

Em suma, as ISC e, em particular, o Tribunal de Contas de Portugal afirmam-se por duas vias principais. Por um lado, assegurando a legalidade financeira e o combate a práticas ilícitas e ao desperdício para direcionar mais recursos para um Estado Social capaz, e por outro, realizando auditorias de desempenho e avaliação de políticas públicas com vista a melhorar a qualidade dos serviços prestados aos cidadãos com igual despesa pública[64]. O Tribunal de Contas revela-se, assim, como um elemento indispensável para a promoção da justiça financeira, da proteção dos direitos sociais, de uma cidadania financeira saudável e de uma boa governança financeira pública do país.

4. Conclusão

Conclui que as grandes mudanças económicas quer no ponto de vista política e sociais faz com que o Estado possa ter a maior responsabilidade nos atos de prestação de conta e transparências.

Também constatei que tanto controlo das finanças públicas, prestação de contas é extremamente importante no que toca a mais valia da democracia através de controlo efetuado uma vez que tem uma causa efeito com o Estado, Administração Pública e o contribuinte que espera uma boa gestão por parte deles. Verificou que com criação de um órgão de controlo externo financeiro e independente que faz o controlo e fiscalização das contas públicas em São Tomé e Príncipe. com a evolução desse órgão através dos resultados conseguidos com a criação do tribunal de Contas é muito importante para este trabalho de pesquisa.

Outro ponto importante a salientar os modelo de gestão pública mencionado acima alguns autores deram os suas visões acerca da mesma, tanto modelo burocrático, modelo nova gestão pública e modelo de novo serviço público pare esses autores nenhum é modelo ideal visto que através da analise feita eles sofreram grandes pressões e que se considerou o modelo ineficiente porque não correspondeu a expetativa pois foi verificado que a gestão pública está mais virada para defender o interesse público coletivo através da sua especificidade com a sua própria denominação da Administração Pública isto nos põe a refletir o seguinte uma grande diferença entre o modelo de gestão pública que defende o interesse de todos e modelo de ges-

---

[64] Costa, Paulo Nogueira, *O Tribunal de Contas e a Boa Governança – Contributo para uma reforma do controlo financeiro externo em Portugal*, 2014, Coimbra Editora, pág. 301.

tão privada que foca mais nos clientes e com fins lucrativos isso é a grande distinção entre essas duas esfera.

É de notar que uma mais valia foi o surgimento do novo modelo gestão financeira pública que tem na sua posse uma autonomia de poder de decisão e a capacidade de gerir os bens público através da sua responsabilidade no que concerne ao fenómeno de *accountability* públicas por isso com a prestação de conta desde os temos remotos até os dias de hoje corresponde uma obrigação de quem gere o que é público deve fazê-lo com a transparência para que efetivamente administração possa atingir os objetivos estabelecidos.

Através de controlo externo financeiro vem melhorar sobretudo a qualidade das entidades seja ela pública ou privada como é de saber quando se trata de dinheiro públicos a muita corrupção que esta a volta do sistema permitindo que os serviços público são ineficientes mas com essa ferramenta vem por cobro a situação e exige que o órgão responsável possam fazer a melhor gestão dos recursos públicos, que é bem de todos os cidadãos.

Por outro lado, após um breve enquadramento sobre o Controlo Financeiro Público, o Tribunal de Contas de Portugal e a Boa Governança é possível, desde logo, perceber a relação que existe entre estes, sendo que para se obter uma Boa Governança é necessário um bom Controlo Financeiro público, concretizado através de atividades do TC, tais como a auditoria e avaliação e a participação dos cidadãos. O processo de controlo financeiro público concretizado pelo TC deve incluir os cidadãos, principalmente através da prestação de contas, visto que são estes que financiam as políticas públicas, através das receitas fiscais. Este direito pode ser encontrado na Declaração de Declaração dos Direitos do Homem e do Cidadão, de 1789, no seu artigo 15.º, ao pretender tornar o Estado mais transparente e inclusivo. A INTOSAI, organização responsável por muitos avanços no controlo externo financeiro, tem vindo a enfatizar a boa governança através das INTOSAI GOVs e do princípio fundamental de que a *accountability* é o cerne da boa governança. Por outro lado, num período em que o sistema político é muito contestável pela sociedade, culminando num certo afastamento, a prestação de contas pode contribuir para reforçar a legitimidade das políticas públicas.

O TC apresenta-se como fundamental para a Boa Governança por garantir o cumprimento da Constituição da República Portuguesa e da proteção dos direitos sociais, através do controlo das finanças públicas, da auditoria e avaliação da racionalidade da gestão financeira pública, e da avaliação do impacto social dos programas e das políticas públicas. As atividades de avaliação e auditoria, atividades principais do

TC, contribuem para a boa governação das entidades de todo o setor público sendo, ainda, um incentivo à mudança por via da ação pedagógica, devido ao papel importante desempenhado no reforço da qualidade e melhor prestação de serviços pela administração, enfatizando os princípios de responsabilização, transparência, prestação de contas e melhoria contínua.

BIBLIOGRAFIA

AGENDA PARA O DESENVOLVIMENTO PÓS-2015 (2013), *in Revista da Plataforma Portuguesa das ONGD*, número 2, Lisboa.

ALMEIDA, PEDRO TAVARES DE/BRANCO, RUI MIGUEL C. (2007), *Burocracia, Estado e Território – Portugal e Espanha (séculos XIX-XX)*, editora Livros Horizonte, Lisboa.

ALMEIDA, SÓNIA CRISTINA MACHADO. *"A atividade contratual local e a sua fiscalização pelo Tribunal de Contas"*, Dissertação de Mestrado, Universidade do Minho, 2017.

AMARAL, DIOGO FREITAS DO (2016), *Curso de Direito Administrativo*, 4.ª edição, Almedina, Coimbra.

AMARAL, DIOGO FREITAS DO, *Curso de Direito Administrativo* – 3.ª ed., 3.ª reimp. Coimbra 2009.

ARAÚJO, J. (2013). *"Da nova Gestão Pública à nova governação pública: pressões emergentes na Administração Pública"*. In C. Madureira & M. Asensio (Ed.), Handbook de Administração Pública. Lisboa: INA Editora, 2010.

ARAÚJO, MARCOS V. *Tribunal de Contas: o controle de governo democrático — histórico e perspetivas*. Brasília. TCU, 1993.

AZEVEDO, P. (2010), *O Princípio da Transparência e a Troca de Informação Entre Administrações Fiscais*, in Porto: Faculdade de Direito da Universidade do Porto, Dissertação de Mestrado.

CANOTILHO, J. (2006) *"Brancosos" e Interconstitucionalidade: Itinerários dos Discursos Sobre a Historicidade Constitucional*, Coimbra.

CANOTILHO, J. (2008) *"O Tribunal de Contas como Instância Dinamizadora do Princìpio Republicano"*, *Revista do Tribunal de Contas*, n.º 49, janeiro-junho, Lisboa.

CANOTILHO, J. J. GOMES e VITAL MOREIRA (2011). *Constituição da República Portuguesa – Lei do Tribunal Constitucional*. Coimbra: Coimbra Editora.

CARAPETO, CARLOS/FONSECA, FÁTIMA (2014), Administração Pública, Modernização, Qualidade e Inovação, 3.ª edição, Edições Sílabo, Lisboa.

CATARINO, J. et al (2015) *"A Boa Governança e a Competitividade Fiscal"*, in Lições de Fiscalidade, Vol. II – Gestão e Planeamento Fiscal Internacional, Almedina, Coimbra.

JONH CLARKE, *"Scrutiny, inspection and audit in the public sector"*, Tony Bovaird e Elke Löffler (eds.), Public Management and Governance, 2.ª ed., London / New York, 2009.

CHIAVENATO, IDALBERTO. *Introdução à Teoria Geral da Administração*. 6.ª ed. Rio de Janeiro: Campus, 2000.

COMISSÃO DAS COMUNIDADES EUROPEIAS (2001) *"Governança Europeia – Um Livro Branco"*, Bruxelas.

COSTA, ANA, (2015), Disponível em: https://repositorio.iscte-iul.pt/bitstream/10071/10769/1/AnaCostaTP-%20SCI_2015.pdf . (Consultado a 16-07-2018)

COSTA, P. (2014), *"O Tribunal de Contas e a Boa Governança – Contributo para uma reforma do controlo financeiro externo em Portugal"*, Coimbra Editora.

COSTA, P. (2015), *"O Papel dos Tribunais de Contas na Prestação dos Direitos Sociais"*, in JURISMAT – revista jurídica n.º 7, Portimão.

COSTA, P. (2016), Estado, democracia, impostos e cidadania fiscal, in Revista de Finanças Públicas e Direito Fiscal, Ano 8, 2.

COSTA, PAULO JORGE NOGUEIRA DA, *O Tribunal de Contas e a boa governança: contributo para uma reforma do controlo financeiro externo em Portugal*. Tese de doutoramento em Direito. Faculdade de Direito da Universidade de Coimbra, Coimbra, 2011.

COSTA, PAULO NOGUEIRA (2017), *O Tribunal de Contas e a Boa Governança*, 2.ª edição, editora Petrony.

DENHARDT, J. & DENHARDT, R. (2007), *The New Public Service: serving, not steering*, Expanded edition, New York.

DECLARAÇÃO DOS DIREITOS DO HOMEM E DO CIDADÃO, 1789, artigo 15.º, disponível em: Decreto-lei n.º 155/92 de 28 de julho – regime da administração financeira do estado.

ESPING-ANDERSEN, G. (1990). *Three Worlds of Welfare Capitalism*, Polity Press.

EUROSAI STRATEGIC PLAN 2011-2017, EUROSAI, 2011, disponível em:

FERREIRA, EDUARDO PAZ e PESSANHA ALEXANDRA (2009). *Finanças Públicas – Legislação Fundamental*. Editora: Quid Juris.

FERREIRA, SARA (2013), *O Controlo Parlamentar das Políticas Públicas*, Dissertação submetida de Mestre em Políticas Públicas, Departamento de Ciência Política e Políticas Públicas Instituto Universitário de Lisboa.

FONTES, JOSÉ, (2008), *Do Controlo Parlamentar da Administração Pública, Teoria geral e instrumentos de Fiscalização*. Editora Coimbra 2.ª edição.

FRANCO, A. (1993) *"O Controlo da Administração Pública em Portugal"*, Ed. do Tribunal de Contas, Lisboa.

FRANCO, ANTÓNIO DE SOUSA. *Dinheiros públicos, julgamento de contas e controlo financeiro no espaço da língua portuguesa*, Tribunal de Contas, Lisboa 1995.

FRANCO, ANTÓNIO DE SOUSA, *Finanças Públicas e Direito Financeiro*, Vol. I, Coimbra, Almedina.

FRANCO, ANTÓNIO DE SOUSA, *O controlo da Administração Pública em Portugal. Revista do Tribunal de Contas*, Tomo I, 19/20 1993.

FRANCO, ANTÓNIO L. DE SOUSA e SANTOS, A. CARLOS DOS (1999, *Estruturar o Sistema Fiscal do Portugal Desenvolvido: Balanço de uma Legislatura*. Ministério das Finanças. Gráfica Maiadouro.

FRANCO, ANTÓNIO L. DE SOUSA (1996), *Finanças Públicas e Direito Financeiro*, Volume 1. Editora Almedina Coimbra 4.ª edição – 3.ª Reimpressão.

FRANCO, ANTÓNIO L. DE SOUSA (2004), *Finanças Públicas e Direito Financeiro*, Volume 2. Editora Almedina Coimbra 4.ª edição – 10.ª Reimpressão.

FRANCO, ANTÓNIO SOUSA, *Finanças Públicas e Direito Financeiro*, Vol I, 4.ª Ed., 3.ª reimp. Coimbra, 1996.

FRANCO, ANTÓNIO SOUSA, *Finanças Públicas e Direito Financeiro*, Vol II, 4.ª Ed., 10.ª reimp. Coimbra, 2004.

FRANCO, J & TAVARES, J., (2006), *Orçamento – conceito, natureza e regime dos Orçamentos públicos Portugueses*, Lisboa, 2006, atualizado por Martins, Guilherme D'Oliveira & Tavares, José, com a colaboração de Pessanha, Alexandra.

FRAZÃO SERRA, RUTE. (2016), *Controlo Financeiro Público e Responsabilidade Financeira*. Disponível em: https://www.datavenia.pt/ficheiros/edicao05/datavenia05_p149-256.pdf. (Consultado a 16-07-2018).

GAMEIRO, A. (2004), *"O Controlo Parlamentar das Finanças Públicas em Portugal (1976--2002)"*, Livraria Almedina, Coimbra.

GAMEIRO, ANTÓNIO e CORREIA, ILIDIO, (2002), *«Sistema de controlo interno e externo da Administração Pública sobre o emprego público e o controlo de efetivos». A Reinvenção da Finanças Pública – Da burocracia à Gestão*, 3.º Encontro INA, Lisboa.

GAMEIRO, ANTÓNIO RIBEIRO, (20017/2018), *Tribunal de Contas e Auditoria Financeira*, ISCTE-IUL.

GAMEIRO, ANTÓNIO RIBEIRO, (2004), *O Controlo Parlamentar das Finanças Públicas em Portugal (1976-2002)*, Editora Almedina, Coimbra.

GAMEIRO, ANTÓNIO RIBEIRO (2017/2018), *Slides Tribunal de Contas e Auditoria Financeira*. Iscte-Lisboa.

GONÇALVES, P. (2013), *Ensaio sobre a Boa Governação da Administração Pública a partir do mote de "New Public Governance"*, in O Governo da Administração Pública, Almedina, Coimbra.

GONÇALVES, PEDRO COSTA, *Direito dos Contratos Públicos*, Almedina, 2015.

GOVERNMENT ACCOUNTABILITY OFFICE (maio, 2005), *"Performance Measurement and Evaluation: Definitions and Relationships"*, Washington, D.C.

HOOD, C. (1991), *"A Public Management for all seasons?"*, Public Administration, Vol. 69, pp 319. MEGGINSON, LEON C.; MOSLEY, DONALD C.; PIETRI JR., PAUL H. *Administração: conceitos e aplicações*. São Paulo: Harper & How do Brasil, 1986.

INTOSAI GOV 9100 – Guidelines for Internal Control Standards for the Public Sector, INTOSAI, 1992, disponível em:

JÚNIOR, CARLOS S. DE BARROS, *A Fiscalização ou Controle da Administração Pública. O Controle da Administração Descentralizada.*

LOPES, ERIKA (2017), *O Controlo da Administração Financeira do Estado*, Dissertação submetida como requisito parcial para a obtenção do grau de Mestre em Administração Pública. Departamento de Ciência Política e Políticas Públicas, Instituto Universitário de Lisboa.

MAJONE, GIANDOMENICO (1997), *"From the positive to the regulatory state: Causes and consequences of changes in the mode of governance"*, Journal of public policy, vol. 17.

MANUAL DE AUDITORIA DE PROCEDIMENTOS, volume 1, Tribunal de Contas.

MANUAL DE AUDITORIA: PRINCÍPIOS FUNDAMENTAIS, (MAPF), Tribunal de Contas, 2016, disponível em: Marques, Maria da Conceição da Costa et al. *Auditoria no sector público: um instrumento para a melhoria da gestão pública.* Revista Contabilidade & Finanças 2004.

MARTINS, G. (maio, 2010), *"A independência das ICS à luz da Declaração de Lima e da Declaração do México da INTOSAI"*, in INTOSAI conference on strengthening external public auditing, Viena

MARTINS, GUILHERME D'OLIVEIRA, in *"A responsabilidade financeira do Gestor da Coisa Pública"*, Estudos em Homenagem ao Professor Doutor Paulo de Pitta e Cunha, Vol. II – Economia, Finanças e Direito Fiscal, Ed. Almedina, 2010.

MARTINS, GUILHERME D'OLIVEIRA, *A contratação pública eletrónica. A perspectiva do Tribunal de Contas*. Intervenção proferida no encerramento da sessão de abertura do 5.º congresso nacional da contratação pública eletrónica, em 16 de novembro. 2011.

MARTINS, MARIA D´OLIVEIRA (2007), *Lições de Finanças Públicas e Direito Financeiro*, 3.ª edição Revista e Atualizada, editora Almedina, Coimbra.

MIRANDA, JORGE E MEDEIROS, RUI, *Constituição Portuguesa Anotada*, TOMO III, Coimbra Editora, Coimbra, 2007.

MONTEIRO DINIZ, GILBERTO (2014), *O controle externo dos contratos da administração pública pelo tribunal de contas: ensaio sobre o momento da fiscalização financeira ado-*

tado no Brasil e em Portugal. Disponível em: file:///C:/Users/Carolina%20Menino/Downloads/44574-202922-1-PB.pdf. (Consultado a 16-07-2018)

MORENO, C. (1997), *"O Sistema Nacional de Controlo Financeiro – Subsídios para a sua apreensão crítica"*, Ed. UAL, Lisboa.

MORENO, C. (1998), "Gestão e Controlo de Dinheiros Públicos", Lisboa, UAL, 1998

MORENO, CARLOS (1998), *Gestão e Controlo dos Dinheiros Públicos*, 1.ª edição, Universidade Autónoma de Lisboa.

MORENO, CARLOS (2000), *Finanças Públicas – Gestão e Controlo dos Dinheiros Públicos*, 2.ª edição, Lisboa, Universidade Autónoma de Lisboa.

MORENO, CARLOS (2010), *Como o Estado Gasta o Nosso Dinheiro*, 1.ª edição, editora caderno, Lisboa.

MORENO, CARLOS (2010). *Como o Estado Gasta o Nosso Dinheiro*, Alfragide, Editora caderno.

MORENO, CARLOS et al (2002), *Subsídios para Modernizar a Auditoria Pública em Portugal*, 1.ª edição, Universidade Autónoma de Lisboa.

MORENO, CARLOS, *Como os Estado gasta o nosso dinheiro*, Caderno, 2010.

MORENO, CARLOS, *O Sistema Nacional de Controlo Financeiro – Subsídios para a sua apreensão crítica*, Ed. UAL, Lisboa, 1997.

MORENO, CARLOS (1997), *"O Sistema Nacional de Controlo Financeiro – Subsídios para a sua apreensão crítica"*, Ed. UAL, Lisboa, 1997.

MORENO, CARLOS. *Como o Estado Gasta o Nosso Dinheiro*. Lisboa, 2010.

MOZZICAFREDDO, JUAN et. al (2011), *"Contextos e etapas de reforma na administração pública em Portugal"*, in J. Mozzicafreddo e J. Salis Gomes (org.), Projeto de Inovação na Gestão Pública, Editora Mundos Sociais. Mozzicafreddo, Juan (2002), "A responsabilidade e a cidadania na Administração Pública", Sociologia – Problemas e Práticas, n.º 40.

NARDES, A (2015), *discurso in VIII Assembleia Geral da Organização das ISC da CPLP.*

NORMAS INTERNACIONAIS DAS ENTIDADES FISCALIZADORAS SUPERIORES (ISSAI), *Tribunal de Contas da União*, 2015, disponível em: Nunes, Mónica Lousã Machado, A fiscalização prévia da contratação pública e as imposições da União Europeia no contexto da autonomia das instituições de ensino superior de direito público. Diss. Instituto Superior de Ciências Sociais e Políticas, 2013.

O TRIBUNAL DE CONTAS NA ACTUALIDADE consultado https://www.tcontas.pt/pt/apresenta/actualidade/sit_act.pdf

OSBORNE, P. S. (2010), The (New) Public Governance: a suitable case for treatment? In P. Osborne (Ed.), *The New Public Governance: Emerging perspectives on the theory and practice of public governance*, Nova Iorque: Routledge.

PAIXÃO, JUDITE CAVALEIRO; MOREORA, ALZIRA LEITE; NABAIS, ANA BELA – *600 anos do Tribunal de Contas: 1389-1989: um passado, uma história: exposição de 1 a 31 de Marco de 1989*: catálogo. Prof. Antônio de Sousa Franco. Lisboa: Tribunal de contas, 1989.

PLANO TRIENAL DO TRIBUNAL DE CONTAS 2014-2016, Tribunal de Contas, 2013, disponível em:

PLANO TRIENAL DO TRIBUNAL DE CONTAS 2017-2019, Tribunal de Contas, 2016, disponível em:

PORTUGAL (1976-2002), Coimbra, 2004.

RELATÓRIO DA 47.ª SESSÃO DA COMISSÃO DE DESENVOLVIMENTO SOCIAL, Nações Unidas, Nova Iorque, 2009, disponível em: http://www.unfpa.org.br/Arquivos/5.E_2009_26%20&%20E_CN.5_2009_9.pdf

REVISTA DO TRIBUNAL DE CONTAS N.º 26 – *Tribunal de Contas de Portugal* (1996)

ROCHA, J.A. OLIVEIRA (2001), *"Reforma Administrativa na Europa"* in Gestão Públicas e Modernização Administrativa, Oeiras, Instituto Nacional de Administração, Cap. IV.

ROCHA, OLIVEIRA (2000), *"Modelos de Gestão Pública"*, Revista Portuguesa de Administração e Políticas Públicas, n.º 1.

RODRIGUES, M. (2013), *Do conceito de governança a uma conceptualização da governança em rede*. In C. Madureira & M. Asensio (Ed.), *Handbook de Administração Pública*. Lisboa: INA Editora.

SANTOS, J. ALBANO (2016), *Finanças Públicas*, Ina Editora, 2.ª edição revista e aumentada.

SERRA, R. (2015), *"Controlo Financeiro Público e Responsabilidade Financeira"*, in Relatório Profissional para a obtenção do grau de Mestre em Direito – Ciências Jurídico-Políticas, Universidade Autónoma, Lisboa.

SERRA, RUTE ALEXANDRA DE CARVALHO FRAZÃO, *"Controlo Financeiro Público e Responsabilidade Financeira"* Data Venia Revista Jurídica Digital Ano 4 – N.º 5 2016.

SOUSA, ALFREDO JOSÉ DE. *Controlo Externo das finanças públicas: o Tribunal de Contas*. Disponível em: https://digitalis-dsp.uc.pt/bitstream/10316.2/26203/1/BoletimXLI_Artigo2.pdf?ln=pt-pt. (Consultado a 17-07-2018).

TAVARES, J. (1996), *"Sistema nacional de controlo: controlo interno e controlo externo"*, *Revista do Tribunal de Contas*, n.º 26, julho-dezembro, Lisboa.

TAVARES, J. (1998), *"O Tribunal de contas. Do visto, em especial – Conceito, natureza e enquadramento na actividade de administração"*, Coimbra, Almedina.

TAVARES, J. (1998), *Administração, Controlo, Avaliação e Responsabilidade*. Comunicação apresentada no 1.º Encontro INA: A Avaliação na Administração Pública. Lisboa.

TAVARES, J. (2014), *"Reflexões sobre o conceito, a natureza e o regime das Recomendações do Tribunal de Contas"*, in "Estudos de Administração e Finanças Pública", Almedina, 2.ª edição atualizada.

TAVARES, JOSÉ F. F., *Relações entre órgãos de controlo interno e externo*. In Estudos de Administração e Finanças Públicas (pp. 423-443). Coimbra: Livraria Almedina, 2004.

TAVARES, JOSÉ F. F., *Estudos de Administração e Finanças Públicas*, Almedina, SA, Coimbra, 2014.

TAVARES, JOSÉ F. F., *O Tribunal de Contas: do visto em especial – conceito, natureza e enquadramento na actividade de administração*. Livraria Almedina, Coimbra, 1998.

TAVARES, JOSÉ F. F., *O Tribunal de Contas*, Coimbra, Almedia 1998.

TAVARES, JOSÉ F. F., *Extensão e limites dos poderes do Tribunal de Contas. Cadernos de Justiça Administrativa*, (71), 2008.

TAVARES, JOSÉ F. F. (2014), *Estudos de Administração e Finanças Públicas*. 2.ª edição Grupo Almedina.

TAVARES, JOSÉ F. F., Tribunal (2000), Comemorações dos 150 anos de tribunal de contas, Lisboa.

TAVARES, JOSÉ, *As responsabilidades na gestão pública – seu enquadramento. Seminário sobre o enquadramento das responsabilidades na gestão pública*, outubro de 2001.

TAVARES, JOSÉ, *Recomendações do Tribunal de Contas – conceito, natureza e regime*, Lisboa, 2006.

TRIBUNAL DE CONTAS EUROPEU, https://www.eca.europa.eu/pt/Pages/Structure.aspx

TRIBUNAL DE CONTAS, *"Manual de Auditoria – Princípios Fundamentais"*, Lisboa 2016.

TRIBUNAL DE CONTAS. (1999), *O tribunal de contas na atualidade*. Disponível em: http://www.tcontas.pt/pt/apresenta/actualidade/sit_act.pdf. (Consultado a 17-07-2018)

TRIBUNAL DE CONTAS, *Evolução Histórica do Tribunal de Contas*. Disponível em https://www.tcontas.pt/pt/apresenta/historia.shtm. (Consultado a 17-07-2018)

TRIBUNAL DE CONTAS, *Manual de Auditoria e de Procedimentos*, Vol. I, Lisboa, 1999. Disponível em www.tcontas.pt

TRIBUNAL DE CONTAS, *O Tribunal de Contas na atualidade*. Disponível em: https://www.tcontas.pt/pt/apresenta/actualidade.shtm [Acedido em 01/07/2018].

TRIBUNAL DE CONTAS. *Regulamento do Tribunal de Contas 2018*. Lisboa, 2018.

TRIBUNAL DE CONTAS. *Plano Trienal do Tribunal de Contas 2017-2019*, Lisboa 2016.

UMARJI, MARIAM, B., et al. (2008), *Análise da Proposta de Orçamento de Estado e Plano Económico e Social 2009, do ponto de vista do Sector da Boa Governação conformem definidos no PARPA II*, in Centro de Integridade Pública.

VALLÈS VIVES, F. (2003), "*El control externo del gasto público. Configuración y garantía constitucional*", Centro de Estudios Políticos e Constitucionales, Madrid.

WEBER, M. (1999), "*Economia e Sociedade*" (Vol. 2). Brasília: Editora Universidade de Brasília.

Documentos disponível na Internet

http://pfdc.pgr.mpf.mp.br/atuacao-e-conteudos-de-apoio/legislacao/direitoshumanos/declar_dir_homem_cidadao.pdf

http://www.issai.org/media/13329/intosai_gov_9100_e.pdf

http://www.ministeriopublico.pt/pagina/tribunal-de-contas-0

http://www.tcontas.pt/pt/actos/rel_anual/2017/ra2017.pdf

https://europa.eu/european-union/about-eu/institutions-bodies/european-court-auditors_pt

https://www.datavenia.pt/ficheiros/edicao05/datavenia05_p149-256.pdf (acesso dia 17/07/2018)

https://www.datavenia.pt/ficheiros/edicao05/datavenia05_p149-256.pdf acesso dia 13/07/2018

https://www.eurosai.org/handle404?exporturi=/export/sites/eurosai/.content/documents/strategic-plan/Eurosai_Strategic_Plan062014_en.pdf

https://www.parlamento.pt/Legislacao/Paginas/ConstituicaoRepublicaPortuguesa.aspx (acesso dia 09/07/2018)

https://www.tcontas.pt/pt/actos/outros/pt-2014-2016-extracto.pdf

https://www.tcontas.pt/pt/actos/outros/pt-2017-2019-extracto.pdf

https://www.tcontas.pt/pt/apresenta/historia.shtm (acesso dia 09/07/2018)

https://www.tcontas.pt/pt/apresenta/legislacao/legis7-act.pdf [acesso em 19-04-2018]

https://www.tcontas.pt/pt/apresenta/legislacao/LOPTC.pdf

https://www.tcontas.pt/pt/apresenta/legislacao/LOPTC.pdf [acesso em 19-04-2018]

https://www.tcontas.pt/pt/apresenta/legislacao/LOPTC.pdf (acesso dia 09/07/2018)

https://www.tcontas.pt/pt/publicacoes/manuais/mapf/mapf_20161107.pdf

https://www.tcontas.pt/pt/publicacoes/outras/ag_cplp/8assembleia_isc_cplp.pdf

Legislação mencionada

Lei de Organização e Processo do Tribunal de Contas, aprovada pela Lei n.º 98/97 de 26.08, alterada pela Lei n.º 87-B/98 de 31.12, pela Lei n.º 1/2001 de 4.01, pela Lei n.º 55-B/2004 de 30.12, pela Lei n.º 48/2006 de 29.08, pela Lei n.º 35/2007 de 13.08, pela Lei n.º 3-B/2010 de 28.04, pela Lei n.º 61/2011 de 07.12, pela Lei n.º 2/2012 de 06.01, pela Lei n.º 20/2015 de 9 de março e pela Lei n.º 42/2016 de 28 de dezembro.

Lei n.º 42/2016, de 28/12.

Lei N.º 98/97, de 26 de agosto de 1997 (LOPTC) - Lei de Organização e Processo do Tribunal de Contas, alterada pela Lei n.º 87-B/98, de 31 de dezembro, pela Lei 1/2001, de 4 de janeiro, pela Lei n.º 55-B/2004, de 30 de dezembro, pela Lei n.º 48/2006, de 29 de agosto, e pela Lei n.º 35/2007, de 13 de agosto.

Lei n.º 151/2015, de 11 de setembro - Lei do Enquadramento Orçamental.

Lei n.º 98/97 de 26.08, Lei de Organização e Processo do Tribunal de Contas, alterada pela Lei n.º 87-B/98 de 31.12, pela Lei n.º 1/2001 de 4.01, pela Lei n.º 55-B/2004 de 30.12, pela Lei n.º 48/2006 de 29.08, pela Lei n.º 35/2007 de 13.08, pela Lei n.º 3-B/2010 de 28.04, pela Lei n.º 61/2011 de 07.12, pela Lei n.º 2/2012 de 06.01 e pela Lei n.º 20/2015 de 9 de março, pela Lei n.º 42/2016, de 28/12.

Regulamento n.º 112/2018, publicado no Diário da República, n.º 33/2018, II Série, de 15 de fevereiro de 2018, aprovado pelo Plenário Geral, em reunião de 24 de janeiro de 2018 Regulamento do Tribunal de Contas.